本书系山东省社会科学规划研究专项"新时代涉外国际警务
（项目编号 23CRWJ10）研究成果之一

乡村数字化建设
与
乡村治理探索

钟 欣◎著

新华出版社

图书在版编目（CIP）数据

乡村数字化建设与乡村治理探索/ 钟欣著. -- 北京：
新华出版社，2025.1.
--ISBN 978-7-5166-7739-1
Ⅰ. F299.21-39；D638

中国国家版本馆CIP数据核字第2024YL7657号

乡村数字化建设与乡村治理探索

著　　者：钟　欣
出版发行：新华出版社有限责任公司
　　　　　（北京市石景山区京原路8号　邮编：100040）
印　　刷：三河市中晟雅豪印务有限公司

成品尺寸：170mm×240mm，1/16　　印张：19　　字数：272千字
版次：2025年1月第1版　　印次：2025年1月第1次印刷
书号：ISBN 978-7-5166-7739-1　　定价：79.00元

微店　　视频号小店　　抖店　　京东旗舰店

微信公众号　　喜马拉雅　　小红书　　淘宝旗舰店　　扫码添加专属客服

序 言
PREFACE

　　数字乡村建设是实现乡村振兴的重要举措，是实现农业农村现代化的重要途径，也是建设数字中国的重要内容。党的十八大以来，中共中央、国务院高度重视农业农村信息化建设，并在多个中央文件中提及。2018年中央一号文件首次提出要实施数字乡村战略，大力发展数字农业。2019年中央一号文件明确提出"实施数字乡村战略"，要求"深入推进'互联网＋农业'，扩大农业物联网示范应用"。2022年中央一号文件强调要大力推进数字乡村建设。

　　中共中央、国务院印发的《乡村振兴战略规划（2018—2022年）》提出实施数字乡村战略，加快现代信息技术与农业生产生活全面深度融合。2019年5月，中共中央办公厅、国务院办公厅印发的《数字乡村发展战略纲要》，进一步明确要"着力发挥信息技术创新的扩散效应、信息和知识的溢出效应、数字技术释放的普惠效应，加快推进农业农村现代化"，到21世纪中叶，全面建成数字乡村，助力乡村全面振兴，全面实现农业强、农村美、农民富的目标。《第十四个五年规划和2035年远景目标纲要》提出，"加快发展智慧农业，推进农业生产经营和管理服务数字化改造"，"加快推进数字乡村建设，构建面向农业农村的综合信息服务体系，建立涉农信息普惠服务机制，推动乡村管理服务数字化"。

　　目前，我国数字乡村建设尚处于早期探索阶段，整体发展水平不高。部分原因在于，试点经验仍在积累中，学界关于对标智慧城市建设机制知之甚少。基于此，本书论述了乡村数字化建设的理论背景及主要内容，介绍了部分国家乡村数字化建设的经验，提出了具有针对性的数字化背景下乡村建设与乡村治理的科学路径，对相关研究有一定的借鉴意义。

目 录
CONTENTS

第一章　乡村数字化建设概述

第一节　数字与数字化乡村

数字最初是一种表示数的书写符号，有着多种类型和表达方式，阿拉伯数字是我们生活中最熟悉的一种类型，发源于古印度，是在人们日常生产和实践中逐步创造出来的。伴随着人类生产力的发展和人们认识的不断深化，数字的内涵也在不断延伸，在今天，数字不再局限单纯的表示数目、符号，而常与科技（计算机）相结合，与科技、经济、产业等词语相搭配，并称为"数字技术""数字经济""数字产业"。因此，数字不仅是用来表示数的书写符号，同时也成为科技、信息技术、互联网、大数据的代名词。

近年来，数字技术在全球信息化浪潮的推动下逐步向农村社会扩散，深刻地改变了传统农村的结构和形态，新一代数字技术成为乡村振兴的有效引擎，并为乡村建设提供持续动力。2019年中共中央办公厅、国务院办公厅发布的《数字乡村发展战略纲要》中对数字乡村的概念做了具体阐释，即"数字乡村是伴随网络化、信息化和数字化在农业农村经济社会发展中的应用，以及农民现代信息技能的提高而内生的农业农村现代化发展和转型进程"。

数字乡村是伴随着新一轮信息技术在农业农村的渗透、应用，数字内涵的又一外延，从字面意义看，即为"数字 + 乡村"，把数字技术与乡村相结合；从深层次看，可概括为数字技术与乡村各种形态相结合而孕育的一种形态，即网络化、信息化、数字化和智能化的技术和工具在乡村政治、经济、文化等各领域的建设与应用，实现以数字技术和数字产业引领的农业农村农民的现代化综合体；从本质看，数字乡村不仅是数字技术在农业农村领域的简单叠加与应用，而且是利用数字经济理念对乡村社会关系、社会结构的重塑，以互联网、大数据、人工智能等新一代数字技术为驱动力，赋能农业农村发展，实现乡村整体发展质量变革、动力提升、效率加快，打通乡村信息壁垒，以信息流带动技术流、人才流、资金流等，激发乡村发展动力，从而推动乡村朝着数字化、智能化、便捷化、绿色化的方向发展，促进农业全面升级、农民全面发展、农村全面进步。

第二节　乡村数字化建设的定义

中共中央办公厅、国务院办公厅印发的《数字乡村发展战略纲要》明确了数字乡村四步走的战略时间表，分别于 2021 年、2025 年、2035 年取得数字乡村建设的初步进展、重要进展、长足进展，到 21 世纪中叶，全面建成数字乡村。数字乡村建设是实现乡村数字化的过程，在信息技术快速更迭的背景下，推动乡村管理服务数字化，推动乡村振兴高质量发展，具有重要意义。

一、数字乡村建设的要素

数字乡村建设是一项系统工程，需要网络数据、信息技术、人才资金等资源要素的驱动和加持，赋能乡村振兴。

第一，以网络数据资源建构乡村大数据资源库，创设乡村的虚拟空间、搭建数据平台，为数字乡村建设的具体实践提供数据支撑。

网络数据可以利用收集到的乡村数据资源搭建用于交流和信息接受、发放的公共平台，为各主体在乡村建设中提供有效的表达途径和信息接收渠道，加强乡村各主体在同一网络空间的交流。

网络数据资源可以通过对乡村地形地貌、经济状况、人口变化等各领域数据资源的收集、整合，构建农业农村大数据体系，为农业农村建设实践提供准确的数据支撑，实现高效发展。 网络信息资源可以有效地加强城乡交流，打通城乡技术、相关政策等信息壁垒，弥合城乡数字鸿沟，加强乡村资源整合，避免资源浪费，促进城乡融合发展。

第二，以互联网、云计算、区域链等新一代信息技术资源为驱动力，为数字乡村高质量发展提供技术保障。信息技术将互联网与乡村的生活、生产、治理、生态等相连接，为乡村发展提供了新理念、新引擎。一方面，信息技术可以推动乡村传统的水利、电力、公路等传统基础设施的优化升级，改善乡村基础设施条件，优化乡村信息设施，畅通政府、个人和社会信息渠道，为乡村的生产生活带来便利。另一方面，新一代信息技术下沉乡村，为乡村建设发展提供新思路、新可能。人们可以利用数字技术结合乡村特点创新乡村发展模式，通过发展电子商务、智慧旅游、智慧物流等乡村新型业态，助推乡村产业振兴，提高乡村整体生产力的发展。

第三，人才、资金资源也是数字乡村建设不可或缺的重要因素。

人才是数字乡村建设的主要推动者，从来源上划分可分为本土人才和引入人才，从作用可分为技术性人才和应用型人才。本土人才最了解乡村地貌、乡风乡情、农业农村，可以最大限度地将数字与本地特色相结合，实现效能最大化。

引入人才可以填补乡村技术和应用人才空缺，为乡村建设提供动力。

资金从来源可以分为财政资金和投资资金，为数字乡村建设提供强有力的物质保障。充裕的资金为新一代信息技术、新型基础设施、人才等要素流向乡村提供了支撑，可以加快数字乡村建设项目落地，助推乡村数字化建设。

二、数字乡村建设的领域

数字乡村建设是实现乡村全面振兴的重要途径，是通过系统性规划与配套，推进农业农村现代化发展进程，实现新一代数字技术在农业农村经济和社会发展过程中的综合应用，可概括为实现乡村各领域数字化转型的过程，可进一步扩展为借助乡村信息设施和农业农村大数据体系来构筑乡村数字生活、生产、治理应用场景，利用数字赋能乡村生活、生产、生态和社会治理。

（一）数字赋能乡村生活，构建更加智能的乡村服务体系

一方面，通过引入新一代数字技术，完善乡村信息基础设施，畅通线上交流、智慧物流等，实现实时监控，为智能化生活奠定了数字基础。另一方面，优化乡村服务体系，满足不同群体的个性需求。通过建设乡村公共智能化设施，如电子阅览室、网上医疗服务、线上教育系统等，将互联网与教育、医疗、养老相结合，加强民生保障服务，实现信息全面惠民。

（二）数字赋能乡村生产、经营、管理，打造数字化乡村产业，发展乡村新业态、新模式

打造生产集约化、规模化、精准化的智慧农业，实现农业种养基地数字化、农业作业工具器械化、农业生产经营管理数字化。

将信息技术与实体经济相融合，发展农村电子商务、智慧餐饮、智慧旅游等乡村新业态。同时，根据乡村当地的实际情况，结合其发展优势，利用数字技术形成特色产业链、价值链，探索乡村经济可持续发展。

（三）数字赋能乡村生态，构建可持续发展的绿色乡村环境

以数字技术为驱动力，节约乡村资源，优化乡村人居和生态环境，一是引入新一代数字技术嵌入乡村各领域替代以往高耗能的资源开发模式，有效地节约乡村建设资源，减少环境污染。二是利用数字技术实现对乡村气候、环境、水质、垃圾的实时监控、更新、预警，为村民提供了更加绿色的居住环境。三是实现乡村生态保护信息化。利用数字技术对乡村山川、湖泊、森林、湿地，以及农业生态环境包括土壤、农田、养殖环境等进行动态化监测和智能化研判，有效地预防乡村的生态破坏，在发现问题时及时出台相应措施。

（四）数字赋能乡村治理，建设治理数字化、智能化的乡村

建设治理数字化、智能化的乡村具体包括：建设智慧党建，实现党务、党员和党建数字化管理。利用数字技术建设政务服务平台，实现乡村政务服务"一网通办"，打通乡村政务服务的"最后一公里"；建设网上村务管理，实现网上公开村务、财务，村民自治数字化；建设基层综合治理信息化，实现乡村基层网格化治理、社会治安综合治理信息化。建设乡村智慧应急管理，及时监控、防御乡村自然灾害、公共卫生安全防控。

三、数字乡村建设的原则

坚持党的领导。建设数字乡村需要加强党对农村工作的整体推进和统筹协调，同时也需要发挥乡村基层党组织的带头引领作用。

坚持全面振兴。数字乡村建设应当遵守各地乡村发展规律和信息化发展规律，以新一代数字技术为引擎，助推乡村全面振兴。

坚持城乡融合。数字乡村建设中需要引导城市优质资源向乡村下沉，缩小城乡长期存在的数字鸿沟，推动城乡资源共享。

坚持改革创新。充分发挥网络、数据、技术和知识等要素的作用，实现乡村资源开发最大化，扩大乡村市场，对乡村各领域进行深化改革。

坚持安全发展。安全和发展是一体之两翼，两者相互促进，共同发展。建设数字乡村的前提是乡村安全，确保数字乡村健康可持续发展。

坚持以人民为中心。数字乡村建设的初衷是满足乡村人民美好生活的需要，因此需要在建设过程中，切实了解人民所需、所想，着力解决农民最关心、最直接、最现实的利益问题，数字红利能够催生乡村发展的内生动力，提升村民的获得感、幸福感和安全感。

第三节　数字化乡村与乡村振兴的关系

实施数字乡村战略是我国立足"三农"、审视全国、放眼世界提出的农业农村数字化、信息化、智能化的总体布局。数字乡村既是乡村振兴的战略方向，也是高质量赋能乡村振兴的策略选择。同时，数字乡村建设为乡村全面振兴提供了新的契机，科学把握乡村振兴和数字乡村的内在逻辑，有助于更好地建设乡村，加速乡村全面振兴。

一、数字乡村是乡村振兴的内在要求

民族要复兴，乡村必振兴。数字乡村建设就是在乡村振兴的大背景下，以乡村空间为载体，通过数字技术的切入，搭建数字服务平台，创新乡村发展机制，为乡村全面振兴提供新动能、新契机，是乡村振兴的战略方向。

乡村全面振兴需要以数字技术的助力。党的十九大从我国实际出发指出了我国社会经济发展中存在不平衡、不充分的现象，"三农"问题是解决当前不平衡不充分的重点和难点。乡村是我国文明的发源地，人口数量庞大，生活幸福指数迫切需要提升。乡村振兴战略的正是为了解决"三农"问题，推动乡村发展，提升村民的生活幸福指数，适应我国社会主要矛盾变化而作出的重要战略部署。

实现乡村产业、人才、文化、生态和组织的五大振兴需要顺应时代发展，乡村振兴战略的总目标是实现我国农业农村的现代化，实现农业农村各领域的进一步发展，而要推动乡村发展就需要利用新动力、新引擎，进一步解放和发展乡村生产力，数字乡村建设刚好契合了乡村全面振兴的趋势和需求。

新一代数字技术的不断发展加速优质资源向乡村的下沉，补齐农业农村发展短板，优化乡村整体发展结构，提高乡村治理效能，促进城乡协调发展，为乡村全面振兴提供新动能。第51次《中国互联网络发展状况统计报告》显示：截至2022年12月，我国农村网民规模为3.08亿，农村地区互联网普及率为61.9%，较2021年12月提升4.3个百分点。这些数据说明新一代信息技术在农村日渐普及，数字技术与乡村居民的生活越来越紧密，为乡村居民的生活、生产方式开辟了新天地，以"数字＋乡村"为核心的数字乡村建设为乡村提供了新的发展动力。

二、数字乡村为乡村振兴赋能提速

数字乡村建设可以有效发挥网络化、信息化、数字化、智能化在农业农村发展中的重要推动作用，有效释放信息技术创新的扩散效应、信息和知识的溢出效应、数字技术的普惠效应，有序提高居民生活水平、农业农村数字化和现代化发展水平，充分释放数字红利。

（一）提高居民生活水平

数字乡村建设可以提高居民生活水平，优化乡村居住环境，助推乡村生活富裕和生态宜居，具体体现在以下方面：

第一，弥合城乡数字鸿沟，改善民生。数字技术打破时空局限，实现城乡互通互联、资源共享，将"互联网＋教育""互联网＋便民服务""互联网＋医疗"等多种资源和服务下沉乡村，使村民可以靠一部手机获取自己所需的信息、知识，购买自己想要的商品，获取需要的服务，给村民的生活带来极大的便利。

第二，优化居住环境。在乡村应用大数据、人工监测、溯源等技术，可以动态监测当地生态环境变化、提高资源利用率，为乡村提供更加健康、绿色的生活环境。

第三，增加居民收入。数字乡村建设过程中衍生的农村电子商务、智慧旅游等乡村新业态，为村民提供了更多的就业机会。

（二）加速农业现代化进程

数字乡村建设可以加速农业现代化进程，助推乡村产业兴旺。我国历来重视农业发展，农业是国民经济基础，农业兴则百业旺。然而我国乡村发展脚步相对城市来说较缓慢，数字技术、人才、信息基础等都与城市存在很大的差距，建设数字乡村意味着大数据平台、先进的科技、优秀的人才等在乡村落地，为乡村产业振兴提供强大动力，有助于挖掘乡村发展潜力，解放、发展乡村的数字生产力。

数字技术为农业生产发展保驾护航，有利于农业生产提质增质。数字技术运用到农业的各个环节，使得传统农业的生产、经营、管理方式发生了改变，通过构建现代化农业产业体系、经营体系、质量安全溯源体系，有利于从整体上提高农业的生产效率，提高农业粮食产量，拓宽农产品的销售渠道，加强农产品安全管理，不断释放数字技术在农业中的经济效应。

（三）优化乡村产业结构

优化乡村产业结构，带动乡村其他产业的发展，助力乡村新型业态的派生。通过信息技术带动乡村农业、商业、工业、服务业的转型升级，发展生态农业、智慧物流、智慧旅游、电子商务等乡村新业态和新模式，有利于驱动乡村产业规模经营，延长乡村产业链，加强城乡产业衔接，实现城乡资源、技术、人才双向流动，弥补乡村缺陷，补齐短板，加速农业现代化进程。

（四）助推乡风文明建设

振兴乡村数字文化，助推乡风文明建设。乡风文明是高质量建设乡村的题中之义，也是数字乡村文化振兴的重要支撑。利用数字赋能乡村文化建设，有利于丰富乡村的文化生活，焕发乡村的精神风貌，进一步弥合城乡居民在文化方面的鸿沟。

第一，数字技术与文化的传播相结合，打破了文化传播的区域壁垒，为向农村地区传送优质的文化资源开辟了道路，使村民足不出户便可以获得优秀的数字文化资源，有利于开阔村民的眼界，提高村民的思想境界，丰富村民的精神世界。

第二，数字技术为乡村优秀文化资源的保护和传播开辟了新途径。一方面利用数字技术搭建数字文物资源库、数字图书馆，对相关文物进行数字复原等，有利于加强对乡村优秀的传统文化保存、传承。另一方面，数字技术与乡村文化传播的结合，通过开展云旅游、云展览等形式提高了乡村优秀文化资源和文化产品宣传，丰富了其传播媒介。

第三，创新乡风文明建设载体，发挥价值引领作用。可以采用"数字技术＋普法""数字技术＋宣传教育"等形式，利用短视频、公众号、app等媒介，宣传社会主义核心价值观，有助于潜移默化地改变传统农村的旧习、陋习，营造良好的社会氛围，进一步提升乡村整体的文明水平。

（五）推动乡村治理现代化

乡村治理是国家治理的基本单元，新一代信息技术为实现乡村治理有效提供了强大的驱动力，有利于推动乡村治理能力和治理体系现代化，提高乡村整体治理效能，使得乡村治理朝着智能化、便捷化的方向发展。

第一，"互联网＋"与乡村治理相结合，通过搭建乡村微信群、钉钉群、微信公众号等数字平台，为村民与政府的互动提供了平台，拓宽了乡村主体参与公共事务的渠道。乡村社会组织、企业、村民可以及时获取政务信息，随时表达自己的诉求。基层政府公开包括村务、党务、财务在内的一系列乡村信息，保障村民的知情权，促进村民对乡村公共事务的参与和监督。

第二，数字治理为基层政府提供了有效的治理手段，利用数字平台为村民提供个性化服务，有利于更加精准地捕捉村民的实际诉求。通过线上办理相应业务，大大简化业务办理流程，有利于节约村民办理业务的时间，实现让数字多跑路，村民少跑路，解决村民群体办事难、办事慢、办事烦琐等一系列问题，提高乡村治理效率。

第三，数字治理可以优化乡村治理体系，通过数据平台理顺基层政府各部门关系，明确职权范围，避免职能交叉，有利于提高治理效能，促进乡村治理体系现代化。

第二章　乡村治理的概述

第一节　乡村治理的定义

在理清治理和中国特色社会主义善治概念的基础上，我们有必要对"乡村治理"这一概念进行阐释。乡村治理研究的兴起与村民自治制度的推行有关，起初对乡村治理的研究基本上都在政治学范畴内，后来随着研究视野的开阔，社会学、历史学、经济学等学科也逐渐被纳入乡村治理的研究视角中来。

一、概念研究

目前，国内关于乡村治理基本概念的研究成果非常丰富，学者党国英将乡村治理概念定义为："乡村治理是指以乡村政府为基础的国家机构和乡村其他权威机构给乡村社会提供公共品的活动"。俞可平从多元化角度的出发，认为乡村治理是多元化的治理模式，它既包括政府对农村社会的统治和领导，又包括村民对涉及自身事务的自治，治理过程既有国家政府力量的介入，又有社会力量的参与。

二、乡村治理主体

乡村治理主体除了负有领导责任的村委、自治主体的村民外，还包含企业、社会组织等第三方社会力量。乡村治理主张多元主体参与，其中基层党委在乡村治理过程中起领导作用，村民是乡村治理的主体力量，全程参与乡村事务的决策、执行、监督等村庄集体事务。推进乡村治理体系和治理能力现代化，需要企业、社会组织等第三方社会力量的加入，为乡村发展提供资金支持、技术扶持，以及先进的管理方法和理念等。

三、乡村治理客体

乡村治理客体则包含涉及乡村公共事务的各个环节，包括乡村产业和经济的发展、农村土地的分配和管理、村规民约的制定和维护、村庄生态环境的保护、协调乡村矛盾，以及维持村庄日常运作的各类事务等。即涉及乡村集体利益的社会活动都可以被视为乡村治理客体。

四、乡村治理的方式

当前，我国农村大多实行协商治理，形成了多级联动的协商民主格局，协商治理区别于传统乡村治理自上而下单一的管理模式，在乡村治理现代化的语境下，协商治理，即通过党委、村委会、村民、社会力量等治理主体通过协商、互动等形式，共同对村庄公共事务进行决策、管理、执行、监督，是一种良性的治理模式。

协商治理突破了传统乡村治理模式僵化的体制，能够做到科学决策、民主监督、各方协力为实现村庄的良性发展作出贡献。

综上所述，我们可以将"乡村治理"定义为，基层党委、政府、村民、社会力量等多元治理主体通过协商、互动等形式，对涉及村庄集体利益的公共事务进行治理，以达到促进村庄发展，实现治理有效目标的过程。

第二节　乡村治理数字化的相关理论

一、马克思主义经典作家关于乡村治理的思想

由于所处的时代具有局限性，马克思、恩格斯、列宁等马克思主义经典作家并未形成系统的乡村治理思想，但关于社会的治理、农村社会等内容，在《共产党宣言》《德意志意识形态》《资本论》等马克思主义经典著作中都存在相关论述。通过对相关论述进行归纳和梳理，我们可以发现，虽然马克思主义经典作家的相关思想是在特定的历史条件下提出的，但其中许多内容对当前我国农村社会的发展依然具有重要的理论指导意义。

（一）马克思和恩格斯关于社会治理的思想

马克思和恩格斯在许多经典著作中论述了关于无产阶级专政国家的社会治理思想，我们可以从社会治理主体、社会治理原则、社会治理目标等方面对其进行归纳分析。

关于社会治理的主体，马克思和恩格斯在总结资本主义社会治理模式的基础上，从国家、市民社会、人民这三个角度对社会治理主体进行了论述。马克思认为，"国家是统治阶级的个人借以实现其共同利益的形式"，国家作为社会阶级矛盾不可调和的产物，具有鲜明的阶级属性，"经济利益互相冲突的阶级，不致在无谓的斗争中把自己和社会消灭，就需要有一种表面上凌驾于社会之上的力量，这种力量应当缓和冲突，把冲突保持在'秩序'的范围以内……就是国家"，因此国家在本质上就是为统治阶级利益服务的机器。马克思和恩格斯将国家管理职能分为阶级政治统治和社会管理，在无产阶级社会中，国家的政治统治职能会逐渐弱化，国家的职能

最终将会回归社会。在社会主义制度下，国家将会彻底转变为提供社会服务的机器，市民社会将逐渐承担起社会的自我管理、自我发展的职能。马克思和恩格斯崇尚人民史观，认为人民群众是历史的创造者，社会治理的本质是人民当家作主，所以人民也应该是社会治理的参与者和主导者，人民群众参与国家和社会事务的治理是体现人民主体地位的要求，认为"凡是要把社会组织完全加以改造的地方群众自己就一定要参加进去"，强调了人民参与社会治理的重要性。

在社会治理的原则方面，马克思和恩格斯通过批判资本主义社会的不平等和总结巴黎公社的实践经验，指出无产阶级国家社会治理最根本的原则就是人民主权。人民主权指国家和社会的所有权力都属于人民，人民当家作主。马克思和恩格斯在总结巴黎公社的经验时曾指出："公社的伟大社会措施就是它本身的存在和工作。它所采取的各项具体措施，只能显示出走向属于人民、由人民掌权的政府的趋势"。马克思认为，社会治理的一切权力都应该掌握在全体人民手中，社会治理的最终目标就是要使人民受益。而体现人民主权原则最直接的方式就是民主选举，由人民选举出自己满意的管理人员，"公社必须由各区全民投票选出的市政委员组成……其中大多数自然会是工人，或者是公认的工人阶级代表"，选举出的公职人员可随时被人民撤换。除选举外，马克思和恩格斯还强调人民的监督作用，认为社会管理的一切活动都要在人民的监督之下。马克思和恩格斯还指出，无产阶级国家社会治理的原则还包括廉价政府、议行合一等，而这些原则最终都是为了体现人民主权，保证为人民服务。

在批判和借鉴了资本主义社会治理的经验的基础上，马克思和恩格斯指出，社会治理的首要目标就是达成社会的公平正义，其最终是为了实现人的全面发展。马克思将社会的公平正义作为社会治理的价值目标，认为"一切人，或至少是一个国家的一切公民，或一个社会的一切成员，都应当有平等的政治地位和社会地位"。马克思和恩格斯认为，实现社会的公平正义是一个渐进的过程，不同的社会阶段对于公平正义的评价也不同，资本主义是实现社会公平正义的一个重要历史阶段。马克思和恩格斯将资本主义社会不公正的根本原因归为生产资料的私有制，认为只有在真正意义上消除私有制和阶级剥削，才能实现社会的公平正义。因此，马克思和恩格斯认为只有建立在生产力高度发达、商品生产极大丰富基础上的共产主义社会才能完全实现社会公平正义。马克思和恩格斯还将人的全面发展作为人类和社会解放的重要形式，社会治理的最终目标就是实现人的全面发展，这里的"全面发展"包括人的活动、需要和能力、社会关系和人的个性等方面的全面发展。马克思和恩格斯这些观点表明人既是社会治理的主体，也应该是社会治理的目的。

（二）马克思和恩格斯关于农村发展的思想

马克思和恩格斯关于农村社会发展的思想是马克思主义理论体系不可或缺的一部分，也是当前我国研究和论述"三农"问题的理论渊源。马克思和恩格斯基于不同社会形态下农村社会发展状况的研究，在许多经典著作中提出了关于农村发展的论述。

马克思和恩格斯十分注重农业发展，他们认为农业在社会发展中处于基础地位，农业生产活动是进行其他社会活动的基础，"人们首先应当确定一切人类生存的第一个前提，也就是一切历史的第一个前提……第一个历史活动就是生产满足这些需要的资料，即生产物质生活本身"，充分强调了发展农业生产的重要意义。此外，马克思和恩格斯还特别强调了农业生产力对社会发展的重要作用，他们指出，在社会发展的初级阶段，农业生产力较低，只有所有人都参与农业生产活动才能维持生产需要，但随着农业生产力的提高，手工业、商业等产业才逐渐分离出来，在此基础上社会分工也开始产生，因此马克思指出"超过劳动者个人需要的农业劳动生产率是一切社会得以存在的基础"。同时，马克思表明了他对未来农业发展的设想，他批判了农业土地私有制，认为在社会主义国家应该实行土地社会所有制，这是生产力发展的必由之路，农业生产力的提高是农业现代化的前提。

在城乡关系的论述上，马克思和恩格斯继承和发展了以往的城乡关系理论，提出"物质劳动和精神劳动的最大的一次分工，就是城市和乡村的分离"，他们认为，城乡之间产生对立的根本原因是受到社会生产力不断发展和社会大分工不断深化的影响。城市在工商业劳动中的生产率要远远高于依靠农业劳动的农村，使得城市的生活环境和生产待遇都优于农村，这就从根本上造成了城乡的对立。但马克思和恩格斯也指出，随着社会生产力的进一步发展，城市和乡村的对立会逐渐消失，城乡之间会进行融合，而消除城乡对立最根本的方法就是消灭生产资料私有制，马克思和恩格斯认为："只有使人口尽可能地平均分布于全国，只有使工业生产和农业生产发生紧密的联系，并适应这一要求使交通工具也扩充起来——同时这要以废除资本主义生产方式为前提——才能使农村人口从他们数千年来几乎一成不变地在其中受煎熬的那种与世隔绝的和愚昧无知状态中挣脱出来。"他们提出在发展生产力的基础上，应该消除城乡之间的差别，发展生产力先进的农村。

另外，关于农民问题，马克思和恩格斯也提出了许多论述。马克思认为，农民阶级是具有双重性的阶级，一方面农民作为小资产者具有保守性，他们会努力维持自身中间等级的地位，因此无法作为革命的独立阶级。另一方面，农民阶级也是受资产阶级压迫和剥削的阶级，这就注定了农民阶级也具有革命性，在资产阶级社会，农民受到的压迫更加严重，使得农民会逐渐转向革命性的一面。因此，马克思和恩格斯提出了工农联盟思想，农民阶级的双重性决定了它要依靠工人阶级才能实现解放，因为工人阶级和农民阶级都受到资产阶级的压迫和剥削，所以二者有着共同的革命利益。马克思认为，"在革命进程把站在无产阶级与资产阶级之间的国民大众即农民和小资产者发动起来反对资产阶级制度，反对资本统治以前，在革命进程迫使他们承认无产阶级是自己的先锋队而靠拢它以前，法国的工人们是不能前进一步，不能丝毫触动资产阶级制度的"。而对于如何对农民阶级进行改造，马克思和恩格斯认为应该提高农民阶级的经济状况和政治地位，要通过教育和宣传引导农民阶级认识到自身的局限性，并指出"当我们掌握了国家政权的时候，我们绝不会考虑用暴力去剥夺小农"，应该用合作社的方式为农民阶级提供示范和帮助。

（三）列宁关于农村建设的思想

列宁在继承马克思和恩格斯思想的基础上，结合苏俄实际，带领广大人民进行艰苦实践，探索出一条适合苏俄农村建设的新道路，形成了一套成熟的农村发展体系，丰富了马克思和恩格斯关于农村发展的理论，也对当前我国农村社会的建设具有理论指导意义。

列宁十分重视农村的发展和农业生产问题，在十月革命前，俄国本就是一个以农业为基础的国家，多年的战争破坏了俄国的农业基础，因此列宁曾多次强调发展农业的重要性，他认为"不使小农经济得到切实的大规模的改善，我们就没有出路，因为没有这个基础，任何经济建设都不能进行，无论多么伟大的计划都会落空"。为此，列宁将农业放到发展国民经济的首位，并提出要采取紧急措施提高农民的生活状况和农业生产水平。对于如何进行农村建设，使苏俄由小农经济向社会主义经济过渡，列宁在结合苏俄特殊国情的基础上提出了合作社制度。列宁认为，在当时的苏俄完全实行社会主义公有制，禁止私营经济是不可行的，需要通过合作社引导人民过渡到社会主义，合作社"在经济上把千百万小农联合起来，引起他们经营的兴趣，把他们联系起来，把他们引导到更高的阶段"。列宁详细叙述了建立农村生产合作社的意义，认为合作社兼顾了国家的集体利益和农民的个人利益，充分考虑到了农民阶级的意愿。列宁关于合作社的思想继承了马克思和恩格斯的相关理论，并充分结合了苏俄的具体实际状况，是经过实践检验的社会主义国家农村发展的正确理论，对于我国乡村建设具有重要的借鉴意义。

此外，列宁还深刻认识到了农村文化建设的重要性，农村问题是当时苏俄文化建设中的重大问题，在彼时的苏俄农村，农民的科学文化素养普遍较低，绝大部分农民是文盲，这严重阻碍了苏俄农村的发展进程。为此，列宁提出了一系列农村文化建设措施，将农民的文化工作作为当时政党必须完成的两大任务之一，在农村开展了广泛的义务教育和扫盲运动。列宁认为，提高劳动者的文化水平是建设文明国家的必行之举，其中不仅包括教会农民们读书写字，教授各类农业科技知识，以提高农业科技水平，还包括教导农民们经商的知识。列宁还注重农村的思想道德教育，积极在农村宣传共产主义思想，以坚定农民们的思想信念：主张创办可供农民阅读的报刊读物，以丰富农民的精神世界，营造向上的文化氛围。

值得注意的是，列宁对于科学技术在农村的运用也十分重视，他强调掌握科学技术是建设共产主义的必由之路，列宁认为现代化科学技术能极大地提高农业的生产效率，他曾在会议中提出要发展现代科技的农业，"我们的义务和职责是……把最落后的农业生产纳入新的轨道，对它进行改造，把它从按照旧的方式盲目经营的农业变成建立新的科学和技术成就基础上的农业"，主张加大对农村科学技术的投入。列宁还认为，发展高科技农业要充分发挥农业技术人员的优势，增加粮食产量。这一思想对于当前我国建设数字化农村也具有指导意义。

对于城乡之间的差别以及如何消除农村的落后状态，列宁也发表过丰富的论述。列宁认为，城乡之间存在经济差距是由于工商业的发展速度比农业更快，在资本主义社会农业的生产效率更低，所以城乡差别是历史发展的必然结果。大力发展生产力，使农村和城市的劳动生产率相接近，就能从根本上解决城乡对立。因此列宁提出，要消除农村发展的落后状态，使之成为经济发达、人民富裕的地区，具体措施包括提高农业生产率、构建合理的农业和工商业经济结构、重新分布全国人口。同时，列宁主张城市对农村进行扶持，包括技术和文化上的帮扶、工商业产品和农业产品的交换、工业人口和农业人口的融合等，以此消除城市和农村之间的经济和文化差距。

总而言之，马克思、恩格斯、列宁等马克思主义经典作家对于社会治理、农村社会、乡村发展等内容都有着非常丰富的论述，他们结合自身所处时代的实际状况，对乡村治理的相关问题进行了富有成效的观察和思考。同时，西方马克思主义经典作家们还将理论与实践相结合，在实践过程中不断对相关理论进行完善，保持了马克思主义基本理论与时俱进的科学性。西方马克思主义经典作家们对乡村问题的论述对中国特色社会主义进入新时代的我国具有重要的理论指导意义，其中以人民为中心的思想依然是我们全面推进乡村振兴的核心理念，这充分说明马克思主义基本理论在当代中国依旧具有不可替代的理论指导价值。

二、党的十八大以前历届国家领导人的乡村治理思想

中国共产党自成立以来，始终将"三农"问题放在重要位置，历代中国共产党人在继承马克思列宁主义的乡村发展思想的基础上，与中国乡村实际相结合，探索出了一条具有中国特色的乡村治理道路。如何促进农业发展、维护农村稳定、提高农民收入是历届中国共产党领导人在乡村治理过程中面临的核心问题，也是关系到巩固和发展社会主义制度的根本问题。历届党和国家领导人通过解决农民最为关心的土地问题和农业发展问题，引导农民们走上中国特色社会主义发展道路。

（一）毛泽东的乡村治理思想

中华人民共和国成立初期，我国农村整体还处于较为分散的状态，当时新中国的首要任务是稳固国家政权和确保社会主义制度的根本建立。以毛泽东为核心的党的第一代中央领导集体将农村土地和粮食生产问题作为乡村治理的核心问题，毛泽东指出："目前的条件和形势下，我们应该将农业生产放在第一位，解决粮食问题是我国当前的首要问题"。为此，中央人民政府委员会于 1950 年通过了《中华人民共和国土地改革法（草案）》，以法律形式解决了农民的土地问题，在完成土地革命的基础上，毛泽东创造性地提出走农村集体化道路，将广大农村群众的力量集中起来，由农业生产互助组到初级农业生产合作社再到高级农业生产合作社，最终形成人民公社制度，引导农民走社会主义公有制的互助合作道路。在农村的组织形式上，为巩固人民政权，毛泽东主张撤销原有村级组织的行政机关职能，建立人民公社这一基层组织。1958 年党中央通过了《中共中央关于在农村建立人民公社问题的决议》，提出要建立政社合一、政企合一的人民公社管理体制。人民公社实行三级管理制，由生产大队和生产小队组成的队是最基本的组织，在此之上就是公社，人民公社既承担行政职能，也承担包括农业生产在内的经济职能，以便集中组织农民参与生产。

人民公社体制是毛泽东结合当时国内乡村发展特点的乡村社会治理思

想的集中体现，人民公社的建立，巩固了社会主义公有制在新生国家的地位，实现了对农民的集中管理和基层国家政权的建立与完善。通过建立人民公社制度，国家对农村和农民进行了有效的管理，农业生产逐渐步入正轨，为实现社会主义工业化提供了有力的支持。但是，在人民公社体制的持续运行中，由于过度依赖国家政权力量动员农民参与生产，在分配上采取绝对平均主义，严重忽略了我国农村地区发展状况的多样性，遏制了广大农民的生产积极性，在一定程度上阻碍了当时农村地区的发展，使乡村治理走了一段弯路。

（二）邓小平的乡村治理思想

党的十一届三中全会召开之后，以邓小平同志为核心的党第二代中央领导集体，依据乡村地区在改革开放和社会主义建设新时期出现的新情况和新问题，进一步完善了乡村治理体系，在实施改革开放治国方略的基础上提出了改革农村管理体制、实行家庭联产承包制、发挥农民生产积极性等乡村治理思想，开辟了中国特色社会主义乡村治理新阶段。

在农业发展方面，邓小平强调农业生产在国民经济中的重要作用，强调农业是社会发展的基础，农业关系到国家发展的稳定，强调"农业是根本，不能忘掉"。面对当时我国人口基数大、农业人口占据绝大多数以及人民温饱没有得到根本保障的现实国情，邓小平强调粮食生产关乎国家安全，主张要发展农业生产，以改善农民生活水平。同时，邓小平还强调农业现代化的发展，认为"实现四个现代化，关键是农业现代化"，主张科学技术对农业的关键作用，改变传统的农业发展模式，依托先进科技提升农业发展水平。

在农村建设方面，面对人民公社制度对农业生产带来的消极影响以及对基层民主的破坏，邓小平提出推行家庭联产承包制，以农户为经济实体进行农业生产和经营活动，鼓励农民发展多种经营。在农村经济快速发展的基础上，邓小平认为人民公社制度已经不能适应当时农村的生产力发展状况，主张加强基层民主制度建设，实行村民自治。1982 年宪法正式提出要改变人民公社制度，确立村民委员会为农村的村民自治组织，明确其自我管理以及处理各项事务的权利，1987年《中华人民共和国村民委员会组织法（试行）》正式通过，村民委员会的性质、地位以及职责从法律上根本确立了下来，以村民委员会为载体，村民进行自我管理的村民自治制度正式得到了法律保障，这一制度的确立不仅保障了村民的各项基本权益，而且维护了农村发展的各项秩序。

在农民方面，邓小平充分尊重农民的生产积极性，提出："农业本身的问题，现在看来，主要还得从生产关系上解决，这就是要调动农民的积极性。"邓小平认为农村的发展的实际行动者和受益者都是农民，调动农民的生产积极性不仅能实现人民民主，还能推进农业农村发展。实行家庭联产承包责任制、推动村民自治都是充分发挥农民群众生产积极性的合理形式。此外，邓小平还主张打破对农村身份的限制，1984年党中央一号文件颁布，宣布允许农民到城镇落户，农民可自由选择职业，这一举措加强了城乡联系，城乡一体化的治理模式逐渐发展起来。

（三）江泽民的乡村治理思想

以江泽民同志为核心的党的第三代中央领导集体在继承毛泽东和邓小平乡村治理思想的基础上，立足改革开放新时期，结合当时我国基本国情，首创性地将"农业、农村、农民"三个概念放在一起讨论。江泽民将村民自治建设放在首要地位，江泽民认为，村民自治是"充分发挥农民积极性、促进农村两个文明建设、确保农村长治久安的一件根本性大事"，1998年，《中华人民共和国村民委员会组织法》颁布，村民自治制度正式被确定下来，开始在全国农村地区逐步推行。江泽民将村民自治制度作为中国特色社会主义民主制度的重要一部分，指出在推进乡村民主建设的过程中要切实保障农民民主权利，尤其是要完善基层民主选举和民主监督制度，让农民能积极有序地参与到乡村治理过程中，以保障乡村发展的稳定，维护农民各项权益。同时，江泽民同志还十分重视农业的关键作用，他强调"农业在我国经济社会发展的基础地位和战略作用，永远忽略不得，只能加强，不能削弱"。江泽民认为农业是我国整体发展的支柱，也是关系到国家安全和经济发展的关键问题。在推进农业现代化的过程中，江泽民特别强调科技在农业发展过程中的作用，指出要坚持科教兴农，提高农业资金的投入，使农业发展逐渐依靠科技力量，同时要加强农业科技人才队伍发展，培育农村技术人才，走农业发展可持续性道路。

（四）胡锦涛的乡村治理思想

胡锦涛同志在从当时我国乡村发展的现状出发，提出建设社会主义新农村的目标，进一步提高了乡村治理在我国社会治理中的地位。胡锦涛指出要将解决"三农"问题作为"全党工作的重中之重"，认为实现全面建成小康社会要重点关注"农业、农村、农民"问题，并将其摆在工作的突出位置。胡锦涛强调要坚持农业的基础地位不动摇，高度重视并发展农业，针对我国人多地少、农业规模较小的发展特点，胡锦涛指出要走中国特色农业现代化道路，其本质是转变农业发展方式，突破小农户经营模式。胡锦涛还认为要用现代科学技术农业改造农业，推动农业生产经营向专业化、标准化、规模化转变。

面对新世纪乡村治理面临的新问题，胡锦涛提出要建设社会主义新农村，统筹城乡经济发展，为不断缩小城乡发展差距，党的十六届三中全会正式提出了"统筹城乡发展"的理念。在此基础上胡锦涛同志在党的十六届四中全会指出，乡村治理已经进入了"工业反哺农业、城市支持乡村"和"多予、少取、放活"的新阶段。社会主义新农村建设是统筹城乡发展，推动以城带乡的战略举措，胡锦涛同志不断丰富社会主义新农村的内涵，使中国特色乡村治理理论更加丰富和完善。此外，胡锦涛还将生态文明建设纳入社会主义新农村建设，指出在推进乡村经济发展的同时要注重保护乡村生态环境，坚持适度开发，节约资源，实现农村的可持续发展。

同时，胡锦涛同志还高度重视保障和维护农民利益，一方面，他认为要完善基层群众自治制度建设，扩大农村基层民主范围，维护农民的各项基本权利，真正实现人民当家作主。另一方面，胡锦涛指出提高农民收入是解决"三农"问题的重要途径，为此要推进税费改革，减轻农民负担，在政策上更加向农村倾斜。

总而言之，十八大以前历届党和国家领导人对乡村治理问题都提出了许多创造性的思想，为提升农业发展水平，改变农村贫穷落后面貌，保障农民权益，党和国家历届领导人都在坚持马克思列宁主义相关思想的基础上，充分结合当时国内农村发展实际情况，提出了许多具有中国特色的乡村治理理念，实施了一系列乡村发展措施，为解决"三农"问题提供了切实可行的方案。十八大以前历届国家领导人的乡村治理相关思想都是马克思主义中国化的理论成果，为进入新时代以后的乡村治理工作提供了理论指导和实践参考，对研究善治视域下的乡村治理数字化问题具有重要意义。

三、习近平关于乡村治理的重要论述

中国特色社会主义进入新时代后，国际国内各方面形势都发生了重大变化，党的十九届四中全会围绕"坚持和完善中国特色社会主义制度、推进国家治理体系和治理能力现代化"这个主题，对推进国家治理体系和治理能力现代化作出了战略安排，推动乡村治理现代化也成为国家治理体系和治理能力现代化的题中之意。习近平新时代中国特色社会主义思想作为马克思主义中国化的最新理论成果，对乡村治理现代化问题也产生过许多重要论述。习近平关于乡村治理的重要论述在继承了马克思主义相关理论的基础上，汲取了中国共产党关于乡村治理的丰富经验，立足于新时代我国农村发展的新的实际，具备坚实的理论基础和深厚的实践基础，是指导我国乡村治理现代化发展的强大思想武器。全面理解习近平关于乡村治理的重要论述的主要内容，能更深刻地理解善治视域下的乡村治理数字化问题的理论基础和现实背景。

（一）明确"治理有效"的乡村治理总体目标

推进乡村治理体系和治理能力现代化，首先要明确乡村治理的目标追求，习近平总书记在关于乡村治理的相关论述中多次提及这一问题。2019年颁布的《关于加强和改进乡村治理的指导意见》将乡村治理的总体目标明确了下来，即在2020年基本形成现代乡村治理制度框架和政策体系，乡村治理体系进一步完善；到2035年实现乡村治理有效，乡村治理体系和治理能力现代化基本实现。根据社会发展的不同层面，这一目标主要可以分为实现乡村社会稳定发展，维护基层群众利益，建成共建共治共享的乡村治理格局三个方面。

提升乡村治理能力，完善乡村治理体系，依托于乡村社会的稳定有序发展，乡村治理现代化也与农业农村现代化紧密相连，在《乡村振兴战略规划（2018—2022年）》中提出了我国农村社会的发展目标，即到2035年农业农村现代化基本实现，乡村治理体系基本完善，美丽宜居乡村基本实现；到2050年乡村全面振兴，农业强、农村美、农民富全面实现。可以说农业现代化涵盖了农村发展的各个方面，乡村治理能力现代化与其密切相关，是乡村全面振兴的重要组成部分。实现乡村社会稳定发展，核心就是"三农"问题，要从做好乡村脱贫攻坚和乡村振兴有效衔接工作；实现城乡均衡发展，缩小城乡发展差距；发展乡村产业，改善农村生态，繁荣农村文化等方面入手，全面推进乡村振兴。

我国是人民民主专政的社会主义国家，坚持人民当家作主，坚持发展成果由人民共享，人民群众的利益是否得到保障是衡量社会治理有效的重要指标，也是社会治理的根本目标，在乡村治理过程中，就是要从根本上维护村民的利益。一方面，要维护村民的各项权利，保障村民能够合法使用自治权，扩宽村民参与自治的渠道，调动村民参与自治积极性，使村庄事务由村民自身决定。另一方面，要增进人民福祉，保障和改善民生，从就业、教育、医疗、养老、住房等基层村民最关心的这些问题入手，切实保障基层村民的权益，提升他们的幸福感和满足感。基层领导干部要将广大人民群众的利益放在首位，在乡村治理过程中充分考虑村民的意见，提升决策的科学性和民主性，将村民的利益作为乡村治理活动的出发点和落脚点。

习近平总书记在党的十九大报告中提出要打造共建共治共享的社会治理格局，为深入贯彻这一精神，2021年中共中央和国务院颁布了《关于加强基层治理体系和治理能力现代化建设的意见》，明确提出要坚持共建共治共享，建设人人有责、人人尽责、人人享有的基层治理共同体。首先，要以共建作为乡村治理的基础。共建即党委领导的乡村治理多元主体通过合作协商，共同参与到乡村社会的建设中，要明确各治理主体的权责划分，做到各尽其责，各司其职，充分发挥各自作用，坚持基层党委领导，发挥政府作用，增强村民和社会组织的参与积极性，坚持协同治理，提升乡村建设效率。共治强调多元主体共同参与到乡村治理的各环节，是共建和共享的重要保障，体现了全过程人民民主，满足了基层村民参政议政的需要，也是社会主义民主政治的本质要求。在共治环节中要加强党委对乡村治理的领导，保障村民的基本民主权利，创新政治参与机制，激发村民参与自治的热情，引导各方积极有序参与乡村事务。共享主张社会成员共同享有社会发展成果，是共建和共享的目的与动力，将乡村发展的成果惠及全体农民，是以人民为中心发展思想的集中体现。推进乡村治理现代化的最终目标和价值归属就是实现人民群众的利益，因此在共享环节中要保障公平正义，完善利益分配和协调机制，保障基层村民平等参与，真正做到发展成果由人民共享。此外，还要完善公共服务，将更多资源下沉到乡村社会中，为村民提供优质的公共服务，完善乡村基础设施建设，切实提高人民生活水平和生活质量，形成人人享有的良好治理格局。

（二）形成党委领导的多元协同乡村治理体制

党和国家在 2019 年颁布的《关于加强和改进乡村治理的指导意见》中明确提出要建立健全党委领导、政府负责、社会协同、公众参与、法治保障的现代乡村社会治理体制，这一要求明确了党组织在乡村治理中的领导地位以及乡村治理的多元参与主体。习近平总书记曾多次强调多元治理主体的协同作用，构建党委领导的多元协同乡村治理体制，不仅要发挥基层党组织的领导核心作用，基层政府在乡村治理中的主导负责作用，也要鼓励支持广大村民、社会力量参与到乡村治理的过程中，形成多方参与的乡村共治格局。基层党组织是乡村治理的领导核心，习近平总书记曾指出："农村党支部在农村各项工作中居于领导核心地位"，乡村基层党组织扎根于农村社会，对乡村事务也最为熟悉，乡村实现治理有效的关键在于基层党组织的领导核心作用。

一方面，基层党组织能贯彻执行党中央政策和决定，是党在农村社会的战斗堡垒，是党的全部工作和战斗力的基础；另一方面，基层党组织是党和农村群众密切联系的桥梁和纽带，是党为群众服务的主导力量。从历史上看，基层党组织领导农村社会进行了卓有成效的改革，农村建设取得的成就离不开党的领导，坚持党在乡村社会的领导核心作用是我们党在长期建设中的取得的成功经验。在全面推进乡村振兴战略的背景下，不仅要坚持党对农村工作的全面领导，还要摒弃党组织包揽一切的做法，支持鼓励多元主体参与到乡村治理过程中，激发乡村社会活力。坚持基层党组织在乡村治理中的领导核心作用，能保障农村基层民主，调动村民生产积极性，是保证农村社会沿着正确的发展方向前进的坚实保障。

建立多元协同的乡村治理体系，同时要发挥基层乡镇政府的主导作用。乡镇政府是国家各类政策的基层执行者，是与农村社会直接联系的国家行政机构，代表国家政权对农村进行行政管理活动，在党和国家颁布的《关于加强和改进乡村治理的指导意见》中明确指出要：发挥乡镇服务农村和农民的作用，加强乡镇政府的公共服务职能。乡镇政府在乡村治理中承担着维护乡村社会稳定，指导乡村社会发展的作用，是乡村治理的重要主体之一。首先，乡镇政府作为行政机构，应该积极转变职能，从传统自上而下的单一管理模式转变为多元化参与式管理，充分注重村民自治在乡村治理中的基础性地位，做好基层政府与村民自治机构的权责划分，做到不越位、不失位，保证在政府权限内为乡村社会发展保驾护航。其次，乡镇政府要明确自身在乡村治理中的责任主体地位，提高自身的公共服务供给能力和行政管理能力，坚持为基层村民办实事，做好科学决策和利益协调，正确引导乡村社会的发展方向。

推动乡村治理现代化，还应该重视村民和第三方社会力量的充分参与，习近平总书记指出："要建立和完善以党的基层组织为核心、村民自治和村务监督组织为基础、集体经济组织和农民合作组织为纽带、各种经济社会服务组织为补充的农村组织体系，使各类组织各有其位、各司其职。"在全面实现全面脱贫和推进乡村振兴战略的时代背景下，面对更加错综复杂的乡村治理环境，更应该尊重人民的首创精神。广大村民不仅是乡村治理的主要参与者，还是农村社会发展成果的享受者，因此，我们应该健全村民和社会力量参与乡村治理机制体制，拓宽村民参与渠道，提升村民参与能力，激发村民参与积极性，保障村民合法、有序地参与到自身事务的管理中，更好地实现村民自我管理、自我教育和自我服务，保障村民更好地享受到农村发展成果。同时，还需要鼓励包括乡村社会组织和社会力量的参与，乡村社会组织是村民为了满足自我服务需要而自发组建的社会团体，在乡村建设中能发挥表达村民诉求、维护村民利益、协调村民纠纷等一系列作用，其中最为核心的组织就是村民委员会。村民委员会是村民参与自治的重要平台，是村民行使各项民主权利的重要组织，它能弥补乡镇政府在乡村治理上的不足，发挥广大农民群众的主动性和创造性。另外，建立多元协作的乡村治理体制，还需要加强农村经济组织、企业等社会力量的培育，不仅能为农村发展提供人力，财力支持，还能整合农村资源，规范公共权力行使，构建乡村治理的监督保障机制，破除乡村治理的碎片化困境等。鼓励村民和乡村社会力量参与乡村治理，坚持了农民主体地位，体现了人民群众是历史的创造者这一唯物史观。

（三）健全"自治、德治、法治"三治合一的乡村治理体系

党的十九大明确提出了要建立自治、德治、法治相结合的乡村治理体系，其中自治是主体，德治和法治是两翼，呈现出"一体两翼"的关系，三者相辅相成。建立健全"三治合一"的乡村治理体系是习近平乡村治理相关论述的重要内容，也是新时代农村社会发展的重要指导思想。

增强乡村自治活力。村民自治是村民依法行使自身权力，合理维护自身利益的重要形式，也是法律规定的一项乡村治理制度设计，在乡村社会的建设中发挥着不可替代的作用。一方面，村民自治是乡村社会稳定发展的制度保障。凭借对自身事务的熟悉和了解，村民们能够更好地对村庄集体事务进行决策和管理，村民依法参与自治是维护自身利益、稳定村庄秩序的基本保障。另一方面，村民自治是基层民主建设的重要部分。村民通过村民委员会等形式进行民主选举、民主决策、民主管理和民主监督，对乡村公共事务进行直接管理，是行使人民当家作主权利的直接形式。因此要实现乡村社会的善治必须保障村民自治的实施，增强村民自治的活力，

在这一过程中，首先要激发村民参与自治的积极性和主动性。要发挥村民的主人翁精神，尊重人民群众的首创精神，调动村民参与自治的热情，让村民参与到乡村治理的各个过程。其次，要完善村民政治参与体制机制，搭建合理高效的村民参与平台。一方面要理清乡村治理各主体的权责划分，发挥基层党委的领导作用，充分尊重村民在乡村治理中主体地位，让村庄事务由村民自身决定。另一方面还要扩宽村民参与自治的渠道，创新村民参与方式，丰富村民议事协商形式，让村民更加高效、便捷地参与到乡村治理的各个环节中，使村庄的决策、管理更加民主和科学。

强化乡村法治保障。法治是保障乡村社会安稳有序发展的强大武器，建设法治乡村是全面依法治国的重要部分，也是全面推进乡村振兴战略的基本要求。党和国家在 2020 年颁布的《关于法治乡村建设的意见》中从立法、执法、司法、法律服务等多个方面对法治乡村建设提供了指导性意见，并明确提出了在 2035 年基本建成法治乡村的目标，2022 年中央一号文件也明确提出要切实维护农村社会平安稳定。推进更高水平的平安法治乡村建设。法治乡村的构建对于乡村治理的制度化和规范化具有重要的保障作用，规范治理主体行为、惩治乡村贪污腐败、村庄事务的有效管理的也都依赖于法治乡村的基本保障，因此法治建设应该贯彻于乡村治理的各个环节。强化乡村治理的法治保障，首先应建立完善的乡村法律法规体系，做到有法可依。除了当前已经颁布实施的《中华人民共和国村民委员会组织法》《村民自治章程》《村民委员会选举规程》等法律法规外，还应该根据新时代乡村发展涉及的新问题，健全涉农法律法规，完善立法后的评估工作，制定相关配套制度措施等，发挥法治的引领、保障作用。其次要规范乡村执法行为，保证基层领导干部带头守法，提高执法人员的法律素养，规范执法过程中的程序性，加强对执法工作的监督。最后，要加强乡村法治宣传和教育，提升村民的法治意识。要通过"送法下乡"等形式深入宣传党内外法规，加强对村民的普法教育，新时代要充分运用互联网等新形式丰富法律宣传载体，扩大法律宣传的覆盖面，培育村民的法治思维。

发挥德治的支撑力量。德治是我国社会治理的重要方式之一，道德作为一种内化力量，能潜移默化地对人的行为产生影响，相较于法治的强制性，德治在社会治理中发挥的作用更为温和且长效，德治能更好地发挥道德的约束作用，因此法治和德治二者需要并行，缺一不可。发挥德治在乡村治理中的支撑作用，需要在农村建立良好的公序良俗和道德规范，营造遵纪守法、乡邻和睦的道德氛围。首先，应该培育崇德向善的农村文化，要传承和发展优秀的乡村传统文化，在继承优秀乡村文化内核的基础上，吸收外来文化成果，以社会主义核心价值观凝聚价值共识，发挥优秀文化对人的引导作用，丰富村民的精神世界，增强村民的精神力量，培育文明乡风。其次，要重视村规民约建设。村规民约是村庄在长期的发展过程中村民们形成的道德共识，受到村庄历史、经济发展状况等多方面因素的影响，对村民们有道德约束作用。重视村规民约的制定和完善能发挥道德的教化作用，在新时代应该根立足于村庄实际，根据村庄发展的新变化和新发展赋予村规民约新的时代内涵，使村民在良好的道德约束下树立优秀的道德品质。最后，要发挥新乡贤的道德模范作用。要重视乡贤队伍的力量，使他们参与到乡村治理中，发挥政策宣传、提升村庄凝聚力的作用。凭借新乡贤们在农村崇高的声望，树立道德模范，传递优秀价值观，引导村民向善。总之，要充分发挥道德在乡村社会的价值支撑和道德引领作用，推进乡风文明建设，使乡村合理、有序发展。

第三节　乡村治理数字化的现实支撑

一、数字化基础提供科技支撑

《数字乡村发展战略纲要》将加快乡村信息基础设施建设作为数字乡村建设的一项重点任务，指出要提高乡村信息基础设施水平，其中提升农村网络设施水平、完善"三农"信息终端和服务供给和加快乡村基础设施数字化转型。为提高乡村数字化信息基础水平，国家先后出台《信息化发展战略纲要》《网络扶贫行动计划》等相关政策，为乡村治理数字化奠定了坚实的基础。"数字技术为农业农村发展提供了新引擎，不仅提高了农民的信息接入和获取能力，破解了信息获取的'最后一公里难题'，而且极大地提升了农业农村生活和生产的网络化、数字化、智能化水平和运行效率，深刻改变了农业农村的发展动力、发展方式"。

第 51 次《中国互联网络发展状况统计报告》显示，截至 2022 年 12 月，我国互联网普及率达 75.6%；我国的 5G 规模持续扩大，累计建设开通 5G 基站 231 万个，现有的行政村已经实现了宽带全覆盖；另外，物联网、大数据、人工智能、云计算等现代化数字技术在农业生产领域的应用也逐渐加深，农业数字化水平持续提升。这些数字化基础设施在农村地区的逐步完善，提升了乡村发展的数字化水平，弥补了城乡数字鸿沟，为全面实现乡村振兴提供了发展条件，也为乡村治理数字化的进一步发展提供了科技支撑。

除了乡村信息基础设施的完善之外，相关的配套政策也逐步出台，为乡村治理现代化保驾护航。为深入贯彻数字乡村发展战略，加强对数字乡村发展标准化建设工作的指导，2022 年 9 月，中央网信办、农业农村部等四个部门联合发布了《数字乡村标准体系建设指南》（以下简称《指南》），完善了数字乡村建设的顶层设计。《指南》对于数字乡村建设的各方面都制定了详细的标准，在乡村数字基础设施建设方面，《指南》指出要规范农村网络基础设施标准、农业农村天空地一体化监测网络标准和农村公共基础设施数字化改造升级标准，对农村地区的光纤网络、移动通信、农业物联网、卫星通信以及包括水利、通信、交通、物流等在内公共基础设施数字化改造升级工作制定了完善的规范标准。在乡村治理数字化方面，《指南》规范了乡村"互联网＋党建"、乡村"互联网＋政务服务"、网上村务管理、乡村"互联网＋法律服务"、乡村社会治理信息化、乡村公共安全管理数字化、智慧应急管理等方面的建设标准。《数字乡村标准建设指南》的出台，为数字信息技术在农村地区的广泛应用提供了规范的指导，加强了现代化数字技术对乡村发展的支撑作用，完善了乡村治理数字化的相关配套政策。

二、乡村振兴战略夯实发展基础

在城市化和现代化快速推进的进程中，城乡发展不平衡、农村发展不充分已经成为困扰我国发展的主要问题之一。当前，我国农村人口流失现象十分普遍，为解决"三农"发展困境，党的十九大提出要全面推进乡村振兴战略。实施乡村振兴战略是党和国家在深入研究当前国内发展形势、认识城乡发展规律基础上提出的战略部署，是新时代推动乡村全面发展、协调城乡发展矛盾的基本策略，也是全面实现社会主义现代化的必然要求。乡村振兴战略对乡村治理提出"治理有效"发展目标的同时，也为乡村治理现代化建设奠定了发展基础，按照乡村振兴战略产业兴旺、生态宜居、乡风文明、治理有效、生活富裕的总要求，乡村社会将实现经济、政治、文化、社会、生态的全方位发展，为乡村治理的数字化转型营造良好发展环境。

（一）乡村振兴为乡村治理数字化提供物质基础

从乡村经济发展的角度来看，乡村振兴战略的核心任务是发展农村生产力，推动农村经济发展，乡村振兴注重夯实农业发展基础，农业生产能力得到提高的同时农业生产布局也将更加合理，乡村社会的经济基础将会随着乡村振兴战略的全面推进得到稳步提升；从民生保障角度来看，乡村振兴以提升农村居民的生活水平为出发点和落脚点，增加民生投入能完善农村基础设施、提高农村的教育水平，保障农民的各项基本权益。总之，乡村振兴能全方位提高农村发展水平，为乡村治理数字化提供坚实的物质基础，同时，农民民生权益得到保障也能提升乡村治理多元主体的参与水平，解决农民参与治理的后顾之忧，调动村民参与治理的积极性，农村整体发展水平的提高也能促进治理主体数字素养的提升，减小乡村治理数字化过程中的阻力。

（二）乡村振兴为乡村治理数字化营造良好的文化环境

乡风文明是乡村振兴战略的一项重要建设目标，其中乡村文化具有重要的思想引领作用，是乡村振兴的内在推动力量。在乡村振兴战略下，以社会主义核心价值观为引领，注重塑造文明乡风、良好家风、淳朴民风，培育崇德守法、健康向上的乡村文化，村民的精神面貌，农村社会的文明程度都将得到巨大的提升。优秀乡村文化的引领有利于乡村治理数字化的有序推进，主要体现在两个方面：

一是村民之间的凝聚力将得到提升，培育良好乡风鼓励村民间的团结友爱，村民间的矛盾纠纷必然减少，村民凝聚力的提升有利于在乡村发展中形成合力。

二是形成包容开放的社会环境，原有的乡村治理的封闭性弊端将在开放包容的乡村环境中被打破，多元主体参与乡村治理的阻力将会减少。总而言之，随着乡村振兴战略的全面推进，乡村文明将焕发新气象，在人人向上的乡村氛围中，推进乡村治理数字化将迎来良好的发展环境。

三、数字乡村建设提供制度指导

我国农业农村信息化发展水平不高，在中国特色社会主义进入新时代的历史节点上，党和国家加快部署数字乡村建设，为新时代农业农村的数字信息建设提供了战略指导。2018 年中央一号文件明确提出实施数字乡村战略，2019 年中共中央和国务院发布了《数字乡村发展战略纲要》，对数字乡村建设进行了全方位的发展规划。数字乡村建设是乡村振兴的战略方向，也是建设数字中国的重要内容，推进了现代信息技术在农业农村现代化发展进程中的综合应用。《数字乡村发展战略纲要》提出，要推进"互联网＋党建"；推动党务、村务、财务公开；提升乡村治理能力；提高村级综合服务信息化水平；完善在线政务平台等内容，为乡村治理数字化提供政策指导。

数字乡村为乡村治理数字化提供了顶层设计与资源供给。农业农村现代化是中国特色社会主义现代化关键部分，数字乡村建设是乡村振兴和农业农村现代化的战略方向，数字乡村"就是要通过推进现代信息技术的综合应用，以实现农业全产业链信息化和农村社会全方位信息化"。数字乡村战略的全面推进，标志着我国农业农村信息化建设进入了统筹发展的新阶段，数字乡村战略将乡村治理数字化纳入乡村数字建设的重要一环，完善了乡村治理数字化转型的顶层设计，加强了对乡村信息基础设施的资源供给。一方面，推进数字乡村建设注重加强系统规划，注重乡村社会经济、政治、文化、社会、生态数字化水平全方面提升，加强对不同乡村、不同数字化建设方向的数字化发展部署，完善了乡村治理数字化顶层设计与整体规划。另一方面，数字乡村建设以加快乡村信息基础设施建设为基础，并将其作为数字乡村建设的重点任务，注重提升乡村网络设施水平、完善信息终端和服务供给和乡村基础设施数字化转型，为乡村治理数字化转型提供了基础。

数字乡村战略注重提高农村居民的信息素养与数字技能。数字乡村建设的最终目的是助力乡村全面振兴，提升农村居民生活水平，保障发展成果由村民共享。通常来说，农村居民受到青壮年人口流失、受教育水平低，信息化基础薄弱等因素的制约，利用现代化信息技术的能力和对新兴技术的接受度较低，在很大程度上制约了农业农村现代化的发展。数字乡村战略的实施，有利于提高农村居民的综合信息素养，培育村民运用数字信息技术开展生产、学习以及参与乡村治理的能力，让农民切实享受到数字信息高速发展的红利。对乡村治理数字化转型来说，数字乡村建设能提高村庄干部熟练运用数字信息技术对村庄公共事务进行决策、管理的能力，提高决策的科学性和治理效率；能提高村民对信息技术的认知度和利用能力，满足村民的信息需求，使他们能运用数字化技术更加高效快捷地了解政策信息以及进行政治参与，提高乡村治理参与效率，保障村民自治。

第三章　乡村数字化基础设施的构建

第一节　信息通信网络的覆盖与优化

一、信息通信网络现状评估

在信息通信技术日新月异的今天，乡村信息通信网络建设成为推动乡村振兴、实现城乡融合发展的基石。对乡村信息通信网络现状进行全面而深入的评估，是制定科学合理的发展策略、优化网络布局与性能的前提。

（一）网络覆盖情况分析

当前，我国乡村通信网络主要在网络覆盖的广度、深度及技术普及程度等方面存在不足。

1. 网络覆盖广度不足

我国乡村地形复杂多变，从平原到山区、从丘陵到湖泊，多样化的地理环境使网络基站建设面临巨大困难。山地、丘陵等地形起伏大，基站建设需要克服地形障碍，增加了建设成本和难度。湖泊、河流等水域环境对无线信号的传播造成干扰，限制了网络的覆盖范围。因此，部分偏远乡村仍存在网络盲区，居民无法享受到基本的通信服务，这不仅影响了他们的日常生活，也阻碍了乡村经济的发展。

此外，由于乡村地区人口分布相对稀疏，基站服务对象有限，运营商的投资回报率不高，所以影响了其网络建设的积极性。在网络覆盖的广度上，乡村与城市相比存在显著差距，需要政府和社会各界共同努力，加大投资力度，推动网络基础设施建设。

2. 网络覆盖深度不够

即便在网络已经覆盖的乡村地区，网络深度仍显不足。这主要体现在网络基础设施的落后和带宽有限两个方面。首先，乡村地区的网络基础设施普遍较为陈旧，无法满足现代通信技术的需求。例如，光纤网络的普及率较低，导致宽带接入速度较慢，无法满足高清视频传输、大数据应用等需求。其次，无线网络（尤其是4G/5G）的覆盖范围有限，且信号不稳定，容易出现掉线、卡顿等问题，影响了用户的上网体验。

网络覆盖深度不够的问题，直接限制了乡村地区信息化应用的推广。例如，远程教育、在线医疗等现代服务在乡村地区的普及程度较低，很大程度上就是因为网络基础设施的落后和带宽有限。这不仅影响了村民的生活质量，也制约了乡村经济的转型升级。

3. 技术应用普及程度低

除了网络覆盖的广度和深度问题外，乡村地区信息通信网络的技术应用普及程度也较低，这主要体现在以下几个方面：

一是信息化应用平台缺乏，乡村地区缺乏适合本地特色的信息化应用平台，导致信息化服务难以落地生根。

二是信息化人才匮乏，乡村地区缺乏具备信息技术知识和技能的人才，难以支撑信息化应用的推广和维护。

三是信息化意识薄弱，部分村民对信息化服务的认识不足，缺乏使用信息化应用的意愿。

这些问题导致乡村地区在信息通信技术快速发展的背景下，仍然面临着"数字鸿沟"的困境。政府、企业和社会各界应共同努力，加强信息化应用平台的开发和推广，培养信息化人才，提高村民的信息化意识，推动乡村地区的信息化进程。

（二）网络速度与稳定性评价

网络速度与稳定性是衡量信息通信网络性能的重要指标，对于乡村地区的经济社会发展具有重要影响，当前对乡村网络速度与稳定性存在以下问题：

1. 网络速度较慢

乡村地区的网络速度普遍较慢，这主要归因于网络基础设施的薄弱和带宽有限。由于乡村地区的光纤网络普及率较低，宽带接入速度受到限制，无法满足高清视频传输、大数据应用等高速网络需求。此外，无线网络（尤其是 4G/5G）的覆盖范围有限，且信号强度不稳定，也影响了网络速度的提升。

网络速度较慢不仅影响了村民的上网体验，也限制了大数据、云计算等先进技术在乡村地区的应用。例如，在智慧农业领域，需要通过网络传输大量的农业数据，以便进行精准管理和决策，网络速度较慢，这些数据的传输和处理效率受到限制，影响了智慧农业的发展。

2. 网络稳定性较差

除了网络速度较慢，乡村地区的网络稳定性也较差，这主要体现在网络故障频发、信号不稳定等方面。乡村地区网络基础设施相对落后，导致网络架构不够优化，容易出现网络延迟、丢包等问题；乡村地区地形复杂、气候条件多变，使无线网络信号受到干扰和衰减，容易出现信号不稳定、掉线等情况。

网络稳定性较差给乡村地区的通信服务带来了极大不便。例如，在远程教育领域，教师需要通过网络进行实时授课，然而由于网络不稳定，出现卡顿、掉线等问题，影响了教学效果；在在线医疗领域，网络稳定性也直接关系到医疗服务的质量和效率。

二、网络覆盖扩展计划

针对乡村地区信息通信网络覆盖不足的问题，科学合理的网络覆盖扩展计划显得尤为重要。这一计划不仅要求经济可行，还需充分考虑乡村地区的实际情况。

（一）光纤、宽带、无线网络布局

1. 光纤网络的重点铺设

光纤网络作为高速、稳定的通信手段，在乡村地区网络覆盖扩展计划中应占据核心地位。首先，需要明确光纤网络的铺设路径和节点设置，确保网络覆盖的广泛性和深度。乡村地区通过规划合理的光纤线路，将网络信号引入偏远村庄，打破地域限制，实现信息互联互通。

铺设光纤网络时，要考虑主干线路、支线及末端接入。对于主干线路接入，可以依托现有的交通干线进行铺设，以降低建设成本、提高施工效率。对于支线与末端接入，则需要根据村庄的具体位置细致规划，确保每一个村庄都能接入光纤网络。

光纤网络的铺设还应与乡村地区的信息化建设相结合，为远程教育、在线医疗、智慧农业等应用提供有力支撑。例如，通过光纤网络实现乡村学校的远程教育接入，让乡村学生享受到优质的教育资源；也可以为乡村医疗机构提供在线医疗咨询和远程诊疗服务，提高医疗服务水平。

2. 宽带网络的升级与优化

宽带网络作为乡村地区网络覆盖的重要组成部分，其建设和升级同样不可忽视。在乡村地区，宽带网络的接入速度和使用成本是影响用户普及率的关键因素。因此，需要加快宽带网络的建设步伐，提高接入速度，降低使用成本。

在宽带网络的建设方面，可以引入竞争机制，鼓励运营商参与乡村宽带市场的竞争，推动宽带网络快速发展；还可以利用政府补贴、税收优惠等政策措施，降低运营商的建设成本，提高其投资积极性。

在宽带网络的升级方面，则需要关注技术的更新迭代。随着网络技术的不断发展，宽带网络的速度和带宽也在不断提升。因此，需要定期对乡村宽带网络进行升级和优化，确保用户能够享受到最新的网络技术和服务。

此外，还可以考虑引入光纤到户技术，将光纤直接接入用户家中，提高网络带宽和传输速度，以满足部分用户对高速网络的需求。

3. 无线网络的布局与覆盖

无线网络作为乡村地区网络覆盖的重要补充，其布局与覆盖同样重要。在乡村地区，无线网络是一种更加便捷、灵活的网络接入方式。

对于4G网络，应进一步优化其覆盖范围和信号强度。由于乡村地区地形复杂、人口分布稀疏，4G网络的覆盖往往存在盲区或信号不稳定的情况。因此，需要加强对乡村4G网络的优化和扩容工作，提高信号强度和稳定性，确保用户能够随时随地享受到高速的无线网络服务。

对于5G网络，应积极推进网络建设。5G网络作为新一代通信技术，具有高速、低时延、大容量等特点，能够为乡村地区提供更加先进、高效的通信服务。在乡村地区建设5G网络，不仅可以满足用户对高速网络的需求，还可以为智慧农业、智慧乡村等应用提供有力支撑。

在5G网络的建设方面，可以依托现有的4G网络基础设施进行升级和扩容，降低建设成本和提高施工效率；利用政府补贴、税收优惠等政策措施，鼓励运营商加大在乡村地区的5G网络建设投入。

（二）偏远地区特殊解决方案

1. 卫星通信技术的应用

偏远地区地形复杂、人口分布稀疏，难以普及传统的网络覆盖模式，需要采用特殊的解决方案来满足这些地区的通信需求。卫星通信技术作为一种覆盖广泛、稳定可靠的通信手段，在偏远地区网络覆盖扩展计划中具有重要的应用价值。

卫星通信技术可以通过卫星信号实现偏远地区的网络通信，覆盖广阔的地域，提供稳定的通信服务，满足偏远地区用户的通信需求。偏远地区可以通过建设卫星通信基站和接收设备，实现与卫星网络的连接。

2. 无线中继与微波传输技术的应用

除了卫星通信技术外，无线中继和微波传输技术也是偏远地区网络覆盖的有效解决方案。无线中继技术可以通过在相邻区域设置中继节点，将网络信号进行放大和转发，从而扩大网络覆盖范围。这一技术适用于地形复杂、难以直接铺设光纤或宽带网络的偏远地区。

微波传输技术则可以通过微波信号进行数据传输，具有传输距离远、速度快等特点。偏远地区可以利用微波传输技术，将网络信号从附近的城市或乡镇传输到偏远村庄，实现网络覆盖的延伸。

无线中继和微波传输技术的应用需要根据实际情况进行选择和优化。例如，在地形复杂、遮挡物较多的地区，可以采用无线中继技术进行信号放大和转发；而在地形相对平坦、遮挡物较少的地区，则可以采用微波传输技术传输数据。

同时，还需要注意无线中继和微波传输技术的稳定性和可靠性。由于这些技术受到天气、环境等多种因素的影响，可能会出现信号不稳定或中断的情况，因此需要加强对这些技术的监测和维护工作，确保其稳定运行和可靠服务。

三、网络优化策略

为了提升乡村地区信息通信网络的性能与效率，制定并实施一系列科学、合理的网络优化策略显得尤为重要。这些策略不仅要求能够改善网络架构、提升传输效率，还需要具备完善的故障监测与快速响应机制，以确保乡村地区用户能够享受到优质、高效的网络服务。

（一）网络架构优化

1.合理规划网络基站与线路布局

网络基站与线路布局的优化是网络架构优化的重要内容。由于乡村地形复杂、人口分布稀疏，网络基站与线路的规划需要更加精细。首先，应根据地形特点和人口分布情况，合理规划基站的位置和数量，确保网络信号能够覆盖到每一个村庄和农户。其次，需要考虑基站之间的信号干扰问题，合理布局基站、调整天线，减少信号干扰，提高网络质量。

在线路布局方面，应优先采用光纤等高速、稳定的传输介质，减少传输延迟和损耗。对于地形复杂、难以铺设光纤的地区，可以采用微波、卫星等无线传输方式作为补充，确保网络的全面覆盖。

2. 加强网络设备的维护

网络设备的正常运行是保障网络性能的关键。在乡村地区，由于环境恶劣、设备老化等因素，网络设备的故障率往往较高，因此需要加强网络设备的维护与升级工作，确保设备的正常运行。

一方面，应建立完善的设备维护体系，定期对网络设备进行巡检和维修，及时发现并处理设备故障。另一方面，还需要根据技术的发展和网络的升级需求，对网络设备进行更新换代，提高设备的性能和稳定性。例如，引入更先进的通信设备、升级网络交换机和路由器等关键设备，以提升网络的传输速度和带宽利用率。

3. 优化网络拓扑结构

网络拓扑结构的优化也是提升网络性能的重要手段。由于乡村地区网络节点较少、传输距离较长，所以必须精心设计网络拓扑结构。可以通过引入环形、网状等冗余拓扑结构，提高网络的可靠性和稳定性，或者利用负载均衡技术，将网络流量均匀分配到多个传输路径上，减少单个节点的负载压力，提高网络的传输效率。

（二）传输效率提升措施

1. 采用先进的通信技术

通信技术的更新换代是推动网络传输效率提升的关键因素。乡村地区应积极引入 5G、物联网、大数据等先进的通信技术，提高网络的传输速度和带宽利用率。

5G 技术作为新一代移动通信技术，具有高速、低时延、大容量等特点，可以为乡村地区提供更加高效、稳定的网络服务。物联网技术则可以实现万物互联，推动智慧农业、智慧乡村等应用的发展，提高乡村地区的信息化水平。大数据技术则可以对网络流量进行实时监测和分析，为网络优化提供数据支持。

2. 优化网络协议

网络协议是网络通信的基础，其性能直接影响网络的传输效率。乡村地区可以通过优化网络协议提高网络的传输速度和稳定性。例如，采用更高效的编码方式，减少数据传输的冗余信息；优化网络协议的处理流程，减少协议处理的延迟和开销。

此外，还可以引入自适应协议调整机制，根据网络负载和传输需求，动态调整协议参数，提高网络的传输效率和带宽利用率。

3. 数据压缩与多路复用技术

数据压缩技术可以对传输数据进行压缩处理，减少数据传输量，提高网络的传输效率。在乡村地区，可以通过引入数据压缩算法，对文本、图像、视频等多媒体数据进行压缩处理，减少数据传输的带宽占用。

多路复用技术则可以在同一传输介质上同时传输多个信号，提高网络带宽的利用率。在乡村地区，可以通过采用时分复用、频分复用等技术手段，将多个用户的网络流量合并到一个传输路径上，提高网络的传输速度和带宽利用率。

（三）故障监测与快速响应机制

1. 加强网络监测设备的部署与升级

网络监测设备是故障监测与快速响应机制的基础。在乡村地区，应加强网络监测设备的部署与升级工作，提高监测设备的精度和可靠性。一方面，可以引入更先进的监测设备和技术手段，如智能传感器、大数据分析等，实现对网络状态的实时监测和预警。另一方面，还需要定期对监测设备进行巡检和维修，确保设备的正常运行和高效工作。

2. 建立故障预警系统

故障预警系统可以提前发现网络故障的迹象，为快速响应和处理故障提供时间窗口。乡村地区可建立基于大数据分析的故障预警系统，通过对网络流量、设备状态等数据的实时监测和分析，及时发现网络故障的风险点，并发出预警信号。同时，还可以建立故障预警的应急响应机制，确保在故障发生时能够迅速启动应急预案，减少故障对用户的影响。

3. 提高维护人员的技术水平

维护人员的技术水平直接影响故障监测与快速响应机制的效果。乡村地区应加强维护人员的培训，定期组织演练活动，提高其专业技能；建立技术交流平台，鼓励维护人员分享经验和技术心得，促进其技术水平的提升；建立完善的考核机制，对维护人员的工作表现进行定期考核。

第二节　数字化设备与应用平台的推广

一、数字化设备普及

在乡村数字化进程中，数字化设备的普及是推动乡村经济、教育、医疗等多个领域全面转型的关键一环。通过智能终端设备和农业专用设备的广泛应用，村民不仅能够便捷地接入数字世界，享受信息时代的便利，还能在农业生产中实现智能化、精准化，提高生产效率和生活质量。

（一）智能终端设备

1.拓宽村民的视野与社交圈

手机和电脑等智能终端设备是村民接入数字世界的基本工具。村民能够随时随地获取全球资讯，紧跟时代潮流，还能够与亲朋好友保持联系，分享生活点滴，甚至结识新朋友，拓展社交圈。

为了加速智能终端设备在乡村的普及，政府和企业应携手合作，加大投入力度。政府可以通过提供税收优惠、资金补贴等方式，降低智能终端设备的购买成本，让乡村居民买得起、用得上。企业则应注重产品的研发和创新，推出更多适合乡村居民使用的智能终端设备，如防水、防尘、耐摔的手机和电脑，以及具有语音助手功能的智能设备，帮助乡村居民更好地适应数字生活。

2.提供丰富的在线学习、娱乐和工作机会

电脑的普及为乡村居民提供了在线学习、娱乐和工作的机会。慕课等在线教育平台拥有丰富的教育资源，在一定程度上缩小了城乡教育差距。

央视频等视频网站拥有电影、电视剧等娱乐资源，充实了乡村居民的精神文化生活。淘宝等电商平台将农产品、手工艺品推向世界各地，一些互联网企业也在乡村地区设立分支机构或开展远程办公，为乡村居民提供了更多的就业机会。

3. 提升乡村居民的生活质量

物联网设备的引入，如智能家居、智能安防等，则进一步提升了乡村居民的生活质量。智能家居设备，如智能灯泡、智能插座、智能门锁等，可以通过手机 APP 进行远程控制，实现家居设备的智能化管理。这不仅提高了家居设备的便利性，还增强了家居设备的安全性。智能安防设备，如摄像头、报警器等，可以实时监测家庭安全状况，一旦发现异常情况，及时发出警报并通知用户，有效防范盗窃、火灾等安全隐患。

为了推动物联网设备在乡村的普及，政府和企业应加强合作，共同构建物联网生态系统。政府可以通过出台相关政策，鼓励企业研发适合乡村使用的物联网设备，并提供资金和技术支持。企业则应注重物联网设备的易用性和性价比，推出更多适合乡村居民使用的物联网产品，如低成本、低功耗、易安装的智能安防设备和智能家居设备。

（二）农业专用设备

1. 提高农业生产效率与降低劳动强度

农业专用设备，如智能农机和监测传感器，是乡村数字化转型的重要支撑。智能农机的引入，如无人驾驶拖拉机、智能播种机、智能收割机等，可以大大提高农业生产效率，降低劳动强度。智能农机通过精准控制，可以实现自动化、智能化的农业生产，减少人力成本，提高生产效率。同时，智能农机还能够根据土壤条件、作物生长状况等因素，进行精准施肥、精准灌溉等作业，提高农业生产效益。

为了推动智能农机在乡村的普及，政府应出台相关政策，鼓励企业研发适合乡村使用的智能农机，并提供资金和技术支持。同时，政府还应加强农业技术培训，提高农民对智能农机的认知和使用能力，使他们能够更好地利用智能农机提高农业生产效率。

2.提供科学依据，助力精准农业的发展

监测传感器的应用，则能够实时监测土壤、气候等环境因素，为农业生产提供科学依据。通过监测传感器，可以实时获取土壤湿度、温度、养分含量等关键数据，为精准施肥、精准灌溉等作业提供数据支持。同时，监测传感器还可以实时监测气候状况，如降雨量、风速、风向等，为农业生产提供气象预警服务，帮助农民提前做好防范措施，减少自然灾害对农业生产的影响。

为了推动监测传感器在乡村的普及，政府应鼓励企业研发适合乡村使用的监测传感器，并提供资金和技术支持。同时，政府还应加强农业数据平台建设，整合各类农业数据资源，为农民提供便捷的数据查询和分析服务。此外，政府还可以组织专家团队，为农民提供精准农业技术咨询和指导服务，帮助他们更好地利用监测传感器提高农业生产效益。

3.促进农业可持续发展与农民增收

农业专用设备的普及，不仅提高了农业生产效率，还促进了农业的可持续发展和农民的增收。通过智能农机和监测传感器的应用，可以实现农业生产的精准化、智能化管理，减少化肥、农药等农业投入品的使用量，降低农业面源污染，保护生态环境。同时，智能农机和监测传感器的应用还可以提高农产品的品质和产量，增加农产品的附加值和市场竞争力，帮助农民实现增收致富。

为了推动农业专用设备的普及和应用，政府应加强政策引导和资金扶持力度，鼓励企业加大研发投入力度，提高农业专用设备的性能和易用性。同时，政府还应加强农业技术培训和推广力度，提高农民对农业专用设备的认知和使用能力。此外，政府还可以加强与高校、科研机构等合作力度，推动农业专用设备的创新升级和成果转化应用。

二、应用平台开发与应用

在乡村数字化转型的浪潮中，应用平台的开发与应用扮演着至关重要的角色。这些平台不仅能够有效整合乡村资源，提高生产效率，还能在农业、经济、教育、医疗等多个领域推动乡村的全面发展。

（一）农业信息管理平台

1. 信息化管理提升农业生产效率

农业信息管理平台是乡村数字化转型的重要基石。该平台通过整合农业生产过程中的各类信息，实现对土地管理、作物种植、病虫害防控、农产品销售等多个环节的信息化管理。这不仅大幅提升了农业生产的效率，还显著降低了生产成本，为农民带来了实实在在的增收。

在土地管理方面，平台可以通过遥感技术和大数据分析，精准监测土壤湿度、养分含量等关键指标，为农民提供科学的土地管理建议。在作物种植方面，平台可以根据当地的气候条件、土壤状况等因素，为农民推荐适宜的作物品种和种植方案。在病虫害防控方面，平台可以通过实时监测和预警系统，及时发现并处理病虫害问题，避免病害扩散造成的损失。在农产品销售方面，平台可以提供市场信息和销售渠道，帮助农民将农产品销往全国各地，甚至海外市场。

2. 提供决策支持，助力乡村治理现代化

农业信息管理平台不仅服务于农业生产，还为政府提供了决策支持。政府可以通过平台获取乡村经济、农业生产等方面的实时数据，为制定和调整政策提供科学依据。例如，政府可以根据平台提供的农产品销售数据，分析市场需求和价格趋势，指导农民合理调整种植结构，提高农业生产效益。

此外，农业信息管理平台还可以助力乡村治理的现代化。通过平台，政府可以实时掌握乡村的基本情况，包括人口数量、教育资源、医疗资源等方面的信息，为制定乡村发展规划、推动公共服务均等化提供有力支撑。同时，平台还可以提供政务服务，如土地确权、农村金融等，方便农民办理各类业务，提高政府服务的效率和满意度。

3. 推动农业科技研发与创新

农业信息管理平台的构建，也为农业科技研发与创新提供了有力支撑。通过平台，科研机构和企业可以获取大量的农业生产数据，为研发新产品、新技术提供科学依据。例如，科研机构可以通过分析平台提供的病

虫害数据，研发更加精准、高效的病虫害防治技术；企业可以通过分析平台提供的市场需求数据，研发更加符合市场需求的农产品。

同时，农业信息管理平台还可以促进农业科技成果的转化和应用。通过平台，科研成果可以更加便捷地推广到乡村地区，帮助农民提高农业生产效益。此外，平台还可以为农民提供农业科技培训和服务，提高他们的科技素养和创新能力。

（二）电子商务与物流平台

1. 拓宽销售渠道，增加农民收入

电子商务与物流平台的引入，为乡村经济发展注入了新的活力。通过电子商务平台，乡村居民可以将自己的农产品销往全国各地，甚至海外市场，极大地拓宽了销售渠道。这不仅增加了农民的收入来源，还提高了农产品的附加值和市场竞争力。

在电子商务平台的建设过程中，政府应出台相关政策，鼓励企业布局乡村市场，提供优惠政策和资金支持。同时，政府还应加强乡村地区的网络基础设施建设，提高网络覆盖率和传输速度，为电子商务的发展提供有力保障。企业则应积极响应政府号召，加强乡村物流基础设施建设，提高物流效率和服务质量。例如，企业可以在乡村地区设立物流网点，提供便捷的快递和配送服务，加强与乡村地区的合作，建立农产品直供基地，实现农产品的快速上市和销售。

2. 提升乡村消费品质，提高生活质量

电子商务与物流平台的发展，不仅为乡村居民提供了更多的销售渠道，还为他们带来了更加丰富的消费选择。通过电子商务平台，乡村居民可以便捷地购买到城市里的商品，包括日用品、家电、服装等各类商品。这不仅提升了乡村消费品质，还提高了乡村居民的生活质量。

政府应加强乡村地区的电子商务培训工作，加强乡村地区的金融支持力度，为乡村居民提供便捷的支付和结算服务，降低他们的交易成本和时间成本。

3.促进乡村产业升级与转型

电子商务与物流平台的发展，还为乡村产业升级与转型提供了有力支撑。通过电子商务平台，乡村地区可以吸引更多的资本和技术投入，推动传统产业的升级和转型。例如，乡村地区可以利用电子商务平台发展乡村旅游、乡村民宿等新兴产业，提高乡村经济的多样性和抗风险能力。同时，乡村地区还可以利用电子商务平台推广特色农产品和文化产品，提高乡村文化的知名度和影响力。

（三）教育与医疗服务平台

1.优质教育资源覆盖乡村地区

教育与医疗服务平台的构建，是乡村数字化转型的重要民生工程。通过教育服务平台，乡村居民可以享受到优质的教育资源，提高自己的文化素质和技能水平。政府应加大投入力度，推动教育服务平台的建设和运营。例如，政府可以在乡村地区设立远程教育站点，提供网络课程和教学资源；加强与高校、教育机构的合作，为乡村居民提供更多的学习机会。

为了提高教育服务平台的使用效果，政府还应加强乡村地区的网络基础设施建设，提高网络覆盖率和传输速度。同时，政府还应加强乡村地区的教育培训力度，提高乡村居民的信息素养和学习能力。例如，政府可以组织定期的网络培训课程和教学辅导活动，帮助乡村居民更好地利用教育服务平台进行学习。

2.便捷医疗服务提升健康水平

医疗服务平台的建设，为乡村居民提供了更加便捷的医疗服务。通过医疗服务平台，乡村居民可以随时随地获取医疗咨询、预约挂号、健康监测等服务。这不仅提高了乡村居民的健康水平，还降低了他们的医疗成本和时间成本。为了推动医疗服务平台在乡村的普及，政府应加强乡村地区的医疗基础设施建设，提高医疗服务的覆盖率和质量。例如，政府可以在乡村地区设立更多的医疗机构和诊所，为乡村居民提供更加便捷的医疗服务；加强与医疗机构的合作，推动医疗服务的数字化和智能化发展；加强乡村地区的医疗人才培养和引进力度，提高乡村医疗服务的专业水平和服务质量。

3. 推动公共服务均等化发展

教育与医疗服务平台的建设，还有助于推动公共服务均等化发展。通过平台，政府可以实时掌握乡村地区的教育和医疗资源情况，为制定和调整政策提供科学依据。例如，政府可以根据平台提供的数据，分析乡村地区的教育和医疗资源缺口和需求情况，为制定乡村教育和医疗发展规划提供有力支撑。同时，教育与医疗服务平台还可以促进城乡之间的交流和合作。通过平台，城乡之间的教育和医疗资源可以实现共享和优化配置，推动城乡教育和医疗服务的协调发展。例如，城市里的优质教育资源和医疗资源可以通过平台向乡村地区延伸，提高乡村地区的教育和医疗服务水平；乡村地区也可以利用平台展示和推广自己的特色文化和旅游资源，吸引更多的城市游客和投资者前来参观和投资。

三、用户培训与支持

在乡村数字化转型的进程中，用户培训与支持扮演着至关重要的角色。通过加强用户培训，乡村居民能够逐步掌握数字技能，提高数字素养，从而更好地利用数字化设备和应用平台为生产和生活服务。这不仅有助于提升乡村居民的生活质量，还能为乡村经济的可持续发展注入新的活力。

（一）数字技能培训

1. 提升乡村居民数字素养的基础

数字技能培训是提升乡村居民数字素养的基础。在乡村数字化转型的背景下，掌握基本的数字技能已成为乡村居民适应现代社会的必备能力。通过培训，乡村居民可以学习如何操作电脑、使用智能手机、进行网络搜索等基本技能，这些技能将为他们打开通向数字世界的大门，使他们能够更好地获取和利用信息，提高生产效率和生活质量。

为了加强数字技能培训，政府应发挥主导作用，出台相关政策，鼓励培训机构、高校、志愿者组织等深入乡村开展培训活动。这些培训活动可以涵盖计算机基础知识、智能手机应用、网络安全等多个方面，旨在帮助乡村居民全面提升数字技能。同时，政府还应利用网络平台和远程教育资源，为乡村居民提供便捷的学习渠道和丰富的学习内容，降低学习门槛，让更多人能够享受到数字技能培训的便利。

2. 拓宽乡村居民就业与创业渠道

数字技能培训不仅有助于提升乡村居民的数字素养，还能为他们拓宽就业与创业渠道。随着数字化设备的普及和互联网的发展，越来越多的就业机会和创业机会与数字技能紧密相关。通过培训，乡村居民可以掌握更多与数字技能相关的就业技能，提高自己的就业竞争力。同时，他们还可以利用所学技能开展电子商务、网络营销等创业活动，实现自主创业，为乡村经济的发展注入新的活力。

为了推动乡村居民就业与创业，政府应加强与企业的合作，共同开展数字技能培训项目。这些项目可以针对乡村居民的实际需求，提供定制化的培训课程和就业指导服务。同时，政府还可以建立数字技能培训与就业创业的对接机制，为培训合格的乡村居民提供就业推荐和创业支持，帮助他们顺利实现就业和创业。

3. 促进乡村文化教育与交流的发展

数字技能培训还能促进乡村文化教育与交流的发展。通过培训，乡村居民可以学习如何利用数字技术进行文化创作、传播和交流，从而丰富乡村文化生活，提升乡村文化品质。同时，数字技能培训还可以帮助乡村居民打破地域限制，与外界进行更广泛的交流与合作，推动乡村文化的传承与创新。

为了促进乡村文化教育与交流的发展，政府应支持乡村学校、文化机构等开展数字技能培训活动。这些活动可以涵盖数字艺术创作、网络文化传播等多个方面，旨在培养乡村居民的数字文化素养和交流能力。同时，政府还可以利用数字平台和技术手段，搭建乡村文化交流与合作的桥梁，促进乡村文化的传承与创新。

（二）持续技术支持与服务

1. 保障乡村数字化转型顺利进行

在乡村数字化转型的过程中，乡村居民在使用数字化设备和应用平台时难免会遇到各种问题和困难。这些问题如果得不到及时解决，将严重影响乡村数字化转型的进度和效果。因此，提供持续的技术支持和服务至关重要。

政府应建立完善的技术支持体系和服务机制，包括设立专门的技术支持热线和在线客服平台，为乡村居民提供及时、准确的技术咨询和解决方案，建立技术服务团队和志愿者队伍，深入乡村开展技术服务工作，确保乡村居民在使用数字化设备和应用平台时能够得到及时有效的帮助。

2. 提升乡村居民使用体验与满意度

持续技术支持与服务不仅有助于解决乡村居民在使用数字化设备和应用平台过程中遇到的问题和困难，还能提升他们的使用体验和满意度。通过提供专业的技术支持和服务，乡村居民可以更加便捷地获取所需信息和服务，提高工作效率和生活质量。同时，良好的技术支持和服务还能增强乡村居民对数字化设备和应用平台的信任感和依赖感，推动乡村数字化转型的深入发展。

为了提升乡村居民的使用体验和满意度，政府和企业应加强合作，共同提升技术支持和服务的质量。这包括加强技术人员的培训和管理，提高他们的专业素养和服务意识；优化技术支持和服务流程，提高服务效率和响应速度；加强技术宣传和培训，提高乡村居民的技术素养和自维护能力。通过这些措施，政府和企业可以共同为乡村居民提供更加优质、便捷的技术支持和服务。

3. 培养乡村居民自维护能力

在提供持续技术支持与服务的过程中，注重培养乡村居民的自维护能力也是至关重要的。通过教授一些基本的设备维护和故障排查知识，乡村居民可以在遇到简单问题时自行解决，减少对外部技术支持的依赖。这不仅可以降低技术支持和服务的成本，还能提高乡村居民的数字技能和自信心，进一步推动乡村数字化转型的进程。

为了培养乡村居民的自维护能力，政府和企业可以联合开展技术培训活动。这些活动可以邀请专业技术人员为乡村居民讲解设备维护和故障排查的基本知识，并提供实践机会让他们动手操作。同时，政府和企业还可以制作一些简单易懂的教程和视频，供乡村居民随时学习和参考。通过这些措施，乡村居民可以逐步掌握设备维护和故障排查的基本技能，提高自己的自维护能力。

此外，建立乡村数字技术支持服务站也是一个有效的措施。这些服务站可以配备必要的技术设备和工具，由经过培训的技术人员或志愿者负责运营。服务站可以为乡村居民提供现场的技术支持和服务，帮助他们解决在使用数字化设备和应用平台过程中遇到的问题和困难。同时，服务站还可以定期举办技术讲座和培训活动，帮助乡村居民不断提升自己的数字技能和自维护能力。

第三节　数据中心与云计算服务的建设

一、数据中心规划

数据中心作为信息时代的核心基础设施，承载着数据存储、处理、传输等多重任务，其规划与建设对于确保数据的安全、高效存储与处理至关重要。数据中心规划是一个复杂而系统的工程，其中选址与布局、硬件设施配置是两个核心环节。

（一）数据中心选址与布局

1. 地理位置与自然环境的考量

数据中心的选址首先要考虑地理位置和自然环境。理想的选址应具备以下特点：

地质稳定性：数据中心所在区域应远离地震、滑坡等自然灾害频发区域，确保数据中心在极端自然条件下的安全性和稳定性。

气候适宜性：数据中心的建设和运行需要消耗大量的能源，因此应选择气候适宜、温度适中的地区，以降低能耗和运维成本。

交通便利性：数据中心需要定期维护和升级，同时还需要与供应商、客户等进行物流运输和人员往来。因此，选址应便于物流运输和人员出行，提高运维效率。

2. 能源供应与电力保障

能源供应和电力保障是数据中心选址的重要考量因素。数据中心需要持续稳定的电力供应，以确保服务器的正常运行和数据的安全性。因此，选址时应考虑以下因素：

丰富的能源供应：数据中心应靠近电力供应充足的地区，如大型水电站、火电站或风电场等，以确保电力供应的可靠性和稳定性。

双回路供电：为提高电力供应的可靠性，数据中心应采用双回路供电设计，即从不同电源点引入两路独立电源，确保在一路电源故障时另一路电源能够迅速接管，保证数据中心的正常运行。

备用电源系统：数据中心还应配备备用电源系统，如柴油发电机、UPS 不间断电源等，以应对电力中断等突发情况，确保数据的连续性和安全性。

3. 布局原则与功能区域划分

数据中心的布局应遵循模块化、可扩展的原则，以便根据业务需求灵活调整规模。同时，合理的空间规划还能有效降低运维成本，提高资源利用率。在布局上，数据中心应分为多个功能区域，如：

服务器区：用于放置服务器设备，是数据中心的核心区域。服务器区应采用高密度布局，以提高空间利用率和能效比。

存储设备区：用于存放磁盘阵列、磁带库等存储设备，满足大规模数据的存储需求。存储设备区应远离振动源和电磁干扰源，以确保数据的完整性和安全性。

网络设备区：放置交换机、路由器等网络设备，是数据中心与外部世界连接的桥梁。网络设备区应便于网络拓扑结构的调整和优化，提高网络的可靠性和可用性。

监控中心：用于监控数据中心的运行状态，包括环境监控、设备监控、安全监控等。监控中心应设置在便于观察和管理的位置，确保运维人员能够及时发现和处理异常情况。

运维办公区：为运维人员提供办公和休息的场所。运维办公区应靠近服务器区和网络设备区，便于运维人员进行日常维护和故障排查。

此外，数据中心还应设置合理的通道和紧急疏散路线，以应对突发情况。通道应宽敞、畅通，便于设备和人员的进出；紧急疏散路线应明确、标识清晰，确保在紧急情况下人员能够迅速撤离。

（二）硬件设施配置

1. 服务器配置与资源优化

服务器的配置直接影响着数据中心的性能。在服务器配置方面，应考虑以下因素：

高性能、高可靠性：服务器应采用高性能、高可靠性的产品，以满足大规模数据处理和存储的需求。同时，服务器应具备冗余设计，如冗余电源、冗余风扇等，以提高服务器的可靠性和可用性。

合理配置资源：根据业务需求，合理配置服务器的 CPU、内存、硬盘等资源。避免资源浪费和性能瓶颈，提高服务器的能效比和利用率。

虚拟化技术：采用虚拟化技术，将物理服务器虚拟化为多个虚拟服务器，实现资源的灵活调度和动态分配。虚拟化技术可以降低服务器的数量，提高资源利用率，降低运维成本。

2. 存储设备配置与数据安全

存储设备是数据中心的重要组成部分，用于存储和处理大规模数据。在存储设备配置方面，应考虑以下因素：

高速、大容量：存储设备应采用高速、大容量的产品，以满足大规模数据的存储需求。同时，存储设备应具备高性能的读写能力和数据冗余设计，以提高数据的读写速度和安全性。

备份与恢复机制：为确保数据的安全性和可用性，数据中心应建立完善的备份与恢复机制。采用磁带库、云存储等备份方式，定期对数据进行备份和恢复测试，确保在数据丢失或损坏时能够及时恢复。

数据加密与访问控制：对敏感数据进行加密处理，防止数据泄露和非法访问。同时，建立严格的访问控制机制，对数据的访问权限进行细粒度控制，确保数据的保密性和完整性。

3. 网络设备配置与可靠性提升

网络设备是数据中心与外部世界连接的桥梁，其性能和稳定性同样至关重要。在网络设备配置方面，应考虑以下因素：

高性能交换机与路由器：采用高性能的交换机和路由器产品，提高网络的吞吐量和带宽利用率。同时，网络设备应具备冗余设计，如冗余电源、冗余链路等，以提高网络的可靠性和可用性。

冗余设计：为提高网络的可靠性，数据中心应采用冗余设计。如采用双机热备、负载均衡等技术手段，确保在网络设备故障时能够迅速切换至备用设备，保证网络的连续性和稳定性。

安全设备与监控系统：数据中心应配备完善的安全设备和监控系统，如防火墙、入侵检测系统、漏洞扫描系统等，以防范网络攻击和恶意行为。同时，监控系统应实时监控网络的状态和流量情况，及时发现和处理异常情况。

二、云计算服务部署

云计算作为新一代信息技术的代表，正在深刻改变企业的 IT 架构和运营模式。通过云计算，企业可以更加高效、灵活地利用 IT 资源，提升业务竞争力和市场响应速度。在云计算服务部署中，云服务平台的选择与定制、数据存储、处理与分析能力是两个至关重要的方面。

（一）云服务平台选择与定制

在云计算服务部署的第一步，企业需要选择合适的云服务平台，并根据自身业务需求进行定制。这一环节直接关系到后续云计算服务的性能和效果。

1. 云服务平台类型选择

目前市场上存在多种云服务平台类型，包括公有云、私有云和混合云。每种云服务平台都有其独特的优势和适用场景。

公有云：公有云是由第三方服务商提供的云计算服务，用户通过互联网访问和使用。公有云具有成本低、灵活性高、易于扩展等优点。对于中小企业或初创企业来说，公有云是一个理想的选择，因为它们通常缺乏足够的资金和技术力量来构建自己的 IT 基础设施。通过公有云，这些企业可以快速获得所需的计算、存储和网络资源，以支持业务的快速发展。

私有云：私有云是指企业自己构建的云计算服务，通常部署在企业内部的数据中心或专有网络环境中。私有云提供了更高的安全性和可控性，适合大型企业或对数据安全要求较高的企业。通过私有云，企业可以更好地控制数据的存储、访问和处理过程，确保数据的机密性、完整性和可用性。

混合云：混合云结合了公有云和私有云的优势，允许企业在不同的云环境中灵活部署和迁移资源。混合云适合需要同时满足灵活性和安全性需求的企业。通过混合云，企业可以在公有云上部署一些非敏感或临时性的业务应用，而在私有云上部署核心或敏感业务应用，从而实现资源的优化配置和成本的有效控制。

2. 云服务平台定制

在选定云服务平台后，企业还需根据自身业务需求定制云服务模型、配置数据资源、设置安全策略等。

云服务模型选择：云服务模型包括基础设施即服务（IaaS）、平台即服务（PaaS）和软件即服务（SaaS）等。IaaS 提供基础的计算、存储和网络资源，适合需要高度自定义和灵活性的应用场景；PaaS 提供应用程序开发、测试和部署的平台，简化了应用程序的开发和部署过程；SaaS 提供完整的应用程序和服务，用户无需关心底层的基础设施和平台，只需通过互联网访问和使用。企业应根据自身业务需求选择合适的云服务模型。

资源配置：在云服务平台上，企业可以根据业务需求灵活配置计算资源、存储资源和网络资源等。这包括选择不同规格和性能的虚拟机、配置存储卷和数据库实例、设置网络拓扑和带宽等。通过合理的资源配置，企业可以确保云计算服务的性能和稳定性，同时降低运营成本。

安全策略和访问控制：企业应制定完善的安全策略和访问控制机制，确保数据的安全性和隐私性，如使用强密码策略、启用多因素身份验证、配置防火墙和入侵检测系统、实施数据加密和备份恢复等。通过严格的安全策略和访问控制，企业可以有效防范网络攻击和数据泄露等风险。

3. 云服务提供商评估与选择

在选择云服务平台时，企业应着重考虑云服务提供商的技术实力、服务质量、价格水平、安全合规性等因素，选择声誉良好、经验丰富的云服务提供商。

（二）数据存储、处理与分析能力

数据存储、处理与分析能力是云计算服务的核心价值之一。通过云计算平台，企业可以高效地存储、处理和分析海量数据，从而挖掘出有价值的信息和洞察。

1. 数据存储能力

在云计算环境下，企业需要将大量数据存储在云端，以便随时进行访问和处理。因此，云计算服务应提供高性能、可扩展的存储解决方案。

高性能存储：云计算服务应提供高性能的存储解决方案，以满足企业对数据存储速度和容量的需求。例如，使用高速的固态硬盘（SSD）作为存储介质、采用分布式存储架构以提高存储系统的可靠性和可扩展性等。

可扩展性：云计算服务应提供可扩展的存储解决方案，以支持企业不断增长的数据存储需求。例如，支持存储容量的动态扩展、支持不同存储类型和存储层级的组合使用等。企业根据业务需求灵活调整存储资源，降低存储成本。

数据备份与恢复：云计算服务应提供完善的数据备份与恢复机制，包括定期备份数据、支持多种备份策略（如全量备份、增量备份、差异备份等）、提供快速的数据恢复能力等。通过数据备份与恢复机制，企业可以确保在数据丢失或损坏时能够及时恢复数据，减少业务中断和损失。

2. 数据处理能力

通过云计算平台，企业可以对海量数据进行实时处理和分析，从而挖掘出有价值的信息和洞察。

实时数据处理：云计算服务应提供实时数据处理能力，以满足企业对数据实时性的需求。这包括使用流处理技术对实时数据流进行处理和分析、提供低延迟的数据处理服务等。通过实时数据处理能力，企业可以及时发现和响应业务变化，提高运营效率和客户满意度。

批处理与分布式计算：对于大规模数据集的处理和分析任务，云计算服务应提供批处理与分布式计算能力。这包括使用大数据处理框架（如Hadoop、Spark 等）对海量数据进行批处理和分析、支持分布式计算任务的高效调度和执行等。通过批处理与分布式计算能力，企业可以高效地处理和分析大规模数据集，挖掘出有价值的信息和洞察。

弹性计算资源：云计算服务应提供弹性计算资源，以支持企业对计算资源的动态需求。这包括根据业务需求自动调整计算资源的数量和性能、支持资源的按需使用和快速释放等。通过弹性计算资源，企业可以根据业务需求灵活调整计算资源，降低运营成本并提高资源利用率。

3. 数据分析与洞察能力

数据分析与洞察能力是云计算服务的核心价值所在。通过云计算平台，企业可以利用先进的数据分析工具和技术，对海量数据进行深入的分析和挖掘，从而发现业务规律和趋势，为决策提供有力支持。

大数据分析工具：云计算服务应提供丰富的大数据分析工具和技术，如数据挖掘、机器学习、自然语言处理等。这些工具和技术可以帮助企业从海量数据中提取有价值的信息和洞察，为业务决策提供支持。

可视化分析工具：可视化分析工具可以帮助企业直观地展示数据和分析结果，提高数据分析的效率和准确性。云计算服务应提供可视化分析工具，如数据可视化仪表盘、报表生成器等，以便企业更好地理解和利用数据。

智能推荐与预测：云计算服务还可以利用机器学习算法等技术，为企业提供智能推荐和预测服务。通过对历史数据的分析和学习，机器学习算法可以预测未来的业务趋势和客户需求，为企业提供有针对性的营销策略和产品改进建议。

三、资源高效利用策略

在数据中心与云计算服务的建设中，资源高效利用是至关重要的。通过弹性扩展与资源调度、能源管理与绿色计算等策略，可以实现资源的高效利用和可持续发展。

（一）弹性扩展与资源调度

当企业业务量增加时，可以通过增加云资源（如虚拟机、存储设备等）来满足需求；当业务量减少时，则可以释放这些资源以降低成本。合理的资源调度策略可以将任务分配到最合适的资源上执行，从而提高资源利用率和系统性能。例如，根据任务的优先级、资源的需求和可用性等因素进行调度决策。同时，还应考虑资源的负载均衡和容错性等问题，以确保系统的稳定性和可靠性。

（二）能源管理与绿色计算

采用高效的能源设备、优化能源使用方式、实施能源监控和审计等措施，可以降低数据中心的能耗和运营成本。绿色计算是近年来兴起的一种环保理念，强调在计算过程中减少能源消耗和碳排放，以实现可持续发展。在数据中心与云计算服务的建设中，应积极采用绿色计算技术和方法。例如，采用低功耗的硬件设备、优化软件算法以减少计算量、实施虚拟化技术以提高资源利用率等。这些措施不仅有助于降低数据中心的运营成本，还能显著提升企业的社会责任感和品牌形象。

在能源管理方面，数据中心应引入智能能源管理系统，实现对能源使用的实时监控和优化调度。通过数据分析，可以识别出能源使用的高峰和低谷，进而调整设备的运行策略，避免能源浪费。对于老旧的能源设备，应及时进行更新换代，采用更高效、更环保的设备，以提高能源利用效率。

在绿色计算方面，除了采用低功耗的硬件设备和优化软件算法外，还可以考虑实施数据中心的绿色化改造。例如，增加绿色植被覆盖，利用植物的光合作用吸收二氧化碳并释放氧气，有助于改善数据中心周边的环境质量；采用自然冷却技术，如利用地下水、空气等自然资源进行冷却，以减少空调系统的能耗。

此外，云计算服务的提供商也应积极推广绿色计算的理念和实践。通过提供绿色云计算服务，引导企业采用更环保、更高效的计算方式，共同推动社会的可持续发展。例如，可以推出基于可再生能源的云计算服务，或者提供碳排放量的实时监测和报告功能，帮助企业了解自身的碳排放情况，并采取相应的减排措施。

第四节　网络安全与数据保护机制

一、网络安全体系建设

随着信息技术的飞速发展，网络已经成为现代社会不可或缺的一部分。然而，网络安全问题也随之日益凸显，成为制约数字化进程的关键因素之一。为了保障网络环境的安全、稳定、可靠运行，构建完善的网络安全体系显得尤为重要。其中，防火墙与入侵检测系统、安全认证与授权机制是两大核心组件，对于构建强大的网络安全屏障具有至关重要的作用。

（一）防火墙与入侵检测系统

防火墙与入侵检测系统是网络安全体系中的两大基石，它们共同构成了网络安全的第一道和第二道防线，为网络环境提供了强有力的保护。

1. 防火墙的配置与作用

防火墙作为网络安全的第一道防线，扮演着至关重要的角色。它通过设置访问控制规则，对进出网络的数据包进行过滤和监控，有效阻止未经授权的访问和恶意攻击。

访问控制规则的设置：防火墙通过预定义的规则集来判断数据包的合法性。这些规则基于源地址、目标地址、端口号、协议类型等多个维度进行匹配。只有符合规则的数据包才被允许通过，而不符合规则的数据包则被拒绝或丢弃。这种机制确保了只有合法的流量能够进入网络，从而有效防止了非法访问和攻击。

最小权限原则的应用：在配置防火墙时，应遵循最小权限原则。这意味着仅允许必要的通信流量通过防火墙，而禁止所有不必要的流量。这有助于减少潜在的攻击面，降低安全风险。

规则库的更新与维护：随着网络威胁的不断演变，防火墙的规则库也需要不断更新。通过定期更新规则库，防火墙能够应对新出现的威胁，保持其防护能力的有效性。

日志记录与审计：防火墙还应具备日志记录功能，记录所有通过防火墙的数据包信息。这些日志信息在发生安全事件时具有重要的追溯和分析价值，有助于快速定位问题并采取相应的应对措施。

2. 入侵检测系统的部署与功能

入侵检测系统是对防火墙的补充和增强，它能够实时监控网络中的异常行为，并及时发出警报。

实时监控与异常检测：入侵检测系统通过模式匹配、统计分析等方法对网络流量进行深度分析。它能够识别出网络中的异常行为，如非法入侵、恶意代码传播等，并及时发出警报。这种实时监控机制有助于及时发现并应对潜在的安全威胁。

模式匹配与统计分析：入侵检测系统通常使用两种主要方法来进行异常检测：模式匹配和统计分析。模式匹配方法通过比对网络流量与已知的攻击模式来识别异常行为；而统计分析方法则通过分析网络流量的统计特征来识别异常行为。这两种方法相辅相成，共同提高了入侵检测系统的准确性和可靠性。

警报与响应机制：当入侵检测系统检测到异常行为时，它会立即发出警报，并通知网络安全管理员。网络安全管理员可以根据警报信息采取相应的应对措施，如隔离受感染的设备、阻断攻击源等。这种警报与响应机制有助于及时消除安全隐患，防止安全事件进一步扩大。

与防火墙的协同工作：入侵检测系统与防火墙之间可以建立紧密的协同工作机制。当入侵检测系统检测到攻击行为时，它可以向防火墙发送指令，要求防火墙阻断攻击源的访问。这种协同工作机制能够构建更为完善的网络安全防护体系，提高整体的安全防护能力。

3. 防火墙与入侵检测系统的综合应用

防火墙与入侵检测系统虽然各自具有独特的功能和作用，但它们之间并不是孤立的。在实际应用中，应将防火墙与入侵检测系统相结合，共同构建网络安全防护体系。通过防火墙的初步过滤和监控，以及入侵检测系统的深度分析和警报功能，可以实现对网络流量的全面监控和防护。这种综合应用方式能够显著提高网络安全防护的效率和准确性。

（二）安全认证与授权机制

安全认证与授权机制是网络安全体系中的另一大核心组件。它们通过确保用户身份的真实性和控制用户访问权限来保障网络环境的安全。

1. 安全认证机制的构建与实施

安全认证是确保用户身份真实性的关键环节。在数字化环境中，用户通过输入用户名和密码、使用生物特征识别等方式进行身份验证。

多因素认证方法的应用：为了提高身份识别的准确性和可靠性，应采用多因素认证方法。多因素认证方法结合了多种认证手段，如密码、生物特征（如指纹、虹膜等）、手机验证码等。这种认证方式能够大大提高身份识别的安全性，防止未经授权的访问和攻击。

认证系统的更新与维护：随着技术的发展和攻击手段的不断演变，认证系统也需要不断更新和维护。通过定期更新认证系统的算法和数据库，可以确保其安全性和稳定性。同时，还应定期对认证系统进行漏洞扫描和渗透测试，及时发现并修复潜在的安全漏洞。

用户教育与培训：除了技术手段外，用户教育和培训也是提高安全认证效果的重要手段。通过向用户普及安全认证的重要性和使用方法，可以提高用户的安全意识和操作技能。这有助于减少因用户操作不当而导致的安全事件。

2. 授权机制的设计与实现

授权机制是控制用户访问权限的重要手段。通过为用户分配不同的角色和权限，可以限制其对网络资源的访问和操作。

角色与权限的划分：在设计授权机制时，应根据用户的职责和工作需求来划分不同的角色和权限。每个角色都应具有明确的职责和权限范围，以确保用户只能访问和操作与其工作相关的资源。

最小权限原则的应用：在分配权限时，应遵循最小权限原则。这意味着仅授予用户完成其工作所需的最低权限。这有助于减少潜在的安全风险，防止用户滥用权限或进行非法操作。

权限审查与调整机制：随着用户职责和工作需求的变化，其权限也需要进行相应的调整。因此，应建立权限审查机制，定期对用户的权限进行审查和调整。这有助于确保权限的合理性和安全性，防止因权限设置不当而导致的安全事件。

日志记录与审计：与防火墙类似，授权机制也应具备日志记录功能。通过记录用户的访问和操作行为，可以实现对用户行为的追溯和分析。这有助于及时发现并应对潜在的安全威胁，提高整体的安全防护能力。

3. 安全认证与授权机制的综合应用

安全认证与授权机制虽然各自具有独特的功能和作用，但它们之间并不是孤立的。在实际应用中，应将安全认证与授权机制相结合，共同构建网络安全防护体系。通过安全认证机制确保用户身份的真实性，并通过授权机制控制用户访问权限的范围和大小。这种综合应用方式能够实现对用户行为的全面监控和管理，提高整体的安全防护水平。

二、数据保护策略

在数字化时代，数据已成为企业运营和发展的核心资源。确保数据的安全性和完整性对于维护企业的竞争优势、保障用户隐私以及遵守法律法规具有至关重要的作用。数据保护策略的制定和实施，需要综合考虑多种技术手段和管理措施，其中数据加密技术和数据备份与恢复计划是两大关键领域。

（一）数据加密技术

数据加密技术是保护数据安全的基本手段，通过采用先进的加密算法和密钥管理机制，可以有效防止数据在传输和存储过程中被非法访问、篡改或泄露。

1.先进的加密算法与密钥管理

加密算法的选择：加密算法是数据加密技术的核心，应选择经过广泛验证且被行业认可的高级加密算法，如 AES（高级加密标准）等。这些算法具有较高的安全性和抗破解能力，能够确保数据在加密过程中的强度。

密钥管理的重要性：密钥是解密数据的唯一途径，因此密钥管理至关重要。应建立严格的密钥管理制度，包括密钥的生成、存储、分发、更新和销毁等环节。密钥应存储在安全的环境中，如硬件安全模块（HSM）或密钥管理服务（KMS）中，以防止密钥被非法获取。

定期更新与升级：随着技术的发展和攻击手段的不断演变，加密算法和密钥管理机制也需要不断更新和升级。企业应定期评估现有加密技术的安全性，并根据需要进行更新或替换，以应对新出现的威胁和漏洞。

2.端到端加密技术的应用

数据传输的安全性：在数据传输过程中，应采用端到端加密技术，确保数据在传输过程中的完整性和保密性。端到端加密意味着数据在发送方和接收方之间传输时，中间节点无法解密和查看数据内容，从而有效防止数据在传输过程中被窃取或篡改。

应用场景的广泛性：端到端加密技术适用于各种数据传输场景，如网络通信、文件传输、数据库同步等。企业应根据实际需求，选择适当的端到端加密解决方案，并对其进行合理配置和管理。

3.加密存储的实施与管理

敏感数据的加密存储：对于包含敏感信息的数据，如用户密码、个人隐私、商业机密等，应在存储时进行加密处理。这可以确保即使数据被非法获取，也无法直接读取其原始内容。

加密存储技术的选择：在选择加密存储技术时，应考虑数据的类型、存储方式和访问需求等因素。例如，对于数据库中的敏感数据，可以采用数据库加密技术；对于文件系统中的数据，则可以使用文件系统加密技术。

密钥的安全存储与更新：加密存储的密钥同样需要安全存储和管理。应建立密钥的备份和恢复机制，以防止密钥丢失或损坏导致的数据无法解密。同时，应定期更新密钥，以降低密钥被破解的风险。

（二）数据备份与恢复计划

数据备份是防止数据丢失和损坏的重要措施，而恢复计划则是在数据丢失或损坏时迅速恢复业务的关键。制定完善的数据备份与恢复计划，对于保障企业运营的连续性和稳定性具有重要意义。

1.制定合理的备份策略

备份频率的确定：备份频率应根据数据的重要性和业务需求进行制定。对于关键业务数据，应实现实时备份或高频次备份；对于非关键数据，则可以采取低频次备份或定期备份的方式。

备份方式的选择：备份方式包括全量备份、增量备份和差异备份等。全量备份是备份整个数据集，适用于数据量较小或数据变化不大的场景；增量备份仅备份自上次备份以来新增或修改的数据，适用于数据量较大且数据变化频繁的场景；差异备份则备份自上次全量备份以来新增或修改的数据，适用于需要频繁恢复的场景。

备份存储位置的选择：备份数据应存储在安全可靠的环境中，如独立的存储设备、云存储或远程备份站点等。同时，应确保备份数据的可读性和可恢复性，以便在需要时能够迅速恢复数据。

2. 备份数据的测试与验证

备份数据的完整性检查：定期对备份数据进行完整性检查，确保备份数据与原始数据一致。这可以通过比对备份数据的哈希值或进行文件校验等方式实现。

恢复测试的实施：定期对备份数据进行恢复测试，验证备份数据的可用性和恢复过程的有效性。恢复测试应包括数据恢复的时间、恢复后的数据完整性和业务功能的恢复等方面。

测试结果的记录与分析：对恢复测试的结果进行记录和分析，总结测试中发现的问题和不足，并提出改进措施和建议。这有助于不断完善备份与恢复计划，提高数据恢复的成功率和效率。

3. 制定详细的恢复计划

恢复目标的明确：在制定恢复计划时，应明确恢复的目标和时间要求。恢复目标可以包括数据恢复的程度（如完全恢复、部分恢复等）、恢复后的业务功能以及恢复所需的时间等。

恢复资源的准备：根据恢复目标，提前准备好恢复过程中所需的资源，如备份数据、恢复工具、技术人员等。同时，应确保这些资源在需要时能够迅速到位并投入使用。

恢复流程的制定：制定详细的恢复流程，包括恢复前的准备工作、恢复步骤、恢复过程中的监控和恢复后的验证等环节。恢复流程应清晰明了、易于执行，并经过充分测试和演练。

恢复计划的演练与更新：定期对恢复计划进行演练，确保在发生实际灾难时能够迅速响应并有效执行恢复计划。同时，应根据演练结果和实际情况对恢复计划进行更新和完善，以提高其适应性和可行性。

三、安全意识与培训

在网络安全领域，人的因素往往成为最薄弱的环节。员工的安全意识、行为习惯以及应对能力直接关系到企业的网络安全水平。因此，提高员工的安全意识和技能水平，成为确保网络安全不可或缺的重要措施。安全意识与培训应全面覆盖网络安全法规宣传、定期安全演练与培训等多个方面，形成一套系统化的教育体系。

（一）网络安全法规宣传：增强法律意识与责任感

网络安全法规是维护网络空间秩序、保障网络安全的重要基石。通过广泛宣传网络安全法规，不仅能够提升员工的安全意识，还能增强其法律意识和责任感，从而在日常工作中自觉遵守相关规定，共同维护企业的网络安全。

1. 多样化的宣传方式

举办专题讲座：邀请网络安全专家或法律顾问，就网络安全法规进行专题讲座，深入解析法规内容、立法背景及实际案例，让员工对网络安全法规有更直观、深入的理解。

发放宣传资料：制作网络安全法规手册、海报、折页等宣传资料，并在办公区域、食堂等人员密集场所进行张贴和发放，确保员工能够随时查阅和学习。

制作宣传视频：利用动画、短视频等形式，将网络安全法规以生动有趣的方式呈现给员工，提高宣传的吸引力和效果。

2. 定期培训与考核

法规培训：将网络安全法规纳入员工培训计划，定期组织培训，确保员工掌握最新的法规动态和要求。

在线学习平台：建立网络安全法规在线学习平台，员工可以随时随地进行学习，提高学习的灵活性和便捷性。

考核与奖励：定期对员工进行网络安全法规考核，检验学习成果。对于考核成绩优秀的员工，可以给予一定的奖励，激励其持续学习和提升。

3. 营造安全文化氛围

安全文化活动：举办网络安全知识竞赛、安全文化月等活动，营造浓厚的安全文化氛围，让员工在参与中提升安全意识。

安全文化墙：设立安全文化墙，展示网络安全法规、安全小贴士、优秀安全案例等内容，让员工在日常工作中时刻感受到安全的重要性。

（二）定期安全演练与培训：提升实战应对能力

安全演练与培训是提高员工安全技能和应对能力的有效途径。通过定期举办安全演练和培训，可以让员工在模拟的攻击场景中熟悉应对措施和流程，提升实战应对能力。

1. 实战化的安全演练

模拟攻击场景：根据企业实际情况和网络安全威胁趋势，设计模拟攻击场景，如恶意软件攻击、网络钓鱼、数据泄露等。

角色扮演与协作：让员工扮演不同的角色（如安全管理员、普通员工等），在演练中协作应对攻击，检验团队协作和应急响应能力。

反馈与总结：演练结束后，组织员工进行反馈和总结，分析演练中发现的问题和不足，提出改进措施和建议。

2. 系统化的安全培训

基础知识培训：为员工提供网络安全基础知识培训，包括网络安全概念、常见威胁类型、防护措施等，确保员工具备基本的网络安全素养。

操作技能培训：针对员工的岗位特点，提供针对性的安全操作技能培训，如邮件安全、密码管理、系统更新等。

管理方法培训：对于管理层和关键岗位员工，提供安全管理方法培训，包括风险评估、安全策略制定、安全事件处理等

3. 互动与实践相结合

案例分析：通过真实或模拟的安全案例分析，让员工了解攻击手段、危害后果及应对措施，提高警惕性和应对能力。

实操演练：在培训中设置实操环节，让员工在模拟环境中进行安全操作练习，如识别钓鱼邮件、配置防火墙等。

互动问答：采用问答、讨论等形式，鼓励员工积极参与培训，提出问题和建议，提高培训的互动性和效果。

第五节　基础设施的维护与升级策略

一、日常维护管理

（一）设备巡检与故障排查

1.设备巡检的重要性及实施策略

设备巡检作为日常维护的核心环节，其重要性不言而喻。通过定期对关键设备进行细致全面的检查，可以确保设备的正常运行，及时发现潜在问题，从而避免意外故障的发生。实施设备巡检时，应制定详细的巡检计划，明确巡检周期、巡检路线以及巡检要点，确保每次巡检都能全面覆盖所有关键设备。

在巡检过程中，巡检人员应关注设备的外观是否完好、运行状态是否稳定、连接是否牢固、散热效果是否良好等方面。同时，借助专业的检测工具和设备，对设备的各项性能指标进行实时监测，确保设备处于最佳工作状态。此外，巡检人员还应具备良好的职业素养和责任心，严格遵守巡检规范，确保巡检结果的准确性和可靠性。

为了提高设备巡检的效率，可以采用智能化的巡检系统。通过引入物联网、大数据等先进技术，实现设备信息的实时采集、远程监控和智能分析，从而为巡检人员提供更为便捷、高效的巡检手段。

2.故障排查的流程与方法

故障排查是在设备出现故障或异常时进行的紧急处理过程。为了快速准确地定位并解决问题，需要建立一套完善的故障排查流程和方法。当设备出现故障时，应立即启动故障排查程序，组织专业人员进行现场检查。通过收集故障现象、分析故障原因，初步判断故障类型和可能的影响范围。

根据故障类型和排查经验，选择合适的排查方法。常用的排查方法包括替换法、对比法、测量法等。替换法是通过更换疑似故障部件来验证故障点的方法；对比法是通过与正常设备进行对比来找出差异点的方法；测量法则是借助专业测量工具对设备性能参数进行测量和分析的方法。在排查过程中，应灵活运用各种方法，确保准确找出故障根源。

在定位故障后，应迅速采取修复措施。根据故障性质和实际情况，选择合适的修复方案，如更换损坏部件、调整设备配置、优化软件程序等。修复完成后，还需对设备进行全面的测试和验证，确保设备恢复正常工作状态。

3.巡检与排查的记录与分析

巡检与排查过程中产生的记录和分析报告对于后续维护工作具有重要意义。因此，应建立完善的记录和分析机制。在巡检过程中，巡检人员应详细记录设备的运行状态、发现的问题以及采取的处理措施等信息。同时，定期对巡检记录进行汇总和分析，找出设备运行的规律和潜在问题，为后续维护工作提供有力支持。

在故障排查过程中，同样需要详细记录故障现象、排查过程以及修复结果等信息。通过对故障记录的分析，可以发现设备故障的规律和趋势，从而制定更为有效的预防措施和应对策略。此外，还可以借助大数据分析技术，对巡检和故障记录进行深度挖掘和分析，为设备的健康管理提供更为精准的数据支持。

（二）性能监控与优化调整

1.性能监控的关键指标与技术手段

性能监控是确保基础设施稳定运行的重要环节。在实施性能监控时，应关注关键的性能指标，如 CPU 使用率、内存占用率、磁盘 I/O、网络带宽等。这些指标能够直观地反映设备的运行状态和性能水平，为后续的优化调整提供有力依据。

为了实现对这些关键指标的实时监控，需要借助专业的性能监控软件或硬件。这些工具能够实时采集设备的运行数据，并通过图表、曲线等形式直观地展示出来。同时，还可以设置阈值和告警机制，当某个指标超过预设值时自动触发告警，以便及时发现并处理潜在问题。

2. 优化调整的策略与实践

优化调整是根据性能监控结果对基础设施进行必要的调整和优化。在实施优化调整时，应遵循科学的策略和方法。首先，需要对性能监控数据进行深入的分析和解读，找出性能瓶颈和潜在问题。其次，根据分析结果制定针对性的优化方案，如增加资源、调整配置、优化软件代码等。最后，实施方案，并对实施效果进行验证和评估。

在实践过程中，应注重数据的对比和分析，确保优化调整的有效性。同时，还应关注系统的整体性能和稳定性，避免因局部优化而导致整体性能的下降。此外，还应定期对系统进行全面的性能评估，及时发现并解决潜在的性能问题，确保系统始终处于最佳工作状态。

二、升级规划与实施

随着技术的不断发展和业务需求的不断变化，基础设施的升级成为必然。升级规划与实施应涵盖技术迭代与设备更新计划、兼容性与扩展性考虑等多个方面。

（一）技术迭代与设备更新计划

1. 技术迭代

技术迭代在基础设施升级中扮演着至关重要的角色。随着科技的飞速发展，新技术不断涌现，为基础设施带来了更高的性能、更低的成本以及更好的可扩展性。通过技术迭代，企业可以保持基础设施的先进性，从而更好地支撑业务发展。

在制定技术迭代策略时，企业应首先明确迭代的目标和范围，确保迭代方向与业务需求相一致。其次，要密切关注行业技术动态，及时了解和掌握新技术的发展趋势和应用前景。最后，结合企业实际情况，制定切实可行的技术迭代计划，包括迭代的时间表、资源投入和风险评估等。

2. 设备更新

设备更新是技术迭代的重要组成部分。随着设备技术的不断进步，老旧设备可能逐渐无法满足性能、效率和安全性等方面的要求。因此，及时进行设备更新对于保持基础设施的竞争力至关重要。

在实施设备更新时，企业应遵循以下步骤：首先，对现有设备进行全面的评估，了解设备的性能状况、使用寿命以及维护成本等。其次，根据业务需求和预算情况，制定设备更新计划，明确更新的设备类型、数量和替换时间等。接着，进行新设备的选型和采购，确保新设备能够满足性能、兼容性和扩展性等方面的要求。最后，组织专业的技术团队进行设备的安装、调试和测试，确保新设备能够顺利投入使用。

3. 技术迭代与设备更新的协同推进

技术迭代和设备更新往往相互影响、相互制约，在推进过程中应注重二者的协同性。一方面，要确保技术迭代与设备更新的步伐相一致，避免出现技术落后或设备过剩的情况。另一方面，要加强技术团队与设备管理团队之间的沟通与协作，共同解决迭代和更新过程中遇到的问题。

企业可以建立跨部门的工作小组，明确各成员的职责和分工；制定详细的实施计划和时间表，确保各项工作能够有条不紊地进行；定期召开项目进展会议，及时汇报工作进度和成果，以便及时调整和优化实施方案。

（二）兼容性与扩展性考虑

1. 兼容性

兼容性是基础设施升级过程中必须考虑的关键因素之一。确保新设备与旧设备、新系统与旧系统之间的兼容性对于保障业务的连续性和稳定性至关重要。如果兼容性得不到保障，可能会导致数据丢失、系统崩溃或业务中断等严重后果。

为了保障兼容性，企业可以采取以下措施：首先，在设备选型阶段就充分考虑兼容性需求，优先选择与原系统兼容性好的设备和技术方案。其次，在升级实施前进行充分的测试工作，包括功能测试、性能测试和兼容性测试等，确保新设备与旧设备能够无缝衔接。最后，建立完善的应急预案和回退机制，一旦升级过程中出现问题，能够迅速恢复到升级前的状态，保障业务的正常运行。

2. 扩展性

扩展性是指基础设施在未来能够根据需要进行平滑升级和扩展的能力。随着企业业务的不断发展，对基础设施的需求也会不断增加。因此，在升级规划时充分考虑扩展性至关重要。

为了提升基础设施的扩展性，企业应关注以下几点：首先，选择具有良好扩展性的硬件和软件平台，确保在未来能够通过增加设备或扩展模块来满足更高的性能需求。其次，采用模块化、分布式的架构设计，使得系统能够方便地进行横向和纵向扩展。最后，建立灵活的资源调度和管理机制，实现资源的动态分配和优化利用。

3. 兼容性与扩展性的平衡策略

在追求兼容性和扩展性的过程中，企业往往面临着一定的挑战和权衡。过于强调兼容性可能会导致系统变得僵化和难以扩展；而过于追求扩展性则可能牺牲部分兼容性，增加升级的风险和成本。

为了实现兼容性与扩展性的平衡，企业可以采取以下策略：首先，明确业务需求和优先级，根据实际情况制定合理的升级目标和方案。其次，加强技术团队与业务团队之间的沟通与协作，共同确定升级过程中的关键点和风险点。最后，在升级过程中保持灵活性和敏锐性，根据实际情况及时调整和优化实施方案，确保在保障兼容性的同时实现良好的扩展性。

三、资金与人力资源保障

（一）预算规划与成本控制

1. 预算规划的重要性及制定方法

预算规划在基础设施维护与升级过程中具有举足轻重的地位。合理的预算规划能够确保资金的充足性，为维护与升级工作提供稳定的资金支持，同时也有助于企业实现长期的财务目标。在制定预算规划时，企业需综合考虑多个因素，包括设备的维护成本、升级所需的新设备购置费用、人工成本、培训费用以及其他潜在支出。

为了制定出切实可行的预算规划，企业可以采取以下方法：首先，对历史数据进行深入分析，了解过去维护与升级的成本情况，为未来的预算制定提供参考。其次，与相关部门进行充分沟通，明确维护与升级的具体需求和目标，以便更准确地估算所需费用。最后，结合企业的财务状况和发展战略，制定出既符合实际需求又具有可行性的预算规划。

2. 成本控制的原则与策略

成本控制是预算规划实施过程中的关键环节。有效的成本控制能够确保资金得到合理利用，避免不必要的浪费，从而保障维护与升级工作的顺利进行。在进行成本控制时，企业应遵循以下原则：一是全面性原则，即对维护与升级过程中的所有费用进行严格控制；二是经济性原则，即在保证工作质量的前提下，力求以最低的成本实现目标；三是灵活性原则，即根据实际情况及时调整成本控制策略，以适应不断变化的市场环境。

为了实现有效的成本控制，企业可以采取以下策略：首先，建立健全的成本管理制度，明确各项费用的开支标准和审批流程。其次，加强成本核算与分析工作，及时发现并解决成本异常问题。最后，通过引入先进的成本管理工具和方法，如作业成本法、目标成本法等，提高成本控制的科学性和有效性。

3. 预算规划与成本控制的协同优化

预算规划与成本控制是相辅相成的两个环节。为了实现二者的协同优化，企业应加强预算规划与成本控制之间的衔接与配合。具体来说，可以在制定预算规划时充分考虑成本控制的需求和目标，确保预算的合理性和可行性；在实施成本控制时则以预算规划为依据，对各项费用进行严格把关和调整优化。通过这种方式，企业可以在保障维护与升级工作顺利进行的同时，实现资金的高效利用和成本的有效控制。

（二）专业团队建设与培训发展

1.专业团队建设的核心要素

专业团队建设是基础设施维护与升级的人力资源保障。一个高素质、高效能的专业团队能够确保维护与升级工作的质量和效率。在建设专业团队时，企业应关注以下核心要素：首先，明确团队的目标和定位，确保团队成员能够清晰地理解并认同团队的工作方向和价值观。其次，注重团队成员的选拔与搭配，选拔具有相关专业技能和经验的人才加入团队，并根据每个人的特长和优势进行合理搭配。最后，建立良好的团队氛围和文化，鼓励团队成员之间的协作与创新精神，提高团队的凝聚力和战斗力。

2.培训发展的重要性及实施途径

随着技术的不断进步和市场需求的变化，团队成员需要不断更新知识和技能以适应新的挑战。因此，企业应重视培训发展工作并投入足够的资源予以支持。在实施培训发展时，可以采取多种途径相结合的方式：如定期组织内部培训活动、邀请外部专家进行授课、鼓励团队成员参加行业交流会议以及提供在线学习资源等。通过这些途径的实施，可以帮助团队成员提升专业技能、拓宽知识视野并增强创新思维能力。

3.激励与约束机制在团队建设中的应用

合理的激励机制能够激发团队成员的工作热情和动力，而有效的约束机制则能够规范团队成员的行为并确保工作目标的达成。在应用激励与约束机制时，企业应根据实际情况制定具体的政策和措施，如设立绩效奖金制度以奖励表现突出的团队成员；建立明确的晋升通道以提供职业发展空间；加强对团队成员的绩效评估和反馈工作以便及时发现问题并进行改进调整。通过这些政策和措施的落实执行可以推动专业团队朝着更高水平发展迈进。

第四章　数字化在乡村农业生产中的应用

第一节　智慧农业技术的推广与实践

一、智慧农业的定义与特点

（一）智慧农业的定义

智慧农业，作为现代农业发展的高级阶段，是科技与农业深度融合的产物。它综合运用了物联网、大数据、云计算、人工智能等前沿信息技术，通过对农业生产环境的智能感知、数据分析和精准管理，实现了农业生产的精细化、智能化和高效化。简而言之，智慧农业是利用现代科技手段，对传统农业进行改造和升级，以提高农业生产效率、质量和可持续性的新型农业形态。

（二）智慧农业的特点

1. 高效性：智慧农业通过实时监测和数据分析，能够精确掌握农田环境、作物生长状况等信息，从而制定出更加科学合理的生产管理方案。这种精准化的管理方式，不仅减少了资源浪费，还提高了农作物的产量和质量，使农业生产更加高效。

2. 智能化：智慧农业借助先进的智能设备和系统，如智能灌溉系统、精准施肥设备等，实现了农业生产的自动化和智能化。这些设备和系统能够根据实时监测到的数据，自动做出决策并调整生产参数，从而确保农作物始终处于最佳生长状态。

3. 信息化：智慧农业通过构建大数据平台，实现了农业信息的全面采集、整合和共享。这使得农民、科研机构、政府部门等各方能够更加方便地获取和利用农业信息，提高了农业生产的透明度和协作效率。

4. 可持续性：智慧农业注重生态环境保护，通过精准施肥、智能灌溉等技术手段，减少了化肥和农药的使用量，降低了农业生产对环境的污染。同时，智慧农业还积极推广生态农业、循环农业等可持续发展模式，为农业的绿色发展奠定了基础。

二、智慧农业技术的主要类型

（一）智能灌溉技术

1. 实时监测与数据分析

智能灌溉技术的核心在于实时监测与数据分析。通过土壤湿度传感器，系统能够不间断地监测土壤的水分含量，从而了解作物根部的水分状况。同时，气象站提供的气象数据，如温度、降雨量、风速等，有助于预测土壤水分的蒸发速度和作物未来的需水情况。这些数据经过系统的综合分析，为灌溉决策提供了科学依据。

2. 自动控制与精准灌溉

基于实时监测和数据分析的结果，智能灌溉系统能够自动控制灌溉设备的开关。当土壤水分低于设定的阈值时，系统会自动启动灌溉设备；当土壤水分达到适宜范围时，系统则会自动关闭灌溉设备。此外，通过调节灌溉设备的流量和压力，系统还能实现精准灌溉，确保每一块土地都能得到恰到好处的水分补给。

3. 节水与可持续发展

智能灌溉技术不仅提高了灌溉的精准度和效率，更在节水方面发挥了显著作用。与传统的漫灌、喷灌等方式相比，智能灌溉能够大幅减少水资源的浪费。这对于水资源匮乏的地区尤为重要，它不仅有助于保障农业生产的稳定进行，还为农业的可持续发展奠定了坚实基础。

4. 智能化管理与优化升级

智能灌溉系统还具备智能化管理的功能。通过联网技术，农民可以随时随地查看和控制灌溉系统的运行状态。同时，系统还能自动记录和分析历史数据，为农民提供灌溉方案的优化建议。随着技术的不断进步和升级，智能灌溉系统有望在未来实现更加智能化、个性化的服务。

（二）精准施肥技术

1. 土壤养分检测与数据获取

精准施肥技术的首要环节是土壤养分的检测。通过土壤养分检测仪等先进设备，可以对农田土壤进行定期的全面检测，包括氮、磷、钾等主要营养元素以及微量元素。这些数据为后续的施肥决策提供了重要依据。

2. 个性化施肥方案制定

基于土壤养分检测数据和作物生长需求，精准施肥系统能够为每块土地制定出个性化的施肥方案。这些方案不仅考虑了作物的养分需求，还结合了土壤的物理性质、化学性质以及环境因素，确保肥料能够被高效利用，同时避免过量施肥造成的环境污染。

3. 肥料利用率提升与环境保护

精准施肥技术的应用显著提高了肥料的利用率。通过精确控制肥料的种类、用量和施用时间，可以确保作物在关键生长阶段获得足够的营养支持。这不仅有助于提高农产品的产量和质量，还能减少肥料的浪费和流失，从而减轻对环境的负面影响。

（三）智能温室控制技术

1. 环境参数实时监测

智能温室控制技术的关键在于对温室内外环境参数的实时监测。通过布置在温室内的各种传感器，如温度传感器、湿度传感器、光照传感器等，系统能够实时获取温室内的环境数据。这些数据不仅反映了当前的环境状况，还为后续的控制决策提供了重要依据。

2. 自动控制环境调节设备

基于实时监测的环境数据，智能温室控制系统能够自动控制温室内的各种环境调节设备，如加热设备、降温设备、通风设备、补光设备等。当环境参数超出作物生长的最佳范围时，系统会自动启动相应的设备进行调节，确保温室内的环境始终保持在适宜的状态。

3. 提高生产效率与产品质量

通过智能温室控制技术的应用，可以显著提高设施农业的生产效率和产品质量。由于温室内的环境得到了精准控制，作物能够在最佳的生长条件下生长，从而缩短了生长周期，提高了产量。同时，稳定且适宜的环境条件还有助于减少病虫害的发生，降低了农药的使用量，进一步提升了农产品的安全性和品质。

4. 智能化管理与节能减排

智能温室控制系统还具备智能化管理的功能。通过联网技术，农民可以随时随地查看和控制温室的环境状况。此外，系统还能根据历史数据和作物生长模型进行预测分析，为农民提供生产管理的优化建议。在节能减排方面，智能温室控制技术通过精准控制环境调节设备的运行，有效降低了能源的消耗和二氧化碳的排放，为绿色农业的发展做出了积极贡献。

（四）农业无人机技术

1. 空中监测与数据采集

农业无人机技术为农业生产提供了全新的空中监测手段。通过搭载高清摄像头和传感器等设备，无人机可以对农田进行高效的空中巡查和数据采集。这些数据包括作物的生长情况、病虫害发生情况、土壤湿度和养分状况等，为农民提供了全面而准确的农田信息。

2. 图像识别与数据分析

采集到的农田数据经过图像识别和数据分析处理后，能够生成具有实际指导意义的农业信息。例如，系统可以自动识别出病虫害的种类和严重程度，并为农民提供针对性的防治建议。同时，通过对土壤湿度和养分数据的分析，系统还能为灌溉和施肥提供科学依据。

3.精准作业与提高效率

农业无人机不仅可以用于监测和数据采集，还能直接参与农业生产作业。例如，在播种环节，无人机可以实现精准播种，确保种子均匀分布在土壤中；在施肥和喷药环节，无人机能够根据农田的实际情况进行精准投放，避免了传统作业方式中的浪费和污染。这些精准作业方式大大提高了农业生产的效率和精准度。

三、智慧农业技术在国内外乡村的推广案例

（一）国内推广案例

1.智能灌溉系统在华北农田的应用

近年来，华北某地区针对水资源短缺和农业生产效率提升的双重需求，大力推广了智能灌溉系统。该系统结合了土壤湿度传感器和气象站等先进设备，实现了对农田土壤水分的实时监测和数据分析。通过智能算法，系统能够准确预测作物需水情况，并根据实际情况自动控制灌溉设备的开关和灌溉量。

在实际应用中，智能灌溉系统显著提高了灌溉的精准度和效率。农民不再需要凭借经验或感觉进行灌溉，而是可以依据系统提供的数据和建议进行科学决策。这不仅确保了作物在关键生长期的水分需求得到满足，还有效节约了水资源，降低了生产成本。同时，由于灌溉的精准度提升，农作物的生长环境得到了改善，产量和质量也得到了显著提升。

2.智能温室控制技术在华东设施农业的应用

华东某地区作为设施农业的重要基地，近年来积极引入了智能温室控制技术。该技术通过温室内外的环境传感器，实时监测并调控温度、湿度、光照等关键环境参数，为作物创造最佳的生长条件。

与传统的温室管理方式相比，智能温室控制技术具有显著的优势。首先，它提高了环境调控的精准度和效率，确保了温室内的环境始终保持在适宜的状态。其次，由于环境的稳定和优化，作物的生长周期得到了缩

短，产量和品质也得到了显著提升。最后，智能温室控制技术还降低了能耗和人力成本，提高了设施农业的整体效益。

3. 精准施肥技术在东北农田的实践

东北地区作为我国的重要粮食产区，近年来也在积极探索精准施肥技术的应用。通过土壤养分检测仪等设备，农民可以定期对农田进行检测，准确掌握土壤养分状况。根据作物生长需求和土壤养分情况，农民能够制定出更加科学的施肥方案。

精准施肥技术的推广不仅提高了肥料的利用率，减少了肥料的浪费和流失，还有助于改善土壤环境，提高农产品的质量和安全性。同时，由于施肥的精准度提升，农民还可以根据作物的实际需求进行灵活调整，进一步提高了农业生产的灵活性和可持续性。

4. 农业无人机技术在西南地区的探索

西南地区地形复杂多变，农业生产条件相对较差。然而，近年来农业无人机技术的引入为该地区的农业生产带来了新的机遇。无人机可以轻松飞越复杂地形，对农田进行空中监测和数据采集。通过图像识别和数据分析技术，农民能够及时发现并处理病虫害等问题。

农业无人机技术的应用不仅提高了病虫害监测的效率和准确性，还为农民提供了更加便捷的农田管理方式。同时，无人机还可以用于播种、施肥、喷药等作业环节，大大提高了农业生产的效率和精准度。在西南地区的实际应用中，农业无人机技术已经展现出了广阔的应用前景和推广价值。

（二）国外推广案例

1. 精准施肥技术在欧洲农田的广泛应用

欧洲某国作为农业发达国家之一，近年来在精准施肥技术方面取得了显著进展。该国政府大力支持农业科技创新，推动精准施肥技术的研发和应用。农民利用先进的土壤养分检测设备对农田进行定期检测，并根据检测结果制定个性化的施肥方案。这些方案结合了作物的生长需求、土壤养分状况以及环境因素等多方面信息，确保了肥料能够精准投放到需要的地方。

精准施肥技术的广泛应用不仅提高了欧洲农田的肥料利用率和生产效率，还降低了环境污染风险。同时，该技术还有助于改善土壤结构和提高农产品质量，为农民带来了更加可持续和环保的农业生产方式。

2. 农业无人机技术在北美洲的突破与应用

北美洲某农业大国在农业无人机技术领域取得了重要突破。该国农民利用无人机进行空中监测和数据采集已经成为常态。无人机搭载高清摄像头和传感器等设备，能够实时捕捉农田的生长情况、病虫害发生情况等信息，并通过无线传输技术将数据传回分析中心进行处理。

农业无人机技术的突破与应用为北美洲农业生产带来了革命性的变革。农民可以更加便捷地获取农田信息，及时发现并处理潜在问题。同时，无人机还可以用于精准播种、施肥等作业环节，大大提高了农业生产的自动化水平和效率。这些技术的应用不仅提升了农产品的产量和质量，还降低了生产成本和人力投入，为农民带来了更加丰厚的收益。

3. 智能灌溉系统在中东地区的推广与实践

中东地区水资源匮乏，因此智能灌溉系统的推广与应用具有重要意义。该地区某国政府积极推动智能灌溉技术的研发和应用，为农民提供了更加科学和高效的灌溉解决方案。智能灌溉系统通过实时监测土壤湿度和气象数据等信息，自动控制灌溉设备的运行时间和灌溉量，确保了作物在关键生长期的水分需求得到满足。

智能灌溉系统在中东地区的推广与实践取得了显著成效。它不仅提高了灌溉的精准度和效率，还有效节约了水资源并降低了生产成本。同时，由于灌溉条件的改善和优化，农作物的产量和质量也得到了显著提升。这些成果为中东地区农业生产的可持续发展奠定了坚实基础。

4. 智能农业机器人在亚洲国家的研发与应用前景

亚洲某国近年来在智能农业机器人领域投入了大量研发资源并取得了一系列重要成果。这些智能农业机器人具备自主导航、精准作业和数据分析等功能，可以协助农民完成播种、施肥、除草和收割等农业生产环节的工作。通过引入人工智能技术，这些机器人还能够进行自主学习和优化作业流程，提高农业生产的自动化水平和效率。

虽然目前智能农业机器人在亚洲国家的应用还处于初级阶段，但其研发与应用前景十分广阔。随着技术的不断进步和成本的降低，未来智能农业机器人有望在亚洲乃至全球范围内得到广泛推广和应用，为农业生产带来更加革命性的变革。

第二节　农业物联网的建设与应用

一、农业物联网的基本概念与架构

（一）基本概念

农业物联网，作为现代信息技术与农业生产相结合的产物，是指利用物联网技术，通过各类感知设备、网络传输、数据处理及应用服务，对农业生产全过程进行智能化识别、定位、跟踪、监控和管理的一种网络。它旨在实现农业生产环境的智能感知、数据的高效传输与处理，以及决策的精准实施，从而提升农业生产的效率、质量和可持续性。

（二）架构组成

农业物联网的架构通常包括四个核心层次：感知层、传输层、平台层和应用层。

感知层是农业物联网的基础，主要由各类农业传感器组成，如土壤湿度传感器、温度传感器、光照传感器等。这些传感器能够实时采集农业生产现场的各类环境参数和作物生长信息，为后续的数据分析和决策提供依据。

传输层负责将感知层采集到的数据通过无线或有线网络传输到数据中

心或云平台。这一层的关键技术包括无线通信技术、网络协议等，确保数据的稳定、可靠传输。

平台层负责存储、处理及分析海量的农业数据。云计算平台提供强大的计算能力，支持数据的清洗、整合、挖掘和可视化展示，为农业生产提供智能化的决策支持。

应用层直接面向农业生产者和管理者，通过应用软件和智能终端将平台层处理后的数据以直观、易用的方式呈现出来。应用层还具备智能控制功能，能够根据数据分析结果自动调整农业生产环境，实现精准农业管理。

二、物联网技术在农业中的应用

（一）土壤监测与管理

1. 实时监测土壤参数

物联网技术在土壤监测方面的首要应用是实时监测土壤的关键参数。通过部署各种土壤传感器，如湿度传感器、温度传感器和养分传感器等，系统能够持续不断地收集土壤湿度、温度、养分含量等数据。这些数据通过无线传输技术实时上传至云平台，农民或农业管理人员可以通过手机、电脑等终端随时查看土壤状况，为科学决策提供依据。

2. 制定科学的灌溉计划

基于物联网技术获取的实时土壤湿度数据，农民可以更加精准地制定灌溉计划。系统可以根据土壤湿度变化和作物需水规律，智能计算灌溉时间和灌溉量，确保作物在关键生长期得到充足且适量的水分供应。这种科学的灌溉方式不仅提高了水资源的利用效率，还有助于促进作物的健康生长。

3. 精准施肥，提高养分利用率

通过物联网技术监测土壤养分含量，农民可以及时了解土壤的肥力状况，并根据作物生长需求和土壤养分状况制定精准的施肥计划。系统可以根据土壤养分数据和作物养分需求模型，智能推荐合适的肥料种类和施肥量，确保作物能够吸收到充足的养分，同时避免过量施肥造成的浪费和环境污染。

4. 土壤质量评估与改良

物联网技术还可以用于土壤质量的长期监测和评估。通过对土壤湿度、温度、养分等参数的持续监测和数据分析，可以评估土壤的健康状况和肥力水平。根据评估结果，农民可以采取针对性的土壤改良措施，如添加有机肥料、调节土壤酸碱度等，以改善土壤环境，提高土壤质量，为农业生产创造更好的条件。

（二）气象监测与预警

1. 实时气象数据采集

物联网技术在气象监测方面的应用首先体现在实时气象数据的采集上。通过部署气象站等设备，系统能够实时采集气温、湿度、风速、光照等多种气象数据。这些数据对于农业生产具有重要意义，可以帮助农民了解当前天气状况，预测未来天气趋势，从而合理安排农事活动。

2. 气象信息预报与灾害预警

基于实时采集的气象数据，物联网系统能够结合数据分析模型提供及时准确的气象信息预报。农民可以根据预报信息提前做好农事安排，如选择适宜的播种时间、调整灌溉计划等。同时，系统还能够根据气象数据的变化趋势进行灾害预警，如暴雨、干旱、大风等恶劣天气的预警，帮助农民及时采取应对措施，减少生产损失。

3. 科学应对恶劣天气

物联网技术的气象监测功能使得农民能够更加科学地应对恶劣天气。在接收到灾害预警信息后，农民可以及时调整农业生产计划，采取必要的防护措施，如加固农业设施、提前收割成熟作物等，以最大程度地减轻恶劣天气对农业生产的影响。

4. 提高农业生产抗风险能力

通过物联网技术的气象监测与预警功能，农民可以更加全面地了解农业生产所面临的风险因素，并制定相应的风险管理策略。这种抗风险能力的提升不仅有助于保障农业生产的稳定性，还能够提高农民的经济效益和生活水平。

三、农业物联网系统的建设步骤与关键点

（一）系统设计与规划

1. 明确建设目标与功能需求

在农业物联网系统建设的初期阶段，首要任务是明确系统的建设目标和功能需求，包括深入调研农业生产现状、了解农民和农业企业的实际需求、分析农业发展未来趋势等。乡村地区综合分析上述信息后，制定出既符合当前需求又具有前瞻性的建设目标，列出实时监测、数据分析、远程控制等各项功能，为后续的设计和开发提供明确指导。

2. 技术选型与架构设计

技术选型是农业物联网系统设计的关键环节。在选择技术时，应综合考虑技术的成熟度、稳定性、可扩展性、成本等因素。例如，传感器技术、通信技术、数据处理技术等都需要根据实际需求进行精心选择。同时，还需要设计出合理的系统架构，确保各组件之间能够高效协同工作。架构设计应遵循模块化、层次化、可扩展等原则，以便于系统的后期维护和升级。

3. 预算规划与资源分配

在系统设计与规划阶段，还需要进行详细的预算规划和资源分配。预算规划包括对整个系统建设所需资金的估算，以及资金使用的具体计划。这有助于确保项目在实施过程中不会因为资金问题而受阻。资源分配则涉及人力、物力、时间等资源的合理配置，以确保项目能够按照既定的时间表顺利进行。

4. 风险评估与应对策略

在系统设计与规划过程中，还需要对潜在的风险进行评估，并制定相应的应对策略，包括技术风险、市场风险、运营风险等。通过风险评估，可以及时发现并解决潜在的问题，降低项目实施过程中的不确定性。

（二）硬件设备选型与配置

1. 传感器设备选型

传感器是农业物联网系统的感知层，负责采集土壤、气象、作物生长等关键数据。在选型时，应根据实际需求选择适合的传感器类型，如土壤湿度传感器、温度传感器、光照传感器等。同时，还要考虑传感器的精度、稳定性、响应速度等性能指标，以确保采集到的数据准确可靠。此外，传感器的耐用性和成本也是选型时需要考虑的重要因素。

2. 通信设备选型与配置

通信设备负责将传感器采集的数据传输到数据中心或云平台进行处理和分析。在选型时，应根据传输距离、数据传输速率、通信协议等需求选择合适的通信设备，如无线传输设备、有线传输设备等。同时，还需要考虑通信设备的功耗、抗干扰能力等因素，以确保数据传输的稳定性和可靠性。配置方面，需要合理规划通信网络的布局和拓扑结构，以优化数据传输效率。

3. 控制设备选型与配置

控制设备是农业物联网系统中实现自动化和智能化操作的关键组件，如灌溉控制器、施肥控制器等。在选型时，应根据控制需求选择适合的控制设备类型，并考虑其控制精度、响应速度、稳定性等性能指标。同时，还需要关注控制设备的接口兼容性和可扩展性，以便于与其他系统进行集成。配置方面，需要根据实际控制场景合理设置控制参数和策略，以确保控制系统的安全和有效运行。

4. 硬件设备的安装与调试

选型与配置完成后，接下来是硬件设备的安装与调试工作，包括设备的现场安装、接线调试、网络通信测试等。在安装过程中，严格按照设备说明书和操作规范进行操作，逐一验证各项功能，确保设备能够正常工作。

（三）软件开发与集成

1. 数据采集软件开发

数据采集软件负责从传感器等硬件设备中实时获取数据，并将其传输到数据中心进行处理。在开发过程中，需要设计合理的数据采集流程和协议，确保数据的准确性和实时性。同时，还需要考虑数据采集软件的稳定性和可扩展性，以便于应对未来可能出现的数据量增长和设备扩展需求。

2. 数据处理与分析软件开发

数据处理与分析软件负责对采集到的数据进行清洗、整理、分析和挖掘，以提取有用的信息并辅助决策。在开发过程中，需要运用适当的算法和模型对数据进行处理和分析，以满足不同的应用需求。此外，还需要关注数据处理软件的性能和效率问题，确保在处理大量数据时仍能保持良好的运行状态。

3. 智能控制软件开发

智能控制软件是实现农业物联网系统自动化和智能化操作的核心部分。通过智能控制软件，可以根据实时监测数据和预设的控制策略对农业设施进行远程控制和管理。在开发过程中，需要注重控制逻辑的严谨性和可靠性设计，以确保控制系统的稳定运行和安全性。同时，还需要考虑智能控制软件的可配置性和灵活性，以便于适应不同的控制场景和需求变化。

4. 系统集成与接口开发

在软件开发完成后，需要进行系统集成及验证，包括数据交互接口的开发、功能模块之间的调用等，使各软件模块协同工作。

（四）系统测试与优化

1. 功能测试与验证

在系统测试阶段，首先需要对农业物联网系统的各项功能进行测试，验证数据采集、传输、处理、分析、控制等各个环节的功能是否正常工作，是否符合设计要求。及时发现并修复系统存在的问题，确保系统能够按照预期的要求正常运行。

2. 性能测试与评估

性能测试主要关注系统在不同负载下的响应速度、吞吐量、稳定性等指标，以评估系统是否能够满足实际应用场景中的性能需求。通过性能测试，可以发现并解决系统性能瓶颈，提升系统的整体运行效率。

3. 安全测试与防护

安全测试需要对系统的安全防护措施进行全面检查，包括数据加密、用户认证、访问控制等方面；需要模拟各种攻击场景对系统进行测试，以验证系统的安全防御能力。通过安全测试，可以及时发现并修复系统中的安全漏洞，保障系统稳定运行。

4. 用户体验测试与优化

用户体验测试主要关注系统在使用过程中的易用性、界面友好性、交互流畅性等方面。通过邀请真实用户参与测试，可以收集到宝贵的用户反馈和建议，从而针对问题进行优化和改进。优化过程中需要注重用户体验的细节处理，以提升用户对系统的整体满意度和忠诚度。

四、成功案例分析与效果评估

（一）案例分析

1. 智能灌溉系统

智能灌溉系统根据土壤湿度、作物需水量等数据智能调整灌溉策略，实时监测农田水分情况，使作物在关键生长期得到适量的水分供应，既提高了灌溉效率，又降低了水资源消耗量。

2. 土壤养分检测仪

土壤养分检测仪可对农田土壤进行定期检测，获取土壤养分含量的准确数据。精准施肥系统则根据土壤数据及作物对养分的需求，制定出科学的施肥方案，并通过智能化设备实现精准施肥。这种方式能够降低因过量施肥而造成的土壤污染和水体污染。该地区的实践表明，农业物联网技术在提高农业生产效益的同时，也能有效保护环境，实现农业的绿色可持续发展。

3.温室大棚环境监控系统

温室大棚作为现代农业的重要组成部分，其内部环境的稳定对作物生长至关重要。某地区通过引入温室大棚环境监控系统，实现了对大棚内部温度、湿度、光照、二氧化碳浓度等环境参数的实时监测和智能调控。系统根据作物生长的最佳环境参数，自动调整温室大棚内的加热、降温、加湿、除湿、补光等设备，确保作物始终处于适宜的生长环境中。这不仅提高了作物的产量和品质，还降低了因环境不适而造成的作物病虫害发生率，减少了农药的使用量，进一步保障了农产品的安全和质量。

（二）效果评估方法

1.定量分析

针对农业物联网系统的实际应用效果进行评估，首先需要采用定量分析的方法对比引入物联网技术前后的产量、成本及资源消耗量等农业生产数据，直观地反映出物联网技术在提高农业生产效率、降低生产成本及节约资源方面的具体成效。例如，对比引入智能灌溉系统前后的水资源消耗量和作物产量数据，可以计算出节水率和增产率等指标，从而客观评价该系统的应用效果。

2.定性评价

用户反馈可以从实际使用者的角度反映系统的易用性、稳定性和实用性等方面的问题，为系统的进一步优化提供重要参考。专家意见则可以从专业角度对系统的技术水平、创新性和应用前景等方面进行评价，为系统的推广和应用提供有力支持。通过综合用户反馈和专家意见，可以对农业物联网系统的整体应用效果进行更为全面和深入的评估。

3.社会评价

农业物联网系统的应用不仅关乎农业生产效率和资源节约等经济效益，还涉及环境保护、食品安全等社会效益。因此，在评估系统的应用效果时，还需要考虑公众对系统应用效果的认可程度、系统对当地生态环境和农业发展的影响及系统在推动农业转型升级中的作用等社会评价。全面反映农业物联网系统的实际应用效果，为系统的广泛应用奠定坚实基础。

第三节 农产品追溯体系的数字化管理

一、农产品追溯体系的必要性

（一）保障食品安全

1. 源头控制确保质量

农产品追溯体系通过从生产源头开始记录农产品的详细信息，包括种子来源、土壤情况、水质状况等，确保农产品在最初的生长环境中就受到严格的监控。这种源头控制的方式能够有效地预防因环境污染或种子问题导致的农产品质量下降，从而在根本上保障食品的安全。

2. 生产过程透明化

农产品在生产过程中的每一个环节，如施肥、灌溉、病虫害防治等，都会被追溯体系详细记录。这种透明化的生产方式不仅便于生产企业自我监控，也便于监管部门进行抽查和审核。一旦在某个环节发现问题，可以迅速采取措施进行纠正，防止问题产品流入市场。

3. 快速应对食品安全事件

在食品安全事件发生时，农产品追溯体系能够迅速提供问题产品的来源和流向信息，帮助相关部门及时定位问题源头，控制事态发展。同时，通过追溯体系还可以迅速通知到受影响的消费者和企业，减少损失，保护公众健康。

（二）增强消费者信心

1. 提供翔实的产品信息

农产品追溯体系为消费者提供了农产品的全面信息，包括生产地、生产者、生产日期等。消费者在购买农产品时，可以通过扫描产品上的二维码或查询追溯平台，轻松获取这些信息。这种信息的公开透明，让消费者更加了解自己所购买的农产品，从而增强对产品的信心。

2. 建立信任桥梁

农产品追溯体系的建立，相当于在消费者和生产者之间搭建了一座信任的桥梁。消费者可以通过追溯体系验证农产品的真实性和安全性，而生产者则可以通过提供真实可靠的信息来赢得消费者的信任。这种信任关系的建立，有助于促进农产品的销售和市场拓展。

3. 提升消费者满意度

当消费者对购买的农产品存在疑问或担忧时，可以通过农产品追溯体系进行查询和咨询。这种便捷的服务方式能够提升消费者的满意度和忠诚度，同时也有助于生产企业及时了解和解决消费者的问题，进一步提升产品质量和服务水平。

（三）提升企业管理效率

1. 优化生产流程管理

农产品追溯体系要求企业详细记录农产品的生产过程，包括投入品的使用情况、生产环境的变化等。这些数据不仅可以帮助企业监控产品质量，还可以用于分析生产流程中的瓶颈和问题。通过对这些数据的深入挖掘和分析，企业可以找出影响生产效率和产品质量的关键因素，从而优化生产流程，提高管理效率。

2. 加强供应链协同管理

农产品追溯体系不仅关注生产环节的信息记录，还延伸到农产品的供应链管理中。通过追溯体系，企业可以实时了解农产品的库存情况、物流状态和销售数据等信息，加强与供应链上下游企业的协同管理。这种协同管理方式能够减少信息传递的延误和误差，提高供应链的响应速度和灵活性。

3. 提高问题处理效率

在农产品生产过程中出现问题时，追溯体系可以帮助企业迅速定位问题源头并采取措施进行纠正。与传统的排查方式相比，追溯体系提供的数据支持能够大大缩短问题处理的时间周期，减少企业的损失。同时，通过对问题的深入分析和总结，企业还可以不断完善自身的质量管理体系和风险控制机制，提高整体的管理效率和抗风险能力。

二、数字化管理在农产品追溯中的应用

（一）生产环节的数字化记录

1. 环境数据的实时监测与记录

在农产品生产环节，数字化管理的应用首先体现在对环境数据的实时监测与记录上。通过在农田、温室等生产现场安装各种传感器，如土壤湿度传感器、温度传感器、光照传感器等，可以实时采集并记录农作物生长环境的各项数据。这些数据不仅反映了农作物生长的实际状况，也为农业生产者提供了科学的决策依据。例如，根据土壤湿度数据，生产者可以精准控制灌溉量，既保证农作物正常生长，又避免水资源的浪费。

2. 农作物生长情况的数字化记录

除了环境数据，数字化管理还可以实现对农作物生长情况的详细记录。通过定期利用无人机、遥感技术等手段对农田进行巡航监测，可以获取农作物长势、叶面积指数、产量预估等信息。这些数据不仅有助于生产者及时了解农作物的生长状况，还可以为后续的农产品追溯提供重要依据。当消费者查询农产品信息时，可以追溯到其生长过程中的各个环节，从而增强对农产品的信任感。

3. 病虫害发生情况的数字化监控与预警

病虫害是农业生产中常见的问题之一，对农产品质量和产量都会造成严重影响。数字化管理可以通过安装病虫害监测设备，实时监控病虫害的

发生情况，并在必要时发出预警信息。这样，生产者可以及时发现并处理病虫害问题，减少损失，同时也保证了农产品的品质和安全。这些监控和预警数据同样可以成为农产品追溯体系中的重要组成部分。

（二）加工环节的数字化透明化

1.加工流程的数字化监控与记录

在农产品加工环节，数字化管理可以实现加工流程的透明化和可追溯性。通过在加工车间安装摄像头、温湿度传感器等设备，可以实时监控并记录加工过程中的各个环节。这些监控数据不仅可以确保加工过程的规范性和安全性，还可以在出现问题时提供有力的证据支持。同时，消费者也可以通过查询这些加工数据，了解农产品的加工过程和品质保障措施。

2.原材料来源与数量的数字化管理

农产品加工过程中，原材料的来源和数量是影响产品质量的关键因素之一。数字化管理可以实现对原材料来源和数量的精准控制与管理。通过引入物联网技术和信息管理系统，可以实时追踪原材料的采购、入库、领用等流程，并记录相关信息。这样，生产者可以确保使用合格、安全的原材料进行加工生产，同时也为后续的农产品追溯提供了可靠的数据支持。

3.产品质量检测的数字化与自动化

在加工环节结束后，对农产品进行质量检测是确保产品安全性的重要步骤。数字化管理可以引入自动化检测设备和数据分析技术，实现产品质量检测的数字化与自动化。通过自动采集检测数据并进行智能分析判断，可以及时发现并处理不合格产品，防止其流入市场造成不良影响。同时，这些检测数据也可以作为农产品追溯体系中的重要组成部分，为消费者提供更为详尽的产品质量信息。

（三）流通环节的数字化追踪与监控

1.物流信息的实时追踪与查询

在农产品流通环节，数字化管理可以实现物流信息的实时追踪与查询功能。通过引入 GPS 定位技术、RFID 射频识别技术等先进手段，可以实时获取农产品的运输轨迹、存储条件等信息。这些信息不仅有助于企业监控产品的运输状态和存储环境，确保产品在流通过程中的安全与品质，也可以为消费者提供便捷的查询服务，让消费者随时了解所购农产品的物流动态。

2. 仓储管理的数字化优化与监控

仓储管理是农产品流通环节中的重要一环，直接关系到产品的保存期限和品质稳定性。数字化管理可以通过引入智能化的仓储管理系统，实现对农产品仓储环境的实时监控与调控功能。例如，通过安装温湿度传感器、库存量监测设备等手段，及时发现并解决仓储环境中存在的问题。同时，结合数据分析技术，优化库存结构，提高仓储效率，降低运营成本。这些举措不仅有助于保障农产品的品质和安全，也为企业带来了实实在在的经济效益。

3. 市场需求的预测与供应链协同

除了上述的追踪与监控功能外，数字化管理还可以帮助企业在流通环节更好地预测市场需求并加强供应链协同合作。深入挖掘和分析历史销售数据、市场趋势等信息，可以更为准确地预测市场需求；结合物联网、大数据等供应链协同技术，可以实现与上下游企业之间的信息共享和协同决策功能。这样不仅可以提高企业的市场响应速度和供应链灵活性；也有助于降低库存风险、减少资源浪费并提升整体运营效率。

三、如何建立有效的农产品追溯体系

（一）明确追溯目标与范围

1. 确定追溯的农产品种类

在建立农产品追溯体系时，首先要明确需要追溯的农产品种类。这可以根据市场需求、消费者关注度以及农产品特性等因素来确定。例如，对于生鲜果蔬、肉类、禽蛋等高风险农产品，应优先纳入追溯体系。同时，针对不同种类的农产品，需要制定相应的追溯标准和流程，以确保追溯信息的准确性和有效性。

2. 界定追溯的生产环节

需要追溯的农产品生产环节包括种子选育、农田管理、肥料与农药使用、采收、加工、包装等，涉及从源头到餐桌的每一个环节。

3. 规划供应链流程追溯

需要追溯的农产品供应链环节包括运输、仓储、销售等环节，明确各环节责任主体和信息记录要求，确保供应链中的每一个节点都能实现信息的有效传递和追溯。

（二）搭建信息化追溯平台

1. 设计功能完善的追溯平台

搭建信息化追溯平台是实现农产品追溯的核心任务。平台应具备完善的功能模块，包括用户管理、数据采集与录入、信息查询与展示、数据分析与预警等。同时，平台还应支持多种终端设备访问，如电脑、手机等，以便用户随时随地查询农产品追溯信息。

2. 分配唯一标识码

为了确保农产品追溯信息的准确性和可追溯性，需要为每个环节分配唯一的标识码。这些标识码可以与农产品的生产批次、生产日期等信息相关联，从而实现对农产品的精准追溯。在平台设计中，应充分考虑标识码的生成、分配和管理机制，以确保其唯一性和有效性。

3. 保障数据安全与稳定性

在搭建信息化追溯平台时，数据的安全性和稳定性是至关重要的。需要采取多种措施来保障数据的安全，如加密技术、访问控制、数据备份等。同时，平台还应具备良好的稳定性，以确保在高并发场景下能够正常运行并提供服务。

（三）完善数据采集与录入机制

1. 制定数据采集标准与流程

为了实现农产品追溯信息的标准化，需要制定完善的数据采集标准，具体包括数据采集的内容、格式、频次等，以及数据采集的责任主体和操作规范。通过制定统一的标准和流程，可以确保追溯信息的准确性和一致性。

2. 提供便捷的数据录入界面

便捷的数据录入界面能够提高数据采集效率，包括设计友好的用户界面、智能化的数据录入提示和校验功能等。优化数据录入界面可以降低操作难度，提高追溯信息的可靠性。

3. 定期审核与校验数据

为了确保追溯信息的真实性和有效性，需要定期对数据进行审核和校验。这包括对采集到的数据进行逐一核查、对比和分析，以及时发现并纠正错误或异常数据。同时，还可以引入第三方机构进行数据验证和审计，以提高追溯信息的公信力和可信度。

（四）建立质量控制体系与信息公开机制

1. 制定严格的质量控制标准

建立严格的质量控制体系是确保农产品质量与安全的关键措施。在制定质量控制标准时，应参考国家标准、行业标准以及企业实际情况等因素，并结合农产品的特性和市场需求来制定。同时，还需要定期对标准进行更新和修订，以适应市场变化和消费者需求的变化。

2. 加强质量检验与记录

为了确保农产品的质量与安全符合相关标准，需要对农产品的外观、口感、营养成分等进行检测，并及时记录检测结果。通过加强质量检验与记录，可以及时发现并处理质量问题，从而提高农产品的品质和市场竞争力。

3. 实现信息公开与透明化

信息公开机制可以增强消费者对农产品的信任度，有助于企业树立良好的品牌形象。例如，建立官方网站、微信公众号，及时发布农产品的追溯信息和质量检验报告。

4. 建立消费者反馈机制

为了更好地了解消费者的需求和反馈意见，可以建立消费者反馈机制。这包括设置专门的客服渠道、开展消费者满意度调查等措施。通过收集和分析消费者的反馈意见，企业可以及时发现并改进产品和服务质量方面的问题，从而提升消费者的满意度和忠诚度。同时，消费者反馈机制还可以为企业提供宝贵的市场信息和改进方向，有助于企业在激烈的市场竞争中保持领先地位。

四、追溯体系对于提升农产品质量与安全的作用

（一）提高产品透明度与消费者信心

1. 增强产品信息透明度

农产品追溯体系通过记录和展示农产品的详细信息，如生产地、生产日期、生产流程、质量检测报告等，显著提高了产品的透明度。这种透明度不仅使消费者能够更全面地了解所购买农产品的各方面信息，还为消费者提供了一个可靠的信息查询渠道。消费者可以通过扫描产品上的二维码或访问相关追溯平台，轻松获取这些详细信息，从而做出更明智的购买决策。

2. 提升消费者信任感和满意度

农产品追溯体系的建立，大大增强了消费者对农产品的信任感。消费者在购买农产品时，往往对产品的安全性和品质有着极高的关注。追溯体系通过提供真实、准确的产品信息，使消费者能够放心购买，有效消除了消费者的顾虑。同时，当消费者对产品有任何疑问或需要进一步了解时，追溯体系也提供了一个便捷的沟通渠道，进一步提升了消费者的满意度。

3. 促进农产品品牌建设

农产品追溯体系还有助于农产品的品牌建设。通过持续提供高质量、安全可追溯的农产品，生产者可以逐渐树立起良好的品牌形象和口碑。这种品牌建设不仅提高了农产品的市场竞争力，还为生产者带来了更高的经济效益。同时，品牌效应也会进一步吸引更多消费者关注和购买，形成良性循环。

（二）促使生产者注重质量与安全

1.强化生产者责任意识

农产品追溯体系将生产者的责任与产品质量紧密联系在一起。一旦产品出现问题，通过追溯体系可以迅速定位到问题源头，生产者将承担相应的责任。这种责任机制促使生产者更加注重农产品的质量与安全，在生产过程中严格遵守相关规范和标准，以确保产品质量。

2.提高生产过程的规范性

为了确保农产品的可追溯性，生产者需要详细记录产品的生产信息，包括种子来源、农药和化肥使用情况、生产环境等。这些记录不仅有助于生产者自我管理和监督，也为外部监管提供了有力的依据。通过规范生产过程，生产者可以及时发现并纠正潜在的质量问题，从而提升农产品的整体质量。

3.激励生产者持续改进

农产品追溯体系还为生产者提供了一个展示自身优势和特色的平台。生产者可以通过提供独特、高品质的产品来吸引更多消费者的关注。这种市场反馈机制激励生产者不断改进生产工艺和技术，提高农产品的品质和安全性，以满足消费者的多样化需求。

（三）为企业提供精准市场反馈与改进方向

1.收集精准市场反馈

农产品追溯体系为企业提供了一个与消费者直接沟通的桥梁。通过追溯平台，企业可以收集到消费者对产品的真实反馈和意见，包括口感、品质、包装等方面的评价。这些精准的市场反馈有助于企业更深入地了解消费者的需求和偏好，为产品改进和升级提供有力的数据支持。

2.指导产品改进方向

基于消费者反馈和市场数据分析，企业可以明确产品的改进方向。例如，针对消费者普遍反映的口感问题，企业可以调整生产工艺或配方；针对包装不便携的问题，企业可以优化包装设计。通过持续改进产品，企业可以更好地满足消费者需求，提升市场竞争力。

3. 优化供应链管理

农产品追溯体系还涉及供应链的各个环节。通过对供应链数据的追踪和分析，企业可以发现潜在的供应链风险和问题，如物流延误、库存积压等。这些发现有助于企业优化供应链管理，提高物流效率和库存周转率，降低成本并提升整体运营效率。

（四）快速定位与精准召回问题产品

1. 快速定位问题源头

在食品安全事件发生时，农产品追溯体系能够迅速定位问题源头。通过追溯平台中的信息记录和分析功能，企业可以迅速确定问题产品的生产批次、流通路径和销售渠道等信息。这种快速定位能力有助于企业及时采取措施控制事态发展，减少问题产品的扩散范围。

2. 实现精准产品召回

定位问题源头后，农产品追溯体系还支持企业实现精准产品召回。企业可以根据追溯信息准确锁定需要召回的产品批次和数量，避免了大范围、无差别的召回行动。这种精准召回不仅提高了召回效率，还降低了召回成本，同时最大程度地保护了消费者的合法权益。

3. 维护企业声誉与品牌形象

在食品安全事件发生后，企业的声誉和品牌形象往往会受到严重影响。然而，通过农产品追溯体系实现快速定位和精准召回，企业可以展示出对消费者负责的态度和高效应对危机的能力。这种积极应对有助于维护企业的声誉和品牌形象，减少潜在的经济损失。同时，企业还可以借此机会加强内部质量管理和风险控制体系的建设，提升整体运营水平。

第四节　农业数据资源的整合与分析

一、农业数据资源的种类与来源

（一）农业数据资源的定义与重要性

农业数据资源，作为现代农业发展的核心要素，已逐渐成为提升农业生产效率、优化资源配置、保护生态环境及促进可持续发展的关键。这些数据涵盖了农业生产、管理、经营等各个环节，为决策者提供了科学、精准的决策依据。

（二）土壤数据及其来源

土壤数据是农业数据资源的重要组成部分，主要通过土壤检测设备和传感器获取。这些数据包括土壤质地、养分含量、酸碱度等关键信息，对于指导农民进行精准施肥、改良土壤质量具有至关重要的作用。土壤数据的实时更新和精准分析，有助于实现土地资源的最大化利用，提高农作物的产量和品质。

（三）气象数据及获取方式

气象数据对农业生产的影响不言而喻。通过气象站和遥感技术等手段，我们可以获取到包括温度、湿度、光照、风速等在内的多种气象指标。这些数据不仅有助于农民预测天气变化，合理安排农事活动，还能为农业生产计划的制定提供有力支持。特别是在极端天气频发的背景下，气象数据的实时监测和预警显得尤为重要。

（四）作物数据的采集与重要性

作物数据主要涉及农作物的生长情况、病虫害发生状况等。通过智能监控系统和人工采集相结合的方式，我们可以实现对作物生长全过程的实时监测和记录。这些数据对于分析作物生长规律、预测产量、制定病虫害防治策略等具有不可替代的作用。同时，作物数据的积累和分析还有助于推动农业科研的深入发展，为新品种的培育和新技术的研发提供数据支撑。

（五）农资数据与市场数据

农资数据包括农药、化肥、种子等农业生产资料的使用情况和库存信息。这些数据的实时更新和精准管理，有助于农民和农业企业优化农资采购计划，降低库存成本，提高资源利用效率。而市场数据则主要来源于农产品交易市场、电商平台等渠道，反映了农产品的供需状况、价格波动等市场动态。对于农民和农业企业而言，准确把握市场脉搏，及时调整生产策略和销售策略，是确保收益最大化的关键。

二、数据整合的技术

（一）数据整合的定义与目的

1. 数据整合的定义

数据整合，顾名思义，是一个将不同来源、不同格式、不同标准的数据进行统一整合的过程。在现代信息社会中，数据已经成为一种重要的资源，而数据整合则是将这种资源进行有效利用的关键步骤。具体来说，数据整合涉及将分散的、异构的、多源的数据进行清洗、转换、合并，最终形成一个统一、规范、可用的数据集。

2. 数据整合在农业领域的意义

在农业领域，数据整合的意义尤为重大。农业数据通常来源于多个渠道，如农田监测系统、气象站、实验室检测等，这些数据对于农业生产的管理和决策具有至关重要的作用。然而，由于数据来源的多样性和数据格式的差异性，这些数据往往难以直接利用。因此，通过数据整合，可以将这些分散的数据进行有效整合，提高数据的可用性和价值。

3. 打破数据孤岛，实现资源共享

数据孤岛是指不同系统或部门之间的数据无法互通和共享，导致数据资源浪费和重复劳动。通过数据整合，可以打破这种数据孤岛现象，实现数据资源的共享和互通。这不仅可以提高数据的利用效率，还可以避免数据的重复采集和录入，降低数据管理的成本。

4. 为后续数据分析和应用提供高质量数据基础

数据整合的另一个重要目的是为后续的数据分析和应用提供高质量的数据基础。在农业生产中，数据分析可以帮助我们更好地理解农作物生长规律、预测病虫害发生等，从而提高农业生产效率。

（二）数据预处理技术

1. 数据清洗的重要性

数据清洗的目的是消除数据中的噪声、异常值和重复记录。在农业数据中，这些不良数据可能来源于设备故障、人为错误或环境因素等。通过数据清洗，我们可以确保数据集的准确性和一致性，为后续的数据分析提供可靠的基础。

2. 去重技术的意义

在农业数据中，重复记录可能由于数据采集设备的重复发送或人为的重复录入而产生。去重技术可以通过比对数据集中的记录，识别和删除重复的数据，从而确保数据集的唯一性和准确性。

3. 缺失值填充的策略与方法

缺失值可能是数据采集设备故障、传输错误或人为因素导致的。缺失值的存在会影响数据分析的准确性和可靠性。在数据预处理阶段，需要采用合适的策略和方法对缺失值进行填充。常见的填充方法包括使用均值、中位数、众数等统计量进行填充，或者使用机器学习算法进行预测填充。

（三）数据转换与标准化方法

1.数据格式转换的必要性

由于农业数据来源于不同的设备和系统，其数据格式可能存在差异。例如，某些设备可能输出 CSV 格式的数据，而另一些设备可能输出 XML 或 JSON 格式的数据。为了统一处理这些数据，我们需要进行数据格式的转换。通过数据格式转换，我们可以确保所有数据都以相同的格式进行存储和处理，从而提高数据处理的效率。

2.计量单位的统一与换算

在农业数据中，不同的设备和系统可能采用不同的计量单位。例如，温度数据可能以摄氏度、华氏度或开尔文等不同单位进行表示。为了进行准确的数据分析和比较，我们需要将这些数据统一到相同的计量单位上。这通常涉及单位换算和标准化处理。

3.数据标准化的方法与意义

数据标准化是将数据按照统一的标准进行规范化处理的过程。在农业领域，数据标准化可以帮助我们消除不同数据来源之间的差异，使得不同数据集之间可以进行直接比较和分析。常见的数据标准化方法包括 Z-score 标准化、Min-Max 标准化等。通过数据标准化处理，我们可以提高数据分析的准确性和可靠性。

（四）数据集成技术与应用

在农业领域，多源数据融合具有显著优势。通过将不同来源的数据进行融合和整合，我们可以获得更全面、更准确的信息，从而更好地了解农业生产的全貌和各个环节的关联关系。然而，多源数据融合也面临着一些挑战，如数据格式的差异性、数据质量的参差不齐等。因此，在数据集成过程中需要采用合适的技术和方法来应对这些挑战。

数据集成技术是将经过预处理和转换的数据进行合并的过程。在农业领域，常见的数据集成技术包括基于数据库的数据集成、基于中间件的数据集成以及基于数据仓库的数据集成等。这些技术可以根据具体的需求和场景进行选择和应用，以实现多源数据的有效整合和利用。

三、数据分析在农业生产中的应用

（一）数据分析在农业生产中的重要性

1. 提升农业生产效率

数据分析技术的引入，使得农业生产能够基于大量实时、准确的数据进行决策，从而显著提高生产效率。例如，通过对土壤、气候等环境数据的分析，可以精确制定播种、施肥、灌溉等生产计划，避免资源的浪费和生产的盲目性。

2. 降低生产成本

通过数据分析，农业生产可以实现精细化管理，减少不必要的投入和损耗，从而降低生产成本。例如，利用数据分析技术对作物生长情况进行监测，可以及时发现生长异常并采取措施，避免因病虫害等问题导致的产量损失。

3. 推动农业产业转型升级

数据分析不仅可以帮助农业生产实现高效、精准的管理，还可以为农业产业的转型升级提供有力支持。通过对市场需求、消费者偏好等数据的分析，农业生产可以更加贴近市场需求，推动农产品结构的优化和升级。

4. 促进农业可持续发展

数据分析技术有助于实现农业生产的生态化和可持续化。通过对农业生产过程中的环境数据进行实时监测和分析，可以及时发现和解决环境污染、生态破坏等问题，推动农业生产与生态环境的和谐发展。

（二）产量预测模型与应用实例

1. 产量预测模型的构建

产量预测模型是运用数据分析技术进行农业生产管理的重要手段。模型的构建通常基于大量的历史数据，包括作物产量、气象条件、土壤状况等关键信息。通过运用统计学方法、机器学习算法等技术手段，可以对这些数据进行深入挖掘和分析，找出影响产量的关键因素和潜在规律，从而构建出准确的产量预测模型。

2. 应用实例：水稻产量预测

以水稻产量预测为例，通过收集多年的水稻产量数据、气象数据以及土壤数据等关键信息，并运用数据分析技术构建产量预测模型。该模型可以根据当前的气象条件和土壤状况，预测未来一段时间内的水稻产量趋势。这种预测结果可以帮助农民和农业企业合理安排生产计划，优化资源配置，确保水稻产量的稳定和增长。同时，这也有助于调整市场策略，应对市场需求的波动，实现收益的最大化。

（三）病虫害防治中的数据分析技术

1. 病虫害监测与数据采集

在病虫害防治中，数据分析技术的首要任务是进行病虫害的监测和数据采集。这包括实时监测作物的生长状况、病虫害发生情况等信息，以及收集病虫害发生的环境因素、气候条件等相关数据。这些数据是后续分析的基础，对于准确判断病虫害发生趋势和制定防治措施至关重要。

2. 病虫害发生规律分析

基于收集到的数据，可以利用数据分析技术对病虫害的发生规律进行深入挖掘和分析。通过统计学方法、机器学习算法等手段，可以发现病虫害与环境因素、气候条件之间的关联关系，揭示病虫害发生的潜在规律和影响因素。这有助于我们更好地理解病虫害的发生机理，为防治工作提供科学依据。

3. 病虫害防治策略制定

在了解病虫害发生规律的基础上，数据分析技术还可以为防治策略的制定提供有力支持。通过预测病虫害的发展趋势和可能造成的危害程度，可以制定出针对性的防治措施，包括选用合适的农药、调整施药时间和频率等。同时，数据分析还可以帮助评估不同防治策略的效果和成本效益，从而选择最优的防治方案。

四、数据安全与隐私保护问题

（一）数据安全与隐私保护的重要性

1. 保护个人隐私权

农业数据往往包含着农民的个人信息，如身份信息、土地信息、农作物种植情况等。这些数据一旦泄露，农民的个人隐私权将受到严重侵犯。在信息时代，个人隐私的重要性不言而喻，它关乎每个人的尊严和自由。因此，保护农业数据安全，就是保护农民的个人隐私权，是维护人格尊严的重要体现。

2. 维护农业产业安全

农业数据还涉及农业生产的关键技术信息，包括种子选育、施肥方法、病虫害防治等。这些信息对于农业生产具有重要意义，如果被不法分子获取并用于非法目的，将对农业产业造成巨大损失。因此，数据安全与隐私保护对于维护农业产业的安全稳定至关重要。

3. 保障国家经济安全

农业是国家经济的基础，农业数据的安全与隐私保护不仅关乎农民和农业产业的利益，更涉及国家的经济安全。如果农业数据被恶意利用或泄露给国外势力，可能会对国家经济安全造成潜在威胁。因此，从国家层面出发，也必须高度重视农业数据的安全与隐私保护。

（二）数据安全管理制度与技术防护体系

1. 建立严格的数据访问权限控制策略

为了防止未经授权的访问和数据泄露，必须建立严格的数据访问权限控制策略。这包括对用户进行身份验证和授权，确保只有经过授权的用户才能访问敏感数据。同时，应定期对权限进行审查和更新，以适应人员变动和业务需求的变化。

2. 采用加密技术对敏感数据进行加密处理

加密技术是保护数据安全的重要手段之一。对于涉及个人隐私和农业生产关键技术的敏感数据，应采用高强度的加密算法进行加密处理。这样即使数据在传输或存储过程中被截获，也无法被轻易解密和窃取。

3.建立数据备份和恢复机制以防止数据丢失

为了防止因硬件故障、自然灾害等原因导致的数据丢失，必须建立完善的数据备份和恢复机制。这包括对重要数据进行定期备份，并确保备份数据的完整性和可用性。同时，应制定详细的数据恢复计划，以便在发生数据丢失时能够迅速恢复数据。

（三）数据使用行为的监管与审计

1.实时监控和记录数据使用行为

为了确保数据的安全性和可追溯性，必须对数据采集、传输、存储和处理等各个环节进行实时监控和记录。这可以通过日志记录、网络监控等手段实现。通过实时监控和记录，可以及时发现并处理任何异常数据使用行为或潜在的安全风险。

2.对异常数据使用行为进行调查和处理

一旦发现异常数据使用行为或潜在的安全风险，应立即采取措施进行调查和处理。这包括对涉事人员进行询问、检查相关设备和系统日志等。如果确认存在违规行为或安全隐患，应及时采取措施进行整改和处罚，以防止类似事件再次发生。

（四）提高农民与从业者的数据安全意识

1.普及数据安全知识

通过定期举办培训和教育活动，向农民和农业从业者普及数据安全知识。这包括让他们了解数据安全的重要性、常见的数据安全威胁以及如何防范这些威胁等。通过普及知识，可以提高他们对数据安全的认知和理解。

2.教授基本的数据保护技能和方法

除了普及知识外，还应教授农民和农业从业者基本的数据保护技能和方法。这包括如何设置复杂的密码、如何使用加密技术保护敏感数据、如何识别和防范网络钓鱼攻击等。通过掌握这些技能和方法，他们可以更好地保护自己的数据安全。

3.引导农民和从业者养成良好的数据使用习惯

良好的数据使用习惯是保障数据安全的重要基础。应引导农民和从业者养成定期更新密码、不随意泄露个人信息、及时备份重要数据等良好的数据使用习惯。同时，还应鼓励他们积极举报任何可疑的数据使用行为或安全隐患，共同维护数据安全。

第五节　农业科技创新与数字化转型

一、农业科技创新的重要性

（一）提高农业生产效率

农业科技创新是推动现代农业发展的核心动力。通过引入先进的种植技术、养殖技术和管理手段，农业科技能够显著提高农作物的产量和品质，同时降低生产成本和资源浪费。例如，利用智能灌溉系统，可以根据土壤湿度和作物需求精确控制灌溉量，避免水资源的无效浪费。这种精准农业的实践，不仅提升了农业生产效率，还增强了农业生产的可持续性。

（二）保障粮食安全

粮食安全是国家安全的重要组成部分，而农业科技创新在保障粮食安全方面发挥着关键作用。通过培育抗病、抗虫、抗旱等优良性状的作物新品种，科技创新能够增强农作物抵御自然灾害的能力，从而稳定和提高粮食产量。此外，农业科技创新还可以改进粮食储存和加工技术，减少粮食损失，确保粮食供应的稳定性和安全性。

（三）促进农业可持续发展

面对日益严峻的环境问题，农业科技创新在推动农业可持续发展方面扮演着重要角色。通过研发和应用环保型农药、肥料以及节能型农业机械，科技创新有助于减少农业生产对环境的污染，保护生态环境。同时，农业科技创新还能够促进农业资源的循环利用，如秸秆还田、畜禽粪便资源化利用等，从而实现农业的绿色发展。

二、数字化转型对农业科技的影响

（一）提升农业信息化水平

数字化转型使得农业信息化水平得以显著提升。通过利用大数据、物联网、云计算等现代信息技术，农业生产过程中的各种数据得以实时采集、传输和分析。这使得农民和农业企业能够更加准确地掌握农田环境、作物生长状况以及市场需求等信息，从而做出更科学的决策。

（二）推动农业智能化发展

数字化转型为农业智能化发展提供了有力支撑。借助智能农机、无人机、智能传感器等设备，农业生产过程中的播种、施肥、灌溉、收割等环节可以实现自动化和智能化操作。这不仅大大提高了农业生产效率，还降低了劳动强度，释放了农业生产力。

（三）创新农业服务模式

数字化转型还推动了农业服务模式的创新。通过互联网平台和移动应用，农民可以随时随地获取农业技术指导、市场行情、政策法规等信息服务。同时，线上线下的农业社会化服务体系也逐渐完善，为农民提供了更加便捷、高效的服务体验。

三、国内外农业科技创新的案例

（一）国内农业科技创新案例

1.袁隆平杂交水稻技术的研发与推广

袁隆平团队研发的杂交水稻技术，是中国农业科技创新的杰出代表。该技术通过优选不同遗传背景的水稻品种进行杂交，培育出具有高产、优质、抗逆等特性的新品种。自 20 世纪 70 年代推广以来，杂交水稻在国内乃至全球范围内得到了广泛应用，显著提高了水稻产量，为保障国家粮食安全发挥了重要作用。同时，杂交水稻技术的成功研发也推动了我国农业科技的整体进步，为后续的农业科技创新奠定了坚实基础。

2.智能农业装备的研发与应用

近年来，随着信息技术的快速发展，智能农业装备逐渐成为国内农业科技创新的热点领域。众多科研机构和企业在智能农机、农业无人机、农业机器人等方面取得了重要突破。这些智能装备能够实现对农田环境的实时监测、精准施肥、自动播种与收割等功能，大大提高了农业生产效率。此外，智能农业装备的研发与应用还推动了农业与信息技术的深度融合，为农业现代化提供了有力支撑。

3.生物育种技术的创新与发展

生物育种技术是国内农业科技创新的又一重要领域。通过利用基因编辑、分子标记等生物技术手段，科研人员能够精准地改良作物性状，培育出具有高产、优质、抗逆、抗病等特性的新品种。这些新品种不仅能够满足市场需求，还能够有效应对气候变化、病虫害等不利因素，提高农业生产的稳定性和可持续性。生物育种技术的创新与发展为我国农业产业的转型升级提供了强大动力。

（二）国外农业科技创新案例

1.美国农业的精准化与智能化发展

美国在农业科技创新方面一直处于领先地位，其精准农业和智能农业的发展尤为引人注目。通过利用先进的生物技术、信息技术和机械装备技术，美国农业实现了从播种到收割全过程的精准化和智能化管理。例如，利用卫星遥感、无人机监测等技术手段，农场主能够实时掌握农田的生长情况，并根据数据分析结果进行精准施肥、灌溉等作业。这种精准化和智能化的农业管理方式不仅提高了农业生产效率，还降低了生产成本，使美国农业在全球市场上具有强大的竞争力。

2. 荷兰设施农业与温室技术的发展

荷兰作为世界著名的花卉和蔬菜出口国，其设施农业和温室技术的发展水平居世界前列。荷兰通过利用先进的温室技术、灌溉技术、病虫害防治技术等手段，实现了对花卉和蔬菜生产环境的精准控制，从而确保了产品的产量和质量。同时，荷兰还注重设施农业的可持续发展，通过循环利用水资源、减少化肥农药使用等措施降低生产过程中的环境污染。这些做法不仅使荷兰设施农业取得了显著的经济效益，还为全球设施农业的发展提供了有益借鉴。

3. 日本精细化农业管理与技术创新

日本作为一个土地资源相对紧缺的国家，其精细化农业管理和技术创新具有重要意义。日本通过推广小型化、多功能化的农业机械装备，实现了对有限土地资源的高效利用。同时，日本还注重农业生产的精细化管理，通过制定严格的生产标准和质量控制体系确保农产品的品质和安全。此外，日本在农业生物技术、信息技术等领域也取得了重要突破，为推动农业现代化提供了有力支持。这些举措不仅使日本农业实现了高效、可持续发展，还为其他土地资源紧缺的国家提供了宝贵经验。

第五章　数字化在乡村社会服务中的实践

第一节　乡村教育的数字化改革

一、乡村教育现状及数字化改革的必要性

（一）乡村教育现状

当前，我国乡村教育虽然取得了一定的进步，但仍然存在诸多挑战。教育资源分布不均，很多乡村地区的教育资源相对匮乏，师资力量薄弱，教学设施不完善。这些问题导致了乡村教育质量与城市相比存在一定的差距。因此，急需寻找新的方法和手段来提升乡村教育的质量和效率。

（二）数字化改革的必要性

数字化改革对于乡村教育来说，具有极其重要的意义。林丽在《数字化转型背景下高校外语教育课程思政体系建设研究》一书中指出，"数字化转型通过应用数字化技术，可以实现教学资源的优化配置和高效利用，满足学生的个性化学习需求，提升教育质量和效率。数字化转型通过构建数字化教育资源库和在线学习平台，实现了教学资源的共享和高效利用。学生们可以随时随地通过互联网访问这些资源，进行自主学习和探究。这不仅打破了时间和空间的限制，还为学生们提供了更加丰富多样的学习选

择。"①首先，数字化教育可以弥补城乡教育资源的不平衡，通过互联网技术将优质教育资源引入乡村学校，丰富教学内容和教学方式。其次，数字化教育可以提供更加灵活和多样化的教学方法，满足学生个性化学习的需求，提高学习效果和学习动力。最后，数字化教育可以实现教育信息的全面收集和统计，为教育决策提供科学依据，促进教育信息化管理和教育改革。

二、数字化技术在乡村教育中的应用

（一）在线教育

1. 打破地域限制，共享优质教育资源

在线教育作为一种新型的教育方式，其最大的优势在于能够打破地域限制，让乡村学生也能接触到城市甚至全球的优质教育资源。在过去，由于地理位置、经济条件等多种因素的限制，乡村学生往往难以获得与城市学生同等的教育机会和资源。然而，随着在线教育的兴起，这一问题得到了有效的缓解。通过互联网平台，乡村学生可以随时随地观看课程视频、参加在线讲座，与城市学生一起享受高质量的教育资源，从而缩小了城乡教育差距。

2. 提供个性化学习路径，满足多样化需求

在线教育不仅为乡村学生提供了更多的学习机会，还能够根据他们的个人兴趣和需求，提供个性化的学习路径。在传统的教育模式下，学生往往需要按照固定的课程安排和学习进度进行学习，这在一定程度上限制了学生的自主性和创造性。而在线教育则不同，它可以根据学生的学习情况、兴趣爱好等因素，智能推荐适合他们的课程和学习资源，从而满足学生的多样化需求。这种个性化的学习方式不仅能够激发学生的学习兴趣和动力，还能够提高他们的学习效果和成就感。

3. 增强师生互动，提升学习效果

在线教育还具有强大的互动性，能够有效增强师生之间的交流与互

---

① 林丽.数字化转型背景下高校外语教育课程思政体系建设研究[M].北京：新华出版社，2024：2.

动。在传统的教育模式下，师生之间的互动往往受到时间和空间的限制，难以做到及时有效的沟通。然而，在线教育通过在线聊天、论坛讨论、实时问答等功能，为师生提供了一个便捷的互动平台。学生可以随时向教师提问、分享学习心得，教师也可以及时给予回应和指导，从而帮助学生更好地理解和掌握所学知识。这种密切的师生互动不仅能够提升学生的学习效果，还能够增强他们的学习信心和归属感。

（二）智能教学

1.实现个性化教学，因材施教

智能教学系统通过利用大数据、人工智能等先进技术，能够对学生的学习情况进行全面深入的分析，从而为每个学生提供个性化的教学方案。这种教学方式充分考虑了学生的个体差异和学习需求，能够真正做到因材施教。对于乡村学生来说，由于他们所处的学习环境和家庭背景与城市学生存在较大的差异，因此更需要这种个性化的教学方式来帮助他们找到适合自己的学习方法和路径。智能教学系统的应用，无疑为乡村教育实现个性化教学提供了有力的支持。

2.提供实时反馈，助力学生及时调整学习策略

智能教学系统还具有实时反馈的功能，能够帮助学生及时了解自己的学习进度和效果。在学习过程中，学生可以通过系统提供的反馈数据，清晰地看到自己的学习成果和不足之处，从而及时调整学习策略和方法。这种实时反馈的机制不仅能够让学生更加明确自己的学习目标和方向，还能够激发他们的学习积极性和自主性。对于乡村学生来说，这种及时有效的反馈更是他们提升学习效果、增强学习信心的重要途径。

3.减轻教师负担，提高教学效率

智能教学系统的应用还能够有效减轻教师的负担，提高教学效率。在传统的教育模式下，教师需要花费大量的时间和精力进行备课、授课和批改作业等工作，这不仅增加了教师的工作压力，还限制了他们进行教学创新和研究的可能性。然而，智能教学系统的出现为这一问题提供了有效的解决方案。通过系统的自动化处理和智能分析功能，教师可以更加便捷地

进行课程管理、学生评估和教学资源整合等工作，从而节省了大量的时间和精力。

三、乡村教育数字化改革面临的挑战与可持续发展策略

（一）乡村教育数字化改革面临的挑战

1.资金投入与设备更新的压力

乡村教育数字化改革首先面临的是资金投入与设备更新的挑战。数字化教育需要依赖先进的硬件设备、软件系统和网络资源，而这些都需要大量的资金投入。然而，由于乡村地区的经济条件相对有限，很多学校难以承担起这一沉重的经济负担。设备的更新换代速度快，也意味着乡村学校需要不断投入资金来保持设备的先进性，这无疑给乡村教育数字化改革带来了巨大的压力。

2.师资队伍数字化素养的不足

除了资金投入外，乡村教育数字化改革还面临着师资队伍数字化素养不足的问题。数字化教学不仅要求教师具备传统的教学能力，还需要他们熟练掌握各种数字化教学工具和方法。然而，目前乡村地区的很多教师在这方面还存在明显的短板。他们对数字化教学工具的使用不够熟练，也缺乏利用数字化资源进行创新教学的能力。这在一定程度上制约了乡村教育数字化改革的深入推进。

3.网络安全风险的防范难题

随着乡村教育数字化程度的不断提高，网络安全问题也日益凸显。数字化教育涉及大量的学生个人信息、教学数据和重要资料，一旦遭受网络攻击或数据泄露，后果将不堪设想。然而，乡村地区在网络安全防范方面往往存在诸多薄弱环节，如缺乏专业的网络安全人才、安全防护措施不完善等。这使得乡村教育在享受数字化带来的便利的同时，也面临着巨大的网络安全风险。

（二）乡村教育数字化改革的可持续发展策略

1. 政府加大投入与支持力度

为了推动乡村教育数字化改革的可持续发展，政府应加大投入与支持力度。首先，政府可以通过设立专项资金、制定优惠政策等方式，为乡村学校提供更多的资金支持，帮助其更新设备、完善设施。其次，政府还可以引导社会资本进入乡村教育领域，鼓励企业和社会组织参与乡村教育的数字化改革，形成多元化的投入机制。此外，政府还应加强对乡村教育数字化改革的监督和评估，确保其真正落到实处、取得实效。

2. 加强师资队伍培训与建设

提高教师的数字化素养和教学能力是乡村教育数字化改革的关键所在。为此，应加强对乡村教师的培训和建设工作。一方面，可以定期组织教师参加数字化教学技能培训班或研讨会，让他们了解最新的数字化教学理念和方法，提高他们使用数字化教学工具的能力。另一方面，还可以建立激励机制，鼓励教师积极探索和创新数字化教学模式，形成一批具有示范引领作用的数字化教学骨干力量。

3. 构建完善的网络安全防护体系

针对网络安全问题，乡村教育应构建完善的网络安全防护体系。首先，应建立健全的网络安全管理制度和应急预案，明确各方责任和义务，确保在发生网络安全事件时能够及时响应和处理。其次，应加强网络安全基础设施建设，如部署防火墙、入侵检测系统等安全防护设备，提高网络系统的抗攻击能力。此外，还应定期开展网络安全演练和培训活动，提高师生的网络安全意识和防范能力。

4. 促进社会各界广泛参与与合作

乡村教育数字化改革的成功离不开社会各界的广泛参与与合作。因此，应积极搭建平台、拓宽渠道，鼓励和引导企业、社会组织、志愿者等各方力量参与到乡村教育的数字化改革中来。通过资源共享、优势互补的方式，形成推动乡村教育数字化改革的强大合力。同时，还应加强对外交流与合作，借鉴和吸收国内外先进的数字化教育经验和做法，为乡村教育数字化改革注入新的活力和动力。

第二节 医疗卫生服务的数字化提升

一、乡村医疗卫生服务现状

当前，我国乡村医疗卫生服务虽然得到了一定的改善，但仍然存在诸多不足。例如，乡村地区医疗资源相对匮乏、医疗设施落后、医务人员水平参差不齐，乡村居民难以享受高质量的医疗服务；医疗卫生服务体系尚不完善，预防保健、健康教育等方面的工作亟待加强；交通不便，居民就医成本高；信息不对称，居民对医疗信息的获取渠道有限，难以做出科学合理的就医选择。

二、数字化在医疗卫生服务中的应用

（一）远程医疗

1.打破地域限制

远程医疗作为数字化技术在医疗卫生服务中的杰出代表，其最大的价值在于打破了地域的限制。特别是在乡村地区，由于地理位置偏远、交通不便，乡村居民往往难以获得及时、高质量的医疗服务。而通过远程医疗技术，乡村患者无需长途跋涉，即可接受城市专家的远程诊断。这种模式极大地缓解了乡村地区医疗资源不足的问题，使得优质医疗资源得以更广泛的利用和共享。

通过远程视频会诊，乡村医生可以与城市医院的专家进行实时的交流和讨论，共同为患者制定最佳的治疗方案。这种合作方式不仅提升了乡村医生的医疗水平，也让乡村患者在家门口就能享受到高水平的医疗服务。

2. 提供及时有效的医疗帮助

偏远地区的患者往往需要等待较长时间才能得到专业的医疗服务，而远程医疗技术的引入，大大缩短了患者等待治疗的时间。医生可以通过远程诊断，及时对患者的病情进行判断，并给予初步的治疗建议。这种即时的医疗援助，对于急需救治的患者来说，无疑是生命的及时雨。

此外，远程医疗还为患者提供了便捷的咨询渠道。患者可以通过在线平台，随时向医生咨询病情、用药等问题，获得专业的指导和建议。

3. 降低医疗成本

传统的医疗服务模式需要患者亲自前往医院就医，不仅增加了患者的交通费用和时间成本，还可能因路途遥远而延误病情。而远程医疗技术的运用，使患者可以在家中就能得到专业的医疗服务，大大降低了医疗成本。

同时，远程医疗还提高了医疗效率。通过数字化的信息传输和处理技术，医生可以更加便捷地获取患者的病历资料和检查结果，从而更快地做出诊断，既减轻了医生的工作负担，也提高了患者的治疗效果和生活质量。

（二）电子病历

1. 实现病历信息的可追溯与共享

电子病历作为数字化医疗的核心组成部分，其最大的优势在于实现了病历信息的可追溯与共享。在传统的纸质病历时代，患者的病历资料往往分散在各个医院和科室，难以统一管理和查询。而电子病历则将所有与患者病情相关的信息整合在一起，形成了一个完整、连续的健康记录。

通过电子病历系统，医生可以轻松地查看患者的历史就诊记录、检查结果、用药情况等信息，从而更好地了解患者的病情演变和治疗过程。这种信息的可追溯性不仅有助于医生做出更准确的诊断，还能避免重复检查和用药错误等风险。

同时，电子病历的共享功能也大大提高了医疗服务的协同性。不同科室、不同医院的医生可以通过电子病历系统共享患者的信息，共同为患者提供全方位的医疗服务。这种跨机构、跨地域的合作模式，无疑提升了整个医疗体系的运行效率和服务质量。

2. 提高医生工作效率，降低医疗差错

电子病历的引入还大大提高了医生的工作效率。在传统的纸质病历时代，医生需要花费大量的时间和精力去整理、查找和更新患者的病历资料。而电子病历则通过自动化的数据处理和检索功能，让医生能够更快速地获取所需信息，从而节省了大量的时间成本。

此外，电子病历还能有效降低医疗差错的发生率。通过数字化的信息录入和审核机制，电子病历确保了数据的准确性和完整性。同时，系统内置的提醒和报警功能也能及时提醒医生注意潜在的风险和问题，从而避免了因人为失误而导致的医疗事故。

3. 为乡村医疗卫生服务提供数据支持

乡村地区医疗资源匮乏，患者的病历资料难以得到妥善管理，而电子病历能为乡村医疗卫生服务提供数据支持。

通过电子病历系统，乡村医生可以便捷地记录、查询和分析患者的病例数据，从而了解其健康状况和疾病谱系。这些数据为乡村医生提供了科学的决策依据，为政府部门的公共卫生管理提供了数据支撑，推动了乡村医疗卫生服务的持续改进，也提升了乡村居民的健康水平和生活质量。

三、数字化提升乡村医疗卫生服务水平的路径

（一）加强基础设施建设

1. 完善乡村医疗机构的网络设备

为了提升乡村医疗卫生服务水平，首要任务是加强基础设施建设，尤其是网络设备的完善。乡村医疗机构应配备稳定、高速的网络连接，以确保数字化医疗服务的顺畅进行，包括有线网络和无线网络，以保障远程医疗、电子病历等数字化应用的稳定运行。

2. 购置先进的医疗设备

除了网络设备外，乡村医疗机构还应积极引进先进的医疗设备。这些

设备不仅限于诊断设备，如超声、X光机等，还应包括用于监测、治疗等各方面的先进设备。先进的医疗设备能够提高诊断的准确性，为乡村居民提供专业、高效的医疗服务。同时，这些设备还能与数字化系统相结合，实现数据的自动采集和分析，进一步提升医疗服务的智能化水平。

3. 建设远程医疗平台

在加强基础设施建设的过程中，建设远程医疗平台是至关重要的一环。远程医疗平台能够打破地域限制，让乡村居民在家门口就能享受到城市优质医疗资源的服务。通过这一平台，乡村医生可以与城市医院的专家进行远程会诊，共同为患者制定治疗方案。同时，平台还可以提供远程教育和培训功能，帮助乡村医生提升医疗水平。建设远程医疗平台需要投入相应的技术和资金，但长远来看，这将极大提升乡村医疗卫生服务的能力。

（二）推广数字化医疗应用

1. 鼓励使用电子病历

在乡村医疗卫生服务中，应大力推广电子病历的使用。电子病历不仅能够实现病历信息的可追溯和共享，还能提高医生的工作效率，减少病历丢失和损坏的风险。通过电子病历系统，医生可以更加便捷地查看患者的历史就诊记录和检查结果，从而做出更准确的诊断。同时，电子病历的推广还能促进医疗机构之间的信息共享和协作，提升整个医疗体系的运行效率。

2. 普及远程医疗技术

除了电子病历外，还应普及远程医疗技术。远程医疗能够让患者在家门口就能接受专业的医疗服务，避免了长途奔波和等待时间。通过远程视频会诊、远程诊断等方式，乡村医生可以与城市专家进行实时交流，共同为患者提供治疗方案。这种技术的推广不仅能够缓解乡村地区医疗资源不足的问题，还能提高医疗服务的可及性和质量。

3. 加强乡村医务人员培训

为了保障数字化医疗应用的顺利推广，应加强对乡村医务人员的培训。

培训内容包括数字化医疗的基本理念、操作技能以及相关的法律法规等。通过培训，提高乡村医务人员的数字化素养和操作技能，使他们能够更好地运用数字化医疗技术为患者提供服务。同时，培训还能增强乡村医务人员对数字化医疗的信任度和接受度，推动数字化医疗在乡村地区的广泛应用。

（三）构建区域医疗卫生信息平台

1.整合医疗信息资源

构建区域医疗卫生信息平台的首要任务是整合各类医疗信息资源。这包括患者的基本信息、就诊记录、检查结果等各类数据。通过整合这些信息资源，可以建立一个全面、准确的医疗数据库，为医疗机构之间的信息交流与合作提供便利。同时，整合后的信息资源还能为政府决策提供科学依据，推动乡村医疗卫生事业的持续发展。

2.建立统一、高效的信息共享平台

在整合医疗信息资源的基础上，应建立一个统一、高效，具备强大的数据处理能力的信息共享平台，实时更新和共享各类医疗信息。医疗机构之间高效协作，为患者提供更加便捷、高效的医疗服务。

3.促进区域医疗卫生事业的发展

构建区域医疗卫生信息平台不仅有助于提升乡村医疗卫生服务水平，还能促进区域医疗卫生事业的发展。通过信息平台的数据分析和挖掘功能，可以发现区域内医疗卫生服务的需求和短板，为政府决策提供科学依据。同时，信息平台还能促进医疗机构之间的合作与交流，推动医疗技术的创新和进步。长远来看，这将有助于实现乡村医疗卫生服务的均衡发展和全面提升。

四、隐私保护与数据安全在数字化医疗中的重要性

（一）隐私保护的必要性

1.维护患者尊严与权益

在数字化医疗环境中，患者的个人信息和病历资料等隐私数据被高度

集中和共享。这些隐私数据不仅涉及患者的身体健康状况，还可能包含患者的家庭情况、社会背景等敏感信息。一旦这些信息被泄露或被不当使用，患者的尊严将受到极大侵犯，甚至可能面临歧视、诈骗等风险。因此，加强隐私保护是维护患者尊严和合法权益的必要举措。

2. 促进医患信任与沟通

隐私保护对于维护医患关系同样至关重要。在医疗服务过程中，患者需要向医生提供大量的个人信息和病史资料，以便医生做出准确的诊断和治疗。如果患者担心自己的隐私信息被泄露，可能会对医生隐瞒重要信息或拒绝配合治疗，从而影响治疗效果。通过加强隐私保护，可以消除患者的顾虑，促进医患之间的信任与沟通，为医疗服务提供良好的基础。

3. 遵守法律法规要求

随着数字化医疗的快速发展，各国政府都加强了对患者隐私保护的法律法规建设。医疗机构和医务人员必须严格遵守相关法律法规，确保患者隐私数据的安全与合规性。否则，一旦触犯法律，不仅将面临法律制裁，还可能给医疗机构带来声誉损失和经济赔偿。因此，加强隐私保护也是医疗机构履行法律责任、规避法律风险的必然要求。

（二）数据安全的重要性

1. 保障医疗活动正常进行

在数字化医疗环境中，医疗数据是医疗服务的基础。从诊断、治疗到康复，每一个环节都需要准确、完整的医疗数据支持。如果数据遭到篡改、破坏或丢失，将直接影响医疗活动的正常进行，甚至可能导致误诊、误治等严重后果。因此，确保数据安全对于保障医疗活动的连续性和稳定性具有重要意义。

2. 防止医疗事故与纠纷

数据安全问题还可能引发医疗事故和纠纷。例如，如果患者的病历资料被非法获取并用于不正当目的，可能导致患者遭受伤害；如果医疗设备的数据被恶意篡改，可能导致设备故障或治疗失误。这些事故和纠纷不仅会给患者带来巨大痛苦，还可能给医疗机构带来沉重的经济负担和声誉损失。通过加强数据安全防护，可以有效降低这类事故和纠纷的发生风险。

3. 促进医疗科研与创新

数字化医疗为医疗科研和创新提供了丰富的数据资源。然而，如果这些数据的安全性无法得到保障，科研人员将难以放心地使用这些数据进行研究。加强数据安全保护，可以确保科研数据的真实性和完整性，为医疗科研和创新提供有力支持。同时，安全的数据环境还可以吸引更多的科研机构和人才参与到数字化医疗的研究中来，推动整个行业的持续发展。

（三）隐私保护与数据安全的措施

1. 建立健全管理制度与规范

为了加强隐私保护与数据安全，医疗机构应首先建立健全相关管理制度和规范。这包括明确隐私保护和数据安全的责任主体、制定详细的操作流程和标准、建立数据分类分级保护机制等。通过制度化的管理，可以确保各项隐私保护和数据安全措施得到有效执行，为数字化医疗提供坚实的制度保障。

2. 采用先进技术手段进行防护

除了制度层面的保障外，医疗机构还应积极采用先进的技术手段进行隐私保护和数据安全防护。例如，可以利用加密算法对患者隐私数据进行加密处理，确保数据在传输和存储过程中的机密性；采用身份认证和访问控制机制，防止未经授权的人员访问敏感数据；运用数据备份和恢复技术，确保在数据丢失或损坏时能够及时恢复等。这些技术手段的应用可以大大提高隐私保护和数据安全的防护能力。

3. 加强人员培训与教育

医务人员是数字化医疗的直接参与者，他们的隐私保护意识和数据安全技能对于保障整个系统的安全至关重要。因此，医疗机构应加强对医务人员的培训和教育，提高他们的隐私保护意识和数据安全技能。通过定期的培训课程、实战演练等方式，使医务人员能够熟练掌握隐私保护和数据安全的基本知识和操作技能，为数字化医疗的安全运行提供有力的人力保障。

4.定期开展检查与评估工作

为了确保隐私保护和数据安全措施的有效实施，医疗机构还应定期开展相关的检查与评估工作。这包括对各项管理制度的执行情况进行检查、对技术手段的防护效果进行评估、对医务人员的操作技能进行考核等。通过检查与评估，可以及时发现并整改潜在的安全隐患，不断完善和优化隐私保护和数据安全的防护体系。

第三节　社会保障体系的数字化管理

一、乡村社会保障体系概述

乡村社会保障体系是我国社会保障制度的重要组成部分，旨在保障乡村居民的基本生活权益，维护社会稳定和促进社会公平。随着我国经济社会的快速发展和城乡一体化进程的推进，乡村社会保障体系不断完善，涵盖了养老保险、医疗保险、失业保险、工伤保险以及社会救助等多个方面。然而，传统的社会保障管理方式已难以适应乡村社会保障体系日益复杂和多样化的需求，数字化管理因此应运而生，成为提升乡村社会保障管理效率和服务水平的重要手段。

二、数字化管理在社会保障中的应用

（一）社保信息系统

1.社保信息系统的构建

社保信息系统是数字化管理在社会保障中的核心应用，它集成了信息技术、数据管理和服务流程，为社会保障工作提供了一个高效、便捷的平台。乡村地区社保信息系统能够提升社会保障的管理水平，使乡村居民享受到与城市居民同等的社会保障服务。通过社保信息系统，政府部门可以实时掌握乡村居民的社会保障情况，为政策的制定和调整提供数据支持。

2.社保信息系统的功能

社保信息系统具备多种功能，首先是数据收集与存储功能，系统能够全面收集并安全存储乡村居民的社会保障相关信息，如个人基本情况、缴费记录、待遇享受情况等。这些数据是社会保障管理的基础，也是后续服务提供和决策分析的依据。其次是信息查询与服务功能，乡村居民可以通过社保信息系统便捷地查询自己的社会保障信息，了解缴费情况、待遇享受标准等，同时系统还能提供在线咨询、业务办理等服务，极大提升了社会保障服务的便捷性。最后是数据分析与决策支持功能，社保信息系统能够对收集到的数据进行深入分析，发现数据背后的规律和趋势，为政府部门的社会保障决策提供科学依据。

总之，乡村社会保障服务的普及应用，使乡村居民能够更加快捷地享受到社会保障服务。社保信息系统还为政府部门提供了一个与乡村居民直接沟通的渠道，增强了政府与民众之间的互动和信任。

（二）智能养老金发放

1.智能养老金发放的背景与需求

随着我国人口老龄化的加剧，养老金的发放和管理成为社会保障领域的重要任务。乡村地区地域广阔、人口分散，传统的养老金发放方式效率低下、成本高昂，而智能养老金发放系统结合了生物识别、大数据分析等先进技术，能够精准、及时地发放养老金，有效保障了乡村老年人的生活权益。

2.智能养老金发放系统的运作机制

智能养老金发放系统通过生物识别技术，如人脸识别、指纹识别等，对乡村老年人进行身份认证，确保养老金的准确发放。同时，系统还能对老年人的生活需求和消费习惯进行分析，为个性化服务提供依据。在养老金发放过程中，系统能够实时监控资金流向，及时发现并处理异常情况，确保养老金的安全发放。智能养老金发放系统还能与社保信息系统等其他相关系统进行数据交换，实现信息的互联互通和业务的协同办理。

概括而言，智能养老金发放系统提高了养老金发放的准确性和时效性，能够为乡村老年人提供更加个性化的服务，也推动了乡村社会保障的数字化进程，提升了乡村居民对社会保障制度的信任度。

三、数字化管理提高社会保障效率与准确性的方式

（一）优化业务流程

1. 业务流程简化的重要性

在社会保障领域，业务流程的简化对于提高效率至关重要。传统的业务流程往往烦琐复杂，涉及多个部门、多个环节，导致业务办理时间长、效率低下。这不仅给工作人员带来了沉重的工作负担，也给乡村居民带来了诸多不便。因此，通过数字化管理优化业务流程，减少不必要的环节和手续，成为提高社会保障效率的关键举措。

2. 数字化管理在业务流程简化中的应用

数字化管理通过引入先进的技术手段，如信息管理系统、自动化办公工具等，实现了业务流程的电子化和自动化。这使得原本需要人工处理的环节得以简化或替代，大大提高了业务处理速度。例如，通过在线申请和审批系统，乡村居民可以远程提交社会保障相关申请，而无需亲自前往办事机构；系统自动核验信息、初步审批，减少了人工审核的时间和成本。

3. 业务流程简化带来的效率提升

通过数字化管理优化业务流程后，社会保障机构能够更高效地处理各项业务。这不仅缩短了业务办理周期，提高了办事效率，还提升了服务质量。乡村居民能够更快速地获得所需的社会保障服务，如养老金发放、医疗费用结算等，从而增强了他们对社会保障体系的信任和满意度。

（二）强化数据共享与协同

1. 数据共享与协同的意义

在乡村社会保障体系中，数据共享与协同对于确保信息的准确性和一

致性至关重要。由于社会保障业务涉及多个部门和机构，传统的信息管理模式往往导致数据分散、重复采集以及更新不及时等问题。这不仅浪费了资源，还可能引发数据错误和不一致的风险。因此，强化数据共享与协同成为数字化管理提高社会保障准确性的关键环节。

2.数字化管理在数据共享与协同中的实践

通过数字化管理手段，如建立统一的数据交换平台、制定数据共享标准等，社会保障机构能够实现跨部门、跨机构的数据实时共享和交换。这使得各个系统之间的数据得以整合和对接，确保了数据的准确性和一致性。同时，数字化管理还推动了信息资源的开放和利用，为政府部门、企业和社会公众提供了更加便捷的数据服务。

3.数据共享与协同带来的准确性提升

强化数据共享与协同后，社会保障机构能够更准确地掌握乡村居民的社会保障信息。这有助于及时发现并纠正数据错误和不一致问题，提高了社会保障服务的精准度和可靠性。同时，准确的数据还为政府部门制定和调整社会保障政策提供了有力支持，确保了政策的针对性和有效性。

（三）引入智能决策支持

1.智能决策支持的作用

在社会保障领域，智能决策支持系统的引入对于提高决策的科学性和前瞻性具有重要意义。传统的决策方式往往基于有限的数据和经验判断，难以全面把握复杂多变的社会保障形势。而智能决策支持系统则能够借助大数据分析和人工智能技术，对海量数据进行深入挖掘和分析，为决策者提供更加全面、客观的决策依据。

2.数字化管理在智能决策支持中的应用

通过数字化管理手段，社会保障机构能够收集和整合各类相关数据资源，包括历史数据、实时数据以及外部数据等。这些数据经过智能决策支持系统的处理和分析后，能够揭示出社会保障领域的发展趋势、风险点以及优化方向等关键信息。决策者可以根据这些信息制定更加科学合理的政策和措施，提高社会保障体系的整体效能。

3.智能决策支持带来的决策质量提升

引入智能决策支持系统后，社会保障机构的决策质量得到了显著提升。这不仅体现在决策的科学性和前瞻性上，还体现在决策的针对性和实效性上。通过智能决策支持系统的辅助，决策者能够更加精准地把握乡村居民的社会保障需求和服务期望，从而制定出更加符合实际、更具可操作性的政策和措施。这将有助于推动乡村社会保障体系的持续发展和优化升级。

四、面向未来，数字化社会保障体系的发展趋势

（一）移动化与便捷化

随着移动互联网的普及和智能终端设备的发展，未来数字化社会保障体系将更加移动化和便捷化。乡村居民将能够通过手机、平板等便携设备随时随地查询和办理社会保障业务，享受更加便捷高效的服务体验。

（二）智能化与个性化

人工智能技术的快速发展将为数字化社会保障体系带来更加智能化和个性化的服务。通过智能分析和学习用户的行为习惯和需求偏好，可以为用户提供更加精准和个性化的服务推荐和解决方案。同时，智能化技术还能帮助管理部门优化资源配置和提高服务效率，实现社会保障体系的可持续发展。

（三）跨界融合与创新发展

未来数字化社会保障体系还将呈现出跨界融合与创新发展的趋势。社会保障将与金融、医疗、教育等领域进行深度融合和创新发展，形成更加完善的社会服务体系。例如，通过社会保障卡与金融卡的融合应用，可以实现社会保障待遇的直接支付和金融服务功能的拓展；通过社会保障数据与医疗数据的共享应用，可以实现精准医疗和健康管理等创新服务。这些跨界融合与创新发展将为乡村居民提供更加全面、便捷和高效的社会保障服务。

第四节 公共安全与应急管理的数字化

一、乡村公共安全与应急管理的现状

随着城乡发展的不平衡，乡村公共安全与应急管理问题逐渐凸显。相较于城市，乡村地区在公共安全设施建设、应急资源配置以及管理能力等方面存在明显差距。目前，乡村公共安全与应急管理的现状主要表现在以下几个方面：

（一）基础设施建设滞后

乡村公共安全与应急管理的首要问题便是基础设施建设滞后。与城市相比，乡村地区在公共安全设施方面投入的资金和资源相对有限，这导致了许多关键设施的建设和维护无法达到应有的标准。例如，乡村地区的消防设施普遍缺乏，许多地方甚至没有基本的消防设备和专业的消防队伍，一旦发生火灾等紧急情况，后果往往不堪设想。

除了消防设施，应急避难场所的建设也是乡村地区的一大短板。在地震、洪水等自然灾害发生时，应急避难场所能够为居民提供临时的安全庇护，然而，乡村地区往往缺乏这样的场所，或者场所的设施条件极为简陋，无法满足大量人员的避难需求。这不仅增加了灾害发生时的人员伤亡风险，也影响了灾后的救援和重建工作。

针对这一问题，乡村地区需要加大公共安全基础设施的投入力度，提高设施的建设和维护水平。政府应发挥主导作用，通过财政拨款、社会筹资等多种方式筹集资金，推动乡村公共安全设施的全面升级。同时，还应加强设施的日常管理和维护，确保其能够在关键时刻发挥应有的作用。

（二）应急管理体系不完善

乡村地区在应急管理体系建设方面同样存在明显不足。一个完善的应急管理体系应包括预案制定、应急演练、资源调配、信息发布等多个环节，然而在乡村地区，这些环节往往没有得到充分的重视和落实。

首先，应急预案的制定不够科学和规范。许多乡村地区的应急预案过于简单笼统，缺乏针对性和可操作性，无法在紧急情况下提供有效的指导。此外，预案的更新和修订工作也往往滞后于实际情况的变化，导致预案与实际脱节。

其次，应急演练的不足也是乡村应急管理体系的一大问题。定期的应急演练能够帮助居民熟悉应急预案和逃生路线，提高应对突发事件的能力，但是乡村地区的应急演练往往流于形式或者干脆被忽视。

为了完善乡村应急管理体系，政府和相关部门应加强预案的制定和修订工作，确保预案的科学性和实用性。同时，加大应急演练的力度，定期组织居民进行实战化的演练活动，提高大家的应急意识和自救互救能力。

（三）信息传递不畅

在乡村公共安全与应急管理中，信息传递的畅通与否直接关系到应急决策的效率和救援工作的成败。然而，目前乡村地区的信息传递渠道有限且受多种因素制约，导致信息传递不畅成为一个突出问题。

一方面，乡村地区的信息基础设施相对薄弱，电信网络、广播电视等传播渠道的覆盖范围有限，且容易受到自然灾害等突发事件的影响而中断。这导致了在紧急情况下，政府部门和救援机构难以及时获取准确的信息，影响了应急决策的制定和实施。

另一方面，乡村居民的信息素养相对较低，对于如何有效传递和接收信息缺乏必要的认识和技能。在紧急情况下，他们可能无法迅速准确地通过现有渠道传递求助信息或者接收救援指令，从而延误了救援时机。

为了解决这一问题，乡村地区需要加强信息基础设施的建设和维护工作，提高信息传播渠道的覆盖范围和抗干扰能力。同时，还应加强居民的信息素养教育，提高他们传递和接收信息的能力。此外，政府还可以利用现代科技手段如无人机、卫星通信等提升信息传递的效率和准确性。

（四）居民安全意识薄弱

乡村居民安全意识的薄弱是乡村公共安全与应急管理面临的又一挑战。由于长期以来形成的生产生活方式和思想观念的影响，许多乡村居民对于公共安全的认识和自我保护意识相对较低。他们可能缺乏必要的应急知识和技能，不知道如何在紧急情况下保护自己和他人的安全，也可能对潜在的安全隐患视而不见或者抱有侥幸心理，从而增加了应对突发事件的难度。

为了提高乡村居民的安全意识，政府和社会各界需要共同努力。政府可以通过开展安全教育活动、制作和发放安全教育材料等方式普及公共安全知识；学校则可以将安全教育纳入课程体系，从小培养学生的安全意识和自救互救能力。此外，媒体和社交平台也可以发挥重要作用，通过报道典型案例、传播安全常识等方式提高公众对公共安全的关注度和认识水平。同时，还应支持乡村居民自发组织的安全宣传和互助活动，形成全社会共同参与的良好氛围。

二、数字化技术在公共安全与应急管理中的应用

数字化技术的快速发展为公共安全与应急管理提供了新的解决路径。以下是几种常见的数字化技术在公共安全与应急管理中的应用：

（一）智能监控技术

智能监控技术在公共安全与应急管理中发挥着至关重要的作用。随着科技的不断进步，高清摄像头、红外传感器、烟雾探测器等智能监控设备已经被广泛应用于乡村地区的公共安全监控中。

这些设备通过实时捕捉和传输图像、声音和其他环境参数，为管理人员提供了对乡村各个角落的全方位、无死角的监控能力。一旦监控系统检测到异常情况，如火灾、入侵或其他可疑活动，它会立即触发警报系统，

通知相关人员采取紧急措施。这种即时的警报机制大大缩短了应急响应时间，有效减轻了潜在危害的程度。

除了实时监控和警报功能外，智能监控技术还具备强大的数据分析和存储能力。通过对监控数据的深入分析，管理人员可以识别出潜在的安全隐患，及时采取预防措施，避免事故的发生。同时，监控数据的存储也为后续的事故调查和责任追究提供了有力的证据支持。

在乡村公共安全与应急管理中，智能监控技术的应用不仅提高了管理部门对突发事件的快速响应能力，还加强了乡村地区的安全防范水平，为乡村居民提供了一个更加安全、和谐的生活环境。

（二）大数据分析技术

大数据分析技术在公共安全与应急管理中具有举足轻重的作用。在数字化时代，数据已经成为一种宝贵的资源，而大数据分析技术则能够对这些数据进行深度挖掘，为公共安全与应急管理提供有力支持。

在乡村地区，大数据分析技术主要应用于两个方面。一是分析历史数据，挖掘潜在的公共安全风险点。例如，分析过去几年火灾、水灾等突发事件的数据，发现哪些地区、哪些时间段更容易发生事故，从而提前采取预防措施。二是预测突发事件的发展趋势。在突发事件发生时，通过对实时数据的分析，可以预测事件的可能走向和影响范围，为应急决策提供依据。

大数据分析技术的应用，不仅提高了公共安全与应急管理的科学性和精准性，还降低了决策的风险和成本。然而，要想充分发挥大数据分析技术的作用，还需要加强数据收集、存储和处理的能力，以及提高分析人员的专业素养和技能水平。

（三）云计算平台

云计算平台在公共安全与应急管理中的应用日益广泛，其强大的计算和存储能力为应急响应和决策提供了重要支持。在乡村地区，云计算平台的应用主要体现在以下几个方面：

1. 快速存储、处理海量数据

在应对突发事件时，大量的数据需要被及时收集、整理和分析。云计算平台提供了弹性的计算和存储资源，能够根据需要动态扩展，确保数据的及时处理和有效利用。

2. 促进信息共享

不同部门和机构可以通过云平台实时交换信息、共享资源，提高应急响应的效率。这种跨部门的协同工作有助于形成统一的指挥调度体系，确保各项应急措施的有效实施。

3. 提供数据分析和可视化工具

数据分析和可视化工具可以帮助决策者更好地理解数据、发现规律，并制定更为科学的应对策略，显著提升公共安全与应急管理水平。

（四）移动应用技术

移动应用技术在公共安全与应急管理中的应用正逐渐成为不可或缺的一部分。借助手机等移动设备，人们可以随时随地获取公共安全信息，学习应急知识，并及时报告异常情况，这在乡村地区尤为重要。

移动应用为乡村居民提供了一个便捷的渠道来获取最新的公共安全信息。通过推送通知、实时更新等功能，居民可以及时了解天气预警、交通状况、疫情动态等重要信息，从而做出相应的防范和应对措施。

移动应用提供了丰富的应急知识库和在线培训资源。乡村居民可以通过手机随时学习火灾逃生、急救技能等关键知识，提高自身在紧急情况下的自救互救能力。这种便捷的学习方式有助于提升整个乡村地区的应急意识和能力。

移动应用具备实时定位和报告功能。在突发事件发生时，居民可以通过手机应用迅速报告异常情况，提供准确的地理位置和现场情况描述。这些信息对于应急管理部门来说至关重要，有助于他们及时做出响应和调配资源。

三、数字化提升乡村公共安全与应急管理能力的案例

（一）建设智能监控系统，实现全方位安全保障

在数字化技术日益发展的今天，智能监控系统已成为提升乡村公共安全与应急管理能力的重要手段。以某乡村为例，当地政府通过积极引入智能监控系统，显著增强了乡村的安全防范能力。

1. 智能监控系统的安装与布局

为了实现全方位的安全监控，该乡村在主要道路、学校、集市以及易发生安全事故的重点区域安装了高清摄像头。这些摄像头不仅具备高清拍摄功能，还支持夜视和动态检测，从而确保了 24 小时无死角监控。通过合理的布局，监控系统能够覆盖到乡村的各个角落，为公共安全提供有力的技术支撑。

2. 实时监测与预警

除了视频监控外，该系统还集成了多种传感器技术，用于对地质灾害、气象灾害等进行实时监测。例如，在地质灾害易发区，安装了土壤湿度、山体位移等传感器，一旦监测到异常情况，系统会立即触发预警机制。同时，气象监测设备也能实时提供风力、风向、雨量等数据，帮助相关部门及时做出应对。

3. 预警信息的发布与传播

当智能监控系统检测到潜在的安全风险时，会立即通过广播、短信、APP 推送等方式向村民发布预警信息。这种快速、准确的信息传播机制，确保了村民在第一时间获取到安全信息，从而采取相应的防护措施。

通过建设智能监控系统，该乡村不仅提高了安全防范的效率和准确性，还降低了安全事故的发生概率。这一措施的实施，为乡村公共安全与应急管理能力的提升奠定了坚实基础。

（二）构建大数据分析平台，提升预警与决策能力

在数字化时代，大数据分析技术为公共安全与应急管理提供了全新的视角和手段。该乡村通过构建大数据分析平台，进一步提升了预警与决策

能力。

1. 数据资源的整合与共享

为了充分利用大数据技术的优势，该乡村首先整合了公安、消防、卫生等多个部门的数据资源。通过打破数据壁垒，实现信息的互通与共享，为后续的深度挖掘和分析提供了丰富的数据源。

2. 深度挖掘与分析

基于整合后的数据资源，大数据分析平台运用先进的算法和模型对数据进行深度挖掘。例如，通过对历史火灾数据的分析，可以预测火灾发生的热点区域和时段；通过对交通事故数据的挖掘，可以识别出高风险的交通路段和驾驶行为。这些分析结果为政府部门的预警和决策提供了科学依据。

3. 风险预测与提前防范

通过大数据分析，政府可以更加准确地预测各类突发事件的风险点，从而提前进行防范。例如，在火灾高风险区域加强巡查和宣传，提高居民的防火意识；在交通事故多发路段增设交通标识和监控设备，降低事故发生的概率。

大数据分析平台的构建，使该乡村在公共安全与应急管理领域实现了从传统经验决策向数据驱动决策的转变。这不仅提高了预警的准确性，还为政府部门制定更加科学合理的应急预案提供了有力支持。

（三）推广移动应用，提高居民应急意识和自救能力

在数字化技术的推动下，移动应用成为提升乡村公共安全与应急管理能力的新途径。该乡村通过开发并推广应急管理 APP，有效提高了居民的应急意识和自救能力。

1. 应急管理 APP 的功能与设计

该乡村开发的应急管理 APP 具备多种实用功能，如一键报警、安全知识普及、应急演练预约等。通过这些功能，居民可以随时随地了解乡村的安全动态，学习相关的安全知识，提高自身的防范意识和自救能力。同时，APP 还提供了紧急情况下的求助和报警功能，确保居民在遇到危险时能够及时获得帮助。

2. 居民应急意识的提升

通过 APP 的普及和推广，越来越多的居民开始关注和重视公共安全问题。他们不仅通过 APP 学习安全知识，还积极参与应急演练活动，提高了自身的应急意识和自救能力。这种全民参与的氛围为乡村的公共安全与应急管理工作带来了极大的便利。

3. 政府部门与居民的互动与合作

应急管理 APP 还成为政府部门与居民之间互动与合作的重要桥梁。政府部门通过 APP 发布安全预警、宣传安全知识，同时收集居民的反馈和建议，不断完善和优化应急管理工作。这种双向互动的机制使得公共安全与应急管理工作更加贴近实际、更加高效。

通过推广移动应用，该乡村成功地将数字化技术融入公共安全与应急管理的各个环节，提高了居民的应急意识和自救能力，也为政府部门的工作带来了新的思路和方法。这一措施的实施，无疑为该乡村的公共安全与应急管理能力提升注入了新的活力。

第五节　社会服务的整合与优化

一、乡村社会服务碎片化问题的深入剖析

（一）服务资源分散

乡村社会服务资源分散的问题，其根源在于历史遗留的城乡二元结构、地理环境限制以及资源配置机制的不完善。长期以来，城乡发展不平衡，乡村地区的基础设施建设、人才队伍建设相对滞后，导致教育、医疗、文化等关键服务资源难以有效集中。此外，乡村地理环境的复杂性，

如山区、偏远地区的交通不便，进一步加剧了资源分散的状况。

这种分散性带来的直接影响是服务效能低下。居民在寻求服务时，往往面临距离远、成本高、时间长等问题，降低了服务的可及性和满意度。同时，服务资源的分散还限制了资源的优化配置和高效利用，无法形成规模效应，影响了服务质量和效率的提升。

针对这一问题，应对策略主要包括：一是加强基础设施建设，特别是交通、信息网络的建设，提高服务资源的可达性；二是优化资源配置机制，通过政策引导和市场机制，鼓励资源向乡村地区流动；三是推动区域合作与协同发展，建立跨区域的资源共享平台，实现资源的有效整合和高效利用。

（二）服务内容不完整

乡村社会服务内容的不完整性，主要源于经济发展水平、教育水平、文化差异等多重因素的制约。相比城市，乡村地区在经济发展上相对滞后，导致财政投入有限，难以支撑多元化、高质量的服务供给。同时，教育水平的落后限制了居民对服务需求的认知和表达，使得服务内容难以精准匹配居民的实际需求。文化差异则导致服务内容的本土化、特色化不足，难以满足居民的文化认同感和归属感。

服务内容的不完整，不仅影响了居民的生活质量，还制约了乡村社会的全面发展。一方面，缺乏多样化的服务内容，限制了居民的全面发展机会，降低了乡村社会的吸引力和竞争力；另一方面，服务内容的缺失，使得乡村社会在应对老龄化、留守儿童等社会问题时显得力不从心，加剧了社会问题的复杂性和解决难度。

改进方向在于：一是加大财政投入，提升服务供给能力，特别是加大对教育、医疗、养老等领域的投入；二是加强服务内容的创新和研发，结合乡村实际，开发具有地方特色的服务项目；三是加强居民参与和需求分析，建立服务需求反馈机制，确保服务内容能够精准匹配居民需求。

（三）服务效率低下

乡村社会服务效率低下，主要源于服务流程烦琐、管理机制不健全、技术应用落后等多方面原因。服务流程的烦琐，增加了居民获取服务的难度和时间成本；管理机制的不健全，导致服务资源无法得到有效配置和利用；技术应用的落后，则限制了服务效率的提升空间。

服务效率低下，不仅降低了居民对服务的满意度，还增加了服务成本，影响了服务的可持续性。因此，提升服务效率成为乡村社会服务整合的重要任务。

提升策略包括：一是优化服务流程，简化办事程序；二是加强服务管理，建立健全服务监管和评估机制；三是推动技术应用，利用数字化、智能化技术，提升服务效率。同时，还需要加强服务人员的培训和管理，提高其专业素养和服务意识。

效果评估方面，应建立科学的评估指标体系，定期对服务效率进行评估和反馈，及时调整优化策略，确保服务效率持续提升。

二、数字化在社会服务整合中的深度应用与影响

（一）一站式服务平台

数字化技术为社会服务整合提供了强大的技术支持，其中一站式服务平台是数字化整合的重要形式。一站式服务平台通过整合各类服务资源，实现信息的集中管理和统一调配，为居民提供便捷、高效的服务体验。

一站式服务平台的功能包括：服务信息查询、在线预约、进度跟踪、结果反馈等。居民只需通过平台即可了解各类服务的信息，无需在多个机构或部门之间来回奔波。同时，平台还可以根据居民的需求和偏好，提供个性化的服务推荐和定制。

一站式服务平台的效果显著，不仅提高了服务的便捷性和效率，还降低了服务成本，提升了居民的满意度和幸福感。通过平台，服务资源得以有效整合和高效利用，形成了资源共享、优势互补的局面。

（二）大数据分析

大数据分析是数字化技术在社会服务整合中的另一重要应用。通过对海量数据的挖掘和分析，可以深入了解居民的服务需求、偏好和变化趋势，为服务提供者提供科学决策依据。

大数据分析的应用包括：需求预测、服务优化、资源配置等。通过预测居民的服务需求，服务提供者可以提前做好准备，确保服务的及时性和有效性；通过分析居民的服务偏好和满意度，服务提供者可以不断优化服务内容和方式，提高服务的针对性和有效性；通过合理配置服务资源，可以确保资源的有效利用和高效运转。

大数据分析的应用效果体现在：提高了服务的精准度和满意度，优化了资源配置，降低了服务成本，提升了服务的整体效能。

（三）服务模式创新

数字化技术还推动了服务模式的创新，为居民提供更加多元化、个性化的服务体验。远程服务、在线预约、智能咨询等新型服务模式，不仅丰富了服务内容，还提高了服务的可及性和满意度。

远程服务通过互联网技术，实现了服务提供者与居民之间的远程互动和交流，打破了地域限制，提高了服务的便捷性和效率。在线预约则通过平台预约系统，实现了服务的预约和排队管理，避免了居民在服务机构长时间等待的问题。智能咨询则利用人工智能技术，为居民提供 24 小时不间断的咨询服务，解答居民的疑问和问题。

三、通过数字化手段优化社会服务流程与质量的实践探索

（一）政务服务数字化转型

政务服务作为社会服务的重要组成部分，其数字化转型是提升政府效能、增强民众满意度的关键举措。近年来，各地政府纷纷推出政务服务平台，实现了政务服务事项的在线办理、进度查询、结果反馈等功能，极大

地简化了办事流程，缩短了办理时间。

政务服务平台整合了各部门的服务资源，形成了统一的入口和界面，居民只需登录一个平台即可办理多项政务服务。这种一站式服务模式避免了居民在不同部门间来回奔波，提高了办事效率。

借助人工智能技术，政务服务平台能够提供智能问答、自动审核等服务。例如，运用自然语言处理技术自动解答居民的常见问题，运用大数据分析预测居民的实际需求。

政务服务平台通过数据共享机制，实现跨部门的信息互通和协同办理，避免重复提交材料、重复审核等问题。

随着智能手机的普及，移动政务服务成为新趋势。各地政府纷纷推出政务 APP、小程序等移动端服务，使居民可以随时随地办理政务服务，进一步提升了服务的便捷性。

（二）医疗服务的数字化升级

医疗服务是居民生活的重要组成部分，其数字化升级对于提高医疗服务效率和质量具有重要意义。

电子病历系统的推广使用，实现了患者信息的数字化存储和共享。医生可以随时随地查看患者的病史、检查结果等信息，为精准诊断提供了有力支持。

借助互联网技术，远程医疗服务得以快速发展。患者可以通过视频通话等方式与医生进行远程咨询、复诊等，减少了往返医院的时间和成本。

大数据分析技术可以挖掘患者的健康数据，预测疾病风险，为个性化治疗提供科学依据。同时，通过对医疗资源的分析，可以优化医疗资源配置，提高医疗服务的可及性。

智能医疗设备如可穿戴设备、智能检测仪器等，能够实时监测患者的健康状况，为医生提供及时、准确的数据支持。这些设备的应用，提高了医疗服务的精准度和效率。

（三）教育服务的数字化创新

教育服务的数字化创新对于推动教育公平、提高教育质量具有重要意义。

在线教育平台打破了地域限制，使优质教育资源得以广泛传播。学生可以通过平台学习各类课程，享受名师授课的待遇。

智能教学系统能够根据学生的学习情况和兴趣，提供个性化的学习路径和推荐。这种个性化的教学方式，提高了学生的学习兴趣和效果。

数字化手段可以实现教育资源的跨地区、跨学校共享。通过平台，偏远地区的学生可以接触到优质的教育资源，缩小了城乡、区域之间的教育差距。

教师培训也迎来了数字化转型。通过在线培训、虚拟教研室等方式，教师可以随时随地接受专业培训，提高教学水平。

四、面向未来的乡村社会服务数字化发展蓝图

（一）技术深度融合

未来，数字化技术将更加深入地渗透到乡村社会服务的各个领域和环节。随着5G、物联网、人工智能等技术的普及应用，乡村社会服务将实现更加智能化、个性化的服务。例如，通过物联网技术，可以实时监测乡村环境、农田状况等信息，为农业生产提供精准指导；通过人工智能技术，可以实现乡村社会服务的智能化调度和精准推送。

（二）服务模式创新

数字化将推动乡村社会服务模式的创新和转型升级。借助大数据、云计算等先进技术，可以实现更加智能化、个性化的服务模式创新。例如，通过大数据分析居民的服务需求和行为习惯，可以为居民提供更加精准、贴心的服务推荐和定制方案；通过云计算技术，可以实现服务资源的弹性扩展和高效利用。

同时，数字化还将推动乡村社会服务向多元化、综合化方向发展。除了传统的政务服务、医疗服务、教育服务外，还将涌现出更多新型服务形式，如乡村旅游服务、乡村电商服务等。这些新型服务形式将丰富乡村社会服务的内涵和外延，满足居民多样化的服务需求。

（三）均衡发展与普惠共享

数字化将促进乡村社会服务的均衡发展和普惠共享。通过数字化手段打破地域限制和资源壁垒，可以实现服务资源的跨地区、跨行业共享和优化配置。这将有助于缩小城乡、区域之间的服务差距，推动乡村社会服务的均衡发展和普惠共享。

同时，数字化还将提升乡村居民的信息素养和数字技能。通过培训和教育等方式，使乡村居民能够更好地融入数字化时代并享受数字化带来的便利与福祉。这将有助于缩小城乡之间的数字鸿沟，推动乡村社会的全面发展和进步。

第六章　数字化在乡村文化传承中的运用

第一节　乡村文化遗产的数字化保护

一、乡村文化遗产的价值与保护意义

（一）乡村文化遗产的价值

乡村文化遗产，作为人类在历史长河中遗留下来的宝贵财富，不仅承载着丰富的历史文化信息，还蕴含着深厚的民族情感和社会记忆。其价值体现在多个维度，深刻影响着乡村社会的发展与进步。

1. 历史与文化的见证

乡村文化遗产是乡村历史的直接反映，它们以物质或非物质的形式，记录着乡村社会的变迁和发展轨迹。古建筑、传统村落作为物质文化遗产的代表，不仅展示了古代建筑技艺的高超，还反映了当时的社会结构、宗教信仰和生活方式。例如，江南水乡的古村落，以其独特的水乡风貌和精巧的建筑布局，成为研究古代水乡社会的重要实物资料。而非物质文化遗产，如民俗活动、传统技艺等，则通过口传心授的方式，传递着乡村社会的文化记忆和价值取向。这些文化遗产共同构成了乡村社会的历史画卷，让后人能够直观地感受到乡村文化的魅力和深度。

2. 民族认同与社区凝聚力的源泉

乡村文化遗产是民族认同和社区凝聚力的重要载体。它们不仅体现了乡村社会的文化特色，还承载着村民的共同记忆和情感纽带。在全球化背景下，随着城乡差距的扩大和外来文化的冲击，乡村社会的文化认同感和归属感面临着严峻挑战。而乡村文化遗产的保护和传承，正是增强村民文化自信和归属感的有效途径。通过参与文化遗产的保护活动，村民能够加深对本土文化的认识和了解，从而增强对乡村社会的认同感和归属感。这种认同感和归属感是乡村社会稳定和发展的基石，也是推动乡村振兴的重要力量。

3. 审美价值与经济价值的双重体现

乡村文化遗产还具有独特的审美价值和经济价值。从审美角度来看，乡村文化遗产以其独特的艺术风格和文化内涵，成为人们欣赏和追求美的对象。无论是古朴典雅的古建筑，还是生动有趣的民俗活动，都以其独特的魅力吸引着人们的目光。而从经济价值角度来看，乡村文化遗产是乡村经济发展的重要资源。通过挖掘和利用这些资源，可以发展乡村旅游、文化创意产业等新兴产业，为乡村经济带来新的增长点。例如，一些具有特色的古村落和民俗活动，已经成为乡村旅游的热门景点，吸引了大量游客前来观光游览，带动了当地经济的发展。

（二）保护乡村文化遗产的意义

保护乡村文化遗产不仅是对历史的尊重，更是对未来负责。它对于维护文化多样性、促进乡村经济发展、提升村民文化素养以及增进文化交流与互鉴等方面都具有重要意义。

1. 维护文化多样性与人类共同遗产

在全球化和现代化的浪潮中，乡村文化遗产面临着前所未有的挑战。随着城市化进程的加速和外来文化的冲击，许多乡村文化遗产面临着被遗忘和消失的风险。保护乡村文化遗产就是保护人类文化的多样性和丰富性。每一种文化都是人类智慧的结晶，都是人类共同的精神财富。只有保护好这些文化遗产，才能确保人类文化的多样性和丰富性得以传承和发扬。同时，乡村文化遗产也是全人类共同的文化遗产，它们的保护和传承对于维护人类文化的整体性和连续性具有重要意义。

2. 促进乡村经济发展与乡村振兴

保护乡村文化遗产对于促进乡村经济发展和乡村振兴具有重要意义。通过挖掘和利用乡村文化遗产资源，可以发展乡村旅游、文化创意产业等新兴产业，为乡村经济带来新的增长点。乡村旅游作为一种新兴的旅游形式，以其独特的魅力和丰富的文化内涵吸引着越来越多的游客。而文化创意产业则是以文化为核心，通过创意和技术的结合，创造出具有市场竞争力的文化产品和服务。这些新兴产业的发展不仅有助于提升乡村经济的整体实力，还能带动相关产业的发展和就业的增加，为乡村振兴注入新的活力。

3. 提升村民文化素养与创新能力

保护乡村文化遗产还有助于提升村民的文化素养和创新能力。通过参与文化遗产的保护和传承活动，村民可以加深对本土文化的认识和了解，提高自身的文化素养和审美能力。同时，在保护和传承文化遗产的过程中，村民也需要不断创新和尝试新的方法和手段，以适应时代的发展和社会的变化。这种创新能力的培养和提升对于乡村社会的长远发展具有重要意义。通过创新和发展，乡村社会可以不断挖掘和发挥自身的文化优势，创造出更多具有市场竞争力的文化产品和服务，推动乡村经济的持续发展和社会的全面进步。

4. 增进文化交流与互鉴，促进国际友好关系

乡村文化遗产作为文化交流的桥梁和纽带，在增进文化交流与互鉴、促进国际友好关系方面发挥着重要作用。通过展示乡村文化遗产的独特魅力和文化内涵，可以吸引不同国家和地区的人们前来参观和交流，增进相互之间的了解和友谊。同时，乡村文化遗产的保护和传承也需要借鉴其他国家和地区的先进经验和做法，加强国际合作与交流。这种交流与合作不仅有助于提升乡村文化遗产的保护水平和管理能力，还能促进不同文化之间的交流与融合，推动人类文明的共同进步和发展。

二、数字化技术在文化遗产保护中的应用

随着科技的飞速发展，数字化技术正逐渐渗透到文化遗产保护的各个领域，为这一古老而艰巨的任务注入了新的活力。数字化技术不仅能够帮助我们更精确地记录和保存文化遗产的信息，还能通过创新的方式增强公众对文化遗产的认知和保护意识。

（一）3D 扫描技术

3D 扫描技术是数字化技术在文化遗产保护中的核心应用之一，它利用高精度的扫描设备对文化遗产进行全方位、多角度的三维测量和记录。这一技术的出现，极大地提高了文化遗产记录和保存的精确度和效率。

1. 高精度三维模型的生成

3D 扫描技术能够生成文化遗产的高精度三维模型。这些模型不仅具有极高的几何精度，还能捕捉到文化遗产表面的纹理和细节。这使得研究人员能够在不直接接触文化遗产的情况下，对其进行详尽的分析和研究。同时，这些模型也为文化遗产的数字化展示和传播提供了丰富的素材。

2. 修复与保护的重要参考

在文化遗产的修复和保护过程中，3D 扫描技术同样发挥着不可或缺的作用。通过对比不同时间点的三维模型，研究人员可以清晰地看到文化遗产的变化情况，从而制定出更为科学合理的修复方案。此外，3D 打印技术还可以根据这些模型制作出文化遗产的实体复制品，用于展览、教育等目的，有效缓解了对原真性文化遗产的观赏压力。

3. 数字化档案的建设

3D 扫描技术还促进了文化遗产数字化档案的建设。这些档案不仅包含了文化遗产的三维模型，还涵盖了与其相关的历史背景、文化内涵等信息。这些信息的整合和共享，为文化遗产的保护和传承提供了更为全面和系统的支持。

（二）虚拟现实技术

虚拟现实是一种能够创建和体验虚拟世界的计算机技术。在文化遗产

保护中，虚拟现实技术以其独特的沉浸式体验特性，为用户提供了前所未有的文化体验和文化传承的新途径。

1. 沉浸式体验环境的创建

虚拟现实技术能够为用户创建出逼真的文化遗产沉浸式体验环境。通过佩戴虚拟现实设备，用户仿佛置身于文化遗产的现场，可以近距离地观察文化遗产的细节和纹理，甚至能够"触摸"到文化遗产的表面。这种身临其境的体验极大地增强了用户对文化遗产的认知和保护意识。

2. 数字化修复与重建的探索

虚拟现实技术不仅可用于文化遗产的沉浸式体验，还可用于文化遗产的数字化修复和重建。研究人员可以利用虚拟现实技术对文化遗产进行虚拟修复和重建，以探索最佳的修复方案。这种虚拟修复和重建的过程不仅有助于减少实际操作中的风险，还能为文化遗产的保护和传承提供新的技术手段和思路。

3. 教育与普及的桥梁

虚拟现实技术还是文化遗产教育和普及的重要桥梁。通过虚拟现实技术，学生可以身临其境地感受文化遗产的魅力，了解文化遗产的历史背景和文化内涵。这种直观、生动的教育方式极大地提高了学生对文化遗产的兴趣和保护意识，为文化遗产的传承注入了新的活力。

（三）其他数字化技术的综合应用

除了 3D 扫描和虚拟现实技术外，还有许多其他数字化技术被广泛应用于文化遗产保护中。这些技术各自具有独特的优势和应用场景，共同构成了文化遗产保护的技术体系。

1. 地理信息系统的应用

地理信息系统是文化遗产保护中不可或缺的技术之一，能够对文化遗产的空间分布、类型、数量等进行全面、系统的管理和分析。研究人员可以通过地理信息系统看到文化遗产的空间分布，为文化遗产的保护和规划提供科学依据。同时，地理信息系统还可以与其他数字化技术相结合，如无人机技术、大数据分析技术等，共同构建文化遗产保护的智能化平台。

2.无人机技术的空中监测

无人机技术以其高效、灵活的特点，在文化遗产保护中发挥着重要作用。通过无人机技术，研究人员可以对文化遗产进行空中拍摄和监测，获取文化遗产的宏观图像和详细信息。这些图像和信息不仅可以用于文化遗产的数字化记录和展示，还可以用于文化遗产的保护状态监测和预警。一旦发现文化遗产出现异常情况，研究人员可以迅速采取措施进行保护。

3.大数据分析技术的保护状态监测

大数据分析技术在文化遗产保护中的应用也日益广泛。通过收集和分析文化遗产的监测数据，研究人员可以了解文化遗产的保护状态和发展趋势。这些数据可以包括文化遗产的温度、湿度、光照等环境因素，以及游客数量、活动类型等人为因素。通过对这些数据的分析和挖掘，研究人员可以及时发现文化遗产存在的潜在风险和问题，为文化遗产的保护和修复提供科学依据。

三、数字化保护乡村文化遗产的实践案例

随着科技的飞速发展，数字化技术正在逐渐改变着文化遗产保护的方式。数字化保护不仅能够精准地记录和保存文化遗产的信息，还能通过创新的方式增强公众对文化遗产的认知和保护意识。在乡村文化遗产保护方面，数字化技术的应用同样展现出了巨大的潜力和价值。

（一）丽江古城数字化保护项目：古韵新生的探索

丽江古城，位于中国云南省丽江市，是一座拥有悠久历史和丰富文化遗产的古城。为了保护这座古城的独特风貌和深厚文化底蕴，丽江市政府启动了数字化保护项目，旨在通过数字化手段对古城进行全面记录和展示，同时推动古城的文化创意产业发展。

1.3D 扫描技术

丽江古城数字化保护项目的核心之一是利用高精度的 3D 扫描技术对古城的建筑风貌和历史细节进行全面记录。通过专业的 3D 扫描设备，项目团队对古城的每一座建筑、每一条街道进行了细致入微的测量和扫描。

这些扫描数据经过处理后,生成了古城的高精度三维模型。这些模型不仅精确还原了古城的建筑风貌,还捕捉到了建筑表面的纹理和细节,为古城的保护和修复提供了重要的参考依据。

2. 虚拟现实技术

除了 3D 扫描技术外,丽江古城数字化保护项目还利用虚拟现实技术为公众提供了沉浸式的古城游览体验。通过佩戴虚拟现实设备,游客可以身临其境地游览古城,仿佛穿越时空回到了那个充满历史韵味的时代。这种沉浸式的游览体验不仅增强了游客对古城历史文化的了解和认识,还提高了游客对古城保护的意识。

3. 数字化成果的应用与转化

丽江古城数字化保护项目的数字化成果不仅为古城的保护和修复提供了重要参考,还为古城的旅游和文化创意产业发展注入了新的活力。通过数字化手段,丽江古城成功地将自身的历史文化资源转化为旅游产品和文化创意产品,吸引了大量游客前来参观和体验。同时,这些数字化成果还为古城的文化传播和交流提供了新的途径,使丽江古城的文化影响力不断扩大。

(二)云冈石窟数字化保护项目

云冈石窟位于中国山西省大同市,是一处举世闻名的石窟群,被誉为"东方艺术宝库"。为了保护这些珍贵的文化遗产,云冈石窟研究院启动了数字化保护项目,旨在通过数字化手段对石窟进行全面记录和展示,同时推动石窟的旅游和文化传播。

1.3D 打印技术

云冈石窟数字化保护项目的亮点之一是利用 3D 打印技术成功复制了多个石窟的等比例模型。这些模型不仅在外形上与石窟原型高度一致,还在细节上还原了石窟的雕刻艺术和纹理特征。这些模型在国内外进行了展出,吸引了大量观众前来观赏和学习。通过 3D 打印技术,云冈石窟成功地将自身的文化遗产资源转化为可移动的展示品,为石窟的传播和交流提供了新的途径。

2. 人工智能技术

除了 3D 打印技术外，云冈石窟数字化保护项目还利用人工智能技术对石窟进行虚拟复原和数字化展示。复原后的石窟模型既展现了石窟的原始风貌，也为观众提供了更加直观的观赏体验。这些数字化成果还为石窟的保护和修复提供了有力支持，为石窟的长期发展奠定了坚实基础。

3. 数字化成果的社会效益与经济效益

云冈石窟数字化保护项目的数字化成果不仅为石窟的保护和修复提供了有力支持，还为石窟的旅游和文化传播带来了新的机遇。通过数字化手段，云冈石窟成功地将自身的文化遗产资源转化为旅游资源，吸引了大量游客前来参观和学习。这些游客的到来不仅为石窟带来了可观的经济效益，还促进了当地文化旅游业的发展。同时，这些数字化成果还为石窟的文化传播和交流提供了新的途径，使云冈石窟的文化影响力不断扩大。

四、乡村文化遗产数字化保护的未来趋势

（一）面临的挑战

一是如何选择合适的技术手段进行乡村文化遗产的数字化保护。

二是如何安全地存储、管理数据，以及保障可访问性。

三是数字化保护高昂成本，乡村地区如何获取更多的资金和资源。

四是如何提升公众意识和文化认同。

（二）可持续发展策略

为了应对上述挑战，实现乡村文化遗产数字化保护的可持续发展，可以采取以下策略：

一是加强技术研发，鼓励科研机构研发文化遗产数字化保护技术，推动技术不断创新。

二是制定文化遗产数字化保护技术标准，确保技术的有效应用和数据的安全性、可访问性。

三是拓宽资金来源渠道，以政府补贴、社会捐赠、企业合作等多种方

式筹集资金，为乡村文化遗产的数字化保护提供稳定的资金支持。

四是加强人才培养和引进，培养和引进具备文化遗产保护和数字化技术能力的复合型人才，提高整个行业的技术水平和操作能力。

五是提升公众意识和文化认同，通过教育和宣传活动提高公众对乡村文化遗产价值的认识，增强文化自豪感和保护意识，推动数字化保护工作的深入开展。

六是推动产业融合发展，将文化遗产数字化保护与乡村旅游、文化创意产业等相结合，实现产业的融合发展，为数字化保护提供经济支持。

第二节　乡村文化活动的数字化传播

一、乡村文化活动的特点与传播需求

乡村文化活动，作为乡村社会的重要组成部分，不仅承载着丰富的历史记忆、民俗传统和地方特色，还是乡村居民精神生活的重要体现。这些活动以其独特的魅力和价值，在乡村社会中发挥着不可替代的作用。然而，随着社会的快速发展和信息技术的普及，乡村文化活动的传播需求也日益增长。

（一）乡村文化活动的特点

乡村文化活动作为乡村社会文化的缩影，具有鲜明的地域性、民族性、传统性与创新性、参与性与互动性、教育性与娱乐性等特点。

1. 地域性与民族性

乡村文化活动深受地域环境和民族习俗的影响，展现出独特的地域色彩和民族风情。中国幅员辽阔，不同地区的自然环境、气候条件、经济发展水平等因素，共同塑造了丰富多彩的乡村文化。例如，南方的水乡文化孕育了赛龙舟、采茶戏等独特的文化活动；北方的草原文化则催生了那达慕大会、马头琴演奏等民族风情浓厚的活动。这些活动不仅体现了当地的文化特色，还成为乡村居民身份认同的重要标志。

同时，乡村文化活动也承载着浓厚的民族风情。中国是一个多民族国家，各民族在长期的历史发展过程中，形成了各具特色的文化传统和习俗。这些文化传统和习俗在乡村文化活动中得到了充分的体现和传承。例如，苗族的银饰制作、彝族的火把节、蒙古族的马术表演等，都是乡村文化活动中不可或缺的一部分。

2.传统性与创新性

乡村文化活动既保留了传统的文化元素，又在发展中融入了新的创意和元素。这种传统与创新的结合，使乡村文化活动既具有历史厚重感，又富有时代气息。传统的乡村文化活动，如春节的舞龙舞狮、端午节的赛龙舟等，已经深入人心，成为乡村居民的共同记忆。然而，随着社会的快速发展和人们审美观念的变化，乡村文化活动也在不断地进行创新和发展。例如，一些地方将传统的民间舞蹈与现代音乐相结合，创作出了新的舞蹈形式；一些手工艺人也开始尝试将传统的手工艺与现代设计理念相结合，制作出更具创意和时尚感的手工艺品。

3.参与性与互动性

乡村文化活动往往强调村民的广泛参与和互动。通过集体参与和共同体验，乡村文化活动不仅增强了村民的归属感和凝聚力，还促进了乡村社会的和谐稳定。在乡村文化活动中，村民可以自由地表达自己的情感和意愿，分享彼此的生活经验和智慧。这种参与性和互动性使得乡村文化活动成为一种有效的社会整合机制，有助于构建和谐的乡村社会。

4.教育性与娱乐性

乡村文化活动不仅具有娱乐功能，还承载着教育功能。通过参与活动，村民可以学习到传统文化知识、道德观念和生活技能。例如，在乡村的节庆活动中，村民们会讲述历史故事、传授生活技巧、弘扬传统美德等。这些活动不仅丰富了村民的精神生活，还促进了传统文化的传承和发展。同时，乡村文化活动也具有很强的娱乐性。在忙碌的劳作之余，村民们通过参与文化活动来放松身心、缓解压力。这种娱乐性使得乡村文化活动成为一种重要的休闲方式，有助于提升村民的生活质量和幸福感。

（二）乡村文化活动的传播需求

随着社会的快速发展和信息技术的普及，乡村文化活动的传播需求也日益增长。这些需求主要体现在扩大影响力、促进交流、传承与发展以及带动经济等方面。

1. 扩大影响力

乡村文化活动需要更广泛的传播渠道，以吸引更多的关注和参与。乡村文化活动可以通过扩大影响力提升知名度，进而吸引更多的游客和投资者，为乡村带来直接的经济效益，还可以提升乡村的整体形象。例如，充分利用社交媒体等平台将文化活动信息传递给更多的人，举办文化节庆、展览等活动。

2. 促进交流

乡村文化活动需要与外界进行交流，产生新的文化火花，这种交流可以促进文化的多样性和包容性。例如，邀请其他地区的文化团体来乡村进行表演、组织本地文化团体到外地演出。通过这种双向的文化交流，乡村文化可以不断吸收新的元素，进而实现自身的创新发展。

3. 传承与发展

传播是乡村文化活动传承和发展的重要途径。在传承方面，乡村需要加强对传统文化活动的保护和挖掘。例如，建立非物质文化遗产名录、举办传统文化节庆。在发展方面，乡村需要积极探索创新的文化活动形式和内容。例如，将传统文化与现代科技相结合，创作出更具创意的文化活动；将乡村文化与旅游业相结合，打造具有地方特色的文化旅游品牌。

4. 带动经济

乡村文化活动的传播还可以带动乡村旅游、手工艺等产业的发展。通过挖掘和利用乡村文化资源，可以打造出具有地方特色的文化旅游产品和文化创意产品。这些产品不仅可以满足游客的消费需求，还可以为乡村带来可观的经济效益。例如，一些乡村地区通过举办文化节庆活动、建设文化主题公园等方式，吸引了大量游客前来参观和体验。这不仅带动了当地的旅游业发展，还促进了餐饮、住宿等相关产业的发展。同时，一些乡村地区还通过挖掘和利用传统手工艺资源，打造出了具有地方特色的手工艺品。这些手工艺品不仅具有观赏价值，还具有实用价值。通过销售这些手工艺品，可以为乡村居民提供就业机会和收入来源。

二、数字化媒体在乡村文化活动传播中的作用

数字化媒体在乡村文化活动传播中扮演着至关重要的角色。它以其独特的优势，如用户基数大、传播速度快、互动性强等，极大地推动了乡村文化活动的传播效果。

（一）社交媒体

社交媒体作为数字化媒体的重要代表，以其广泛的用户覆盖和强大的传播能力，成为乡村文化活动传播的重要工具。

1. 信息发布

社交媒体平台为乡村文化活动的信息传播提供了便捷的途径。通过发布活动预告、活动日程、地点信息等内容，社交媒体能够迅速将乡村文化活动的信息传递给广大村民和外界人士。这种信息的即时发布，不仅让村民们能够及时了解并参与到活动中，还吸引了大量对乡村文化感兴趣的外界人士前来参观和体验。例如，某乡村在举办传统民俗节日时，通过社交媒体平台发布了详细的节日活动安排和精彩看点，吸引了大量游客前来参与。社交媒体的信息发布功能，使得乡村文化活动不再局限于本地，而是成为一个连接乡村与世界的桥梁。

2. 现场直播

社交媒体平台的直播功能，为乡村文化活动的传播提供了更为直观和生动的展示方式。通过直播，观众可以实时观看活动的现场情况，感受活动的氛围和魅力。这种身临其境的体验，极大地增强了观众对乡村文化活动的参与感和认同感。在乡村文化节的开幕式上，主办方通过社交媒体平台进行了现场直播。村民们身着传统服饰，载歌载舞，展现了乡村文化的

独特魅力。直播吸引了大量观众的观看和点赞，让更多的人了解并爱上了乡村文化。

3. 互动交流

社交媒体的互动功能，为乡村文化活动的传播提供了更为广泛的参与渠道。观众可以通过评论、点赞、转发等方式，表达自己的看法和感受，与活动主办方和其他观众进行互动交流。这种互动不仅增强了观众的参与感，还激发了他们对乡村文化活动的热情。在某次乡村手工艺展示活动中，社交媒体平台上的观众纷纷留言表示对手工艺品的喜爱和赞赏。一些观众还通过私信向手工艺人请教制作技巧，这种互动不仅促进了手工艺的传承和发展，还加深了观众对乡村文化的了解和认识。

4. 口碑传播

社交媒体上的用户可以通过分享、转发等活动，将乡村文化活动传播给更多的人。这种口碑传播方式，不仅扩大了活动的影响力，还形成了品牌效应，提升了乡村文化活动的知名度和美誉度。在一次乡村音乐节上，许多观众通过社交媒体分享了活动的精彩瞬间和感受。这些分享不仅吸引了更多人的关注和参与，还使得乡村音乐节成为一个备受瞩目的品牌活动。

（二）直播平台

直播平台作为数字化媒体的另一种重要形式，以其实时直播和互动体验的特点，为乡村文化活动的传播提供了新的渠道和方式。

1. 实时展示

直播平台可以实时展示乡村文化活动的现场情况，让观众可以随时随地观看活动。这种打破时空限制的传播方式，使得乡村文化活动不再局限于特定的时间和地点，而是能够随时随地与观众进行互动和传播。在乡村农耕文化体验活动中，直播平台对活动进行了全程直播。观众们不仅可以在家中观看活动的现场情况，还可以通过弹幕等方式与主播进行互动交流。这种实时展示和互动体验，让观众能够身临其境地感受乡村文化的魅力。

2. 专业解说

直播平台通常会邀请专业人士进行解说和点评,让观众更加深入地了解活动的背景、意义和文化内涵。这种专业解说不仅提升了观众的观看体验,还加深了他们对乡村文化的理解和认识。在某次乡村传统戏曲表演中,直播平台邀请了戏曲专家进行解说和点评。专家们对戏曲的表演技巧、故事情节和文化背景进行了详细讲解,让观众在欣赏表演的同时,也了解了戏曲的深厚文化底蕴。

3. 互动体验

直播平台通常会设置互动环节,如观众提问、主播回答等,让观众可以更加深入地参与活动。这种互动体验不仅增强了观众的参与感,还提升了他们对乡村文化活动的体验感。

在一次乡村美食制作活动中,直播平台设置了观众提问环节。观众们纷纷向主播提问关于美食制作的问题,主播则耐心地进行解答和示范。这种互动体验让观众在欣赏美食制作的同时,也学到了制作技巧和文化知识。

4. 数据统计

直播平台可以对观众的观看行为、互动行为等进行数据统计和分析。这些数据不仅为乡村文化活动的传播效果评估提供了有力支持,还为未来的活动策划和传播策略提供了重要参考。

在某次乡村文化节的直播活动中,直播平台对观众的观看时长、点赞数量、评论数量等数据进行了统计和分析。这些数据表明,观众们对乡村文化节的活动内容非常感兴趣,高度关注乡村文化传承情况。

三、成功案例:数字化传播如何扩大乡村文化活动的影响力

在信息化高速发展的今天,数字化传播已成为推动乡村文化活动影响力扩大的重要手段。通过运用社交媒体、直播平台、在线媒体等数字化工具,乡村文化活动得以跨越地域限制,吸引更广泛的观众关注和参与。

（一）某乡村文化节：数字化传播下的文化盛宴

1.社交媒体预热，提升期待值

在某乡村文化节筹备阶段，主办方充分利用社交媒体平台，如微博、微信公众号、抖音等，发布了一系列活动预告和精彩看点。这些预告不仅包括了文化节的主题、时间、地点等基本信息，还通过图文、视频等形式展示了往届文化节的精彩瞬间和本次活动的亮点。通过持续更新和互动，社交媒体上的预热活动成功吸引了大量潜在观众的关注和期待，为文化节的成功举办打下了坚实的基础。

例如，主办方在微信公众号上推出了一系列"文化节倒计时"文章，每天发布一篇关于文化节筹备情况、特色节目、嘉宾阵容等方面的内容。这些文章不仅让观众对文化节有了更全面的了解，还激发了他们参与的热情和兴趣。同时，主办方还通过社交媒体平台与观众进行互动，收集他们对文化节的期待和建议，进一步提升了活动的参与感和互动性。

2.现场直播，打破地域限制

文化节期间，主办方利用直播平台对活动进行了全程直播。通过高清摄像头和专业的直播设备，观众可以实时观看文化节的精彩瞬间，感受现场的氛围和热情。直播过程中，主办方还安排了主持人进行解说和互动，让观众更加深入地了解活动的文化内涵和背景。

直播的观看人数超过了十万人次，其中不乏来自全国各地的观众。他们通过直播平台，不仅欣赏到了精彩的文艺表演、手工艺展示、农产品展销等内容，还参与了互动问答和抽奖活动。这种实时互动和跨地域传播的方式，不仅提升了文化节的知名度和影响力，还让更多人感受到了乡村文化的魅力和活力。

3.互动问答，增强参与感

在直播过程中，主办方还设置了互动问答环节。观众可以通过直播平台向主持人提问或发表评论，主持人则根据问题或评论进行回答或互动。这种互动方式不仅让观众有了更多的参与感和归属感，还让他们对文化节有了更深入的了解和认识。

例如，在文化节期间的一场手工艺展示活动中，一位观众通过直播平台向主持人提问："这种手工艺品的制作材料是什么？"主持人随即进行了详细的解答，并展示了手工艺品的制作过程和材料来源。这种互动问答的方式不仅让观众学到了知识，还增强了他们对乡村文化的兴趣和热爱。

通过社交媒体预热、现场直播和互动问答等数字化传播手段，某乡村文化节成功吸引了大量观众的关注和参与。据统计，活动期间的社交媒体阅读量超过百万次，直播平台观看人数超过十万人次。这不仅提升了活动的知名度和影响力，还带动了当地乡村旅游和手工艺产业的发展。许多观众在观看了直播后，纷纷表示对乡村文化产生了浓厚的兴趣，并计划在未来前往当地旅游或购买手工艺品。

（二）某乡村手工艺展：数字化传播下的文化传承与创新

1. 全方位展示，吸引手工艺爱好者

在某乡村手工艺展上，主办方利用数字化媒体进行了全方位的展示和传播。通过社交媒体平台发布手工艺品的制作过程、展示效果等信息，让观众可以随时随地了解手工艺品的制作技巧和文化内涵。这些展示不仅包括了手工艺品的实物图片和视频，还包括了手工艺人的采访和心得分享等内容。

例如，在微信公众号上，主办方推出了一系列"手工艺人风采"文章，详细介绍了每位手工艺人的成长经历、创作理念和代表作品。这些文章不仅让观众对手工艺人有了更深入的了解和认识，还激发了他们对手工艺品的兴趣和热爱。同时，主办方还在社交媒体平台上发布了手工艺品的制作过程视频，让观众可以亲眼见证手工艺品的诞生过程。

2. 直播教学，促进技艺传承

为了进一步提升手工艺展的影响力和传播效果，主办方还邀请了知名手工艺人进行直播教学。通过直播平台，手工艺人可以向观众展示手工艺品的制作过程和技巧，并实时回答观众的问题和疑惑。这种直播教学的方式不仅让观众学到了知识，还让他们更加深入地了解了手工艺品的文化内涵和价值。

例如，在手工艺展期间的一场直播教学中，一位知名陶艺家向观众展示了陶艺品的制作过程。他从选材、设计、制作到烧制等各个环节都进行了详细的讲解和演示。观众通过直播平台可以清晰地看到陶艺家的每一个动作和细节，并随时提出问题和建议。这种直播教学的方式不仅让观众学到了陶艺制作技巧，还让他们对陶艺文化有了更深入的了解和认识。

3.线上线下互动，促进销售与传承

在手工艺展期间，主办方还通过线上线下互动的方式促进了手工艺品的销售和传承。在线上方面，主办方通过社交媒体平台和电商平台发布了手工艺品的销售信息和购买链接，让观众可以随时随地购买自己喜欢的手工艺品。同时，主办方还通过直播平台进行了手工艺品的现场拍卖和抽奖活动，进一步提升了手工艺品的知名度和销售量。

在线下方面，主办方在手工艺展现场设置了销售区域和体验区域。观众可以在销售区域购买自己喜欢的手工艺品，并在体验区域亲自体验手工艺品的制作过程和乐趣。这种线上线下互动的方式不仅促进了手工艺品的销售和传承，还让观众更加深入地了解了手工艺文化的内涵和价值。

通过全方位展示、直播教学和线上线下互动等数字化传播手段，某乡村手工艺展成功吸引了大量手工艺爱好者和游客的关注和参与。这些数字化传播手段不仅提升了手工艺展的知名度和影响力，还促进了手工艺品的销售和传承。许多观众在观看了直播和参与了互动后，纷纷表示对手工艺文化产生了浓厚的兴趣，并计划在未来购买或学习手工艺制作技巧。

四、未来趋势：数字化与乡村文化活动传播的深度融合

随着数字化技术的迅猛发展和普及，数字化媒体在乡村文化活动传播中的作用日益凸显。未来，数字化与乡村文化活动传播将呈现出更加紧密、深入的融合趋势。

（一）技术升级

随着数字化技术的不断发展，未来数字化媒体在乡村文化活动传播中将更加注重技术的升级和应用。这些技术升级将为乡村文化活动传播提供

更加丰富的手段和渠道，推动传播手段的创新与丰富。

1.虚拟现实和增强现实技术

虚拟现实（Virtual Reality，VR）和增强现实（Augmented Reality，AR）技术为乡村文化活动传播带来了全新的视角和体验。通过 VR 技术，观众可以身临其境地参与到乡村文化活动中，感受活动的氛围和魅力。而增强现实技术则可以在现实世界中叠加虚拟元素，为观众提供更加丰富的视觉体验。例如，在乡村文化节的展览中，利用虚拟现实技术可以让观众在虚拟空间中自由参观展览内容，利用增强现实技术则可以在展品上叠加虚拟信息，提供更丰富的文化解读。

2.人工智能技术

人工智能技术在数字化传播中的应用越来越广泛。通过人工智能技术，可以实现更加智能化的内容推荐和数据分析。在乡村文化活动传播中，人工智能可以根据观众的浏览历史、兴趣爱好等信息，为他们推荐更符合其需求的文化活动。同时，人工智能还可以对观众的互动行为、观看时长等数据进行分析，为活动策划者提供有价值的反馈和建议。

3.5G 与物联网技术

5G 技术的普及将极大提升数据传输的速度和效率，为乡村文化活动传播的实时互动和高清直播提供了有力支持。而物联网技术则可以将乡村文化活动的各种设备、设施连接起来，实现智能化的管理和控制。例如，在乡村音乐节的现场，通过物联网技术可以实时监测设备的运行状态，确保活动的顺利进行。

（二）内容创新

未来数字化传播将更加注重内容的创新和个性化。通过深入挖掘乡村文化的内涵和价值，打造具有地方特色和民族风情的文化产品；通过个性化的内容推荐和定制服务，满足不同观众的需求和偏好。这些内容的创新将为乡村文化活动传播提供更加丰富的内涵和吸引力。

1.挖掘文化内涵

乡村文化是中国传统文化的重要组成部分，蕴含着丰富的历史、民俗和艺术资源。未来数字化传播将更加注重挖掘乡村文化的内涵和价值，通过数字化手段将这些资源转化为具有吸引力的文化产品。例如，可以利用数字化技术记录和展示乡村的民俗活动、传统节日等，让观众在欣赏中感受到乡村文化的独特魅力。

2. 打造个性化体验

未来数字化传播将更加注重观众的个性化需求。通过个性化的内容推荐和定制服务，为观众提供符合其兴趣和需求的文化产品。例如，根据观众的年龄、性别、地域等信息，为他们推荐更符合其口味的乡村文化活动；提供定制化的服务，如定制乡村文化旅游线路、定制乡村美食体验等，让观众在参与中感受到更加个性化的体验。

3. 创新文化产品

未来数字化传播将更加注重创新文化产品。通过数字化手段将乡村文化的元素融入各种文化产品中，如文创产品、乡村旅游产品等。这些创新的文化产品不仅具有地方特色和民族风情，还能够满足观众对新鲜感和个性化的追求。

（三）平台融合

未来数字化媒体平台将更加融合和多元化。除了社交媒体和直播平台外，还将涌现出更多新型的数字化媒体平台，如短视频平台、音频平台等。这些平台的融合将为乡村文化活动传播提供更加广阔的空间和机会。

1. 短视频平台

短视频平台以其短小精悍、易于传播的特点，成为未来数字化传播的重要渠道。在乡村文化活动传播中，可以利用短视频平台发布活动的精彩瞬间、幕后花絮等内容，吸引观众的关注和参与。同时，还可以通过短视频平台的互动功能，与观众进行互动交流，增强活动的传播效果。

2. 音频平台

音频平台以其独特的听觉体验，成为未来数字化传播的另一个重要渠道。在乡村文化活动传播中，可以利用音频平台发布活动的现场录音、解说等内容，让观众在听觉上感受到活动的氛围和魅力。同时，还可以通过音频平台的互动功能,与观众进行互动交流,分享活动的感受和看法。

3. 跨平台融合

未来数字化媒体平台将更加注重跨平台融合。通过跨平台融合,可以将不同平台上的资源和优势进行整合,实现资源的共享和互补。例如,可以将社交媒体上的活动信息同步到短视频平台和音频平台上,让观众在不同的平台上都能够获取到活动的相关信息和精彩内容。

(四)产业联动

未来数字化传播将与乡村文化产业更加紧密地联动。通过数字化传播手段,可以推动乡村旅游、手工艺等产业的发展;通过产业化运作,可以为乡村文化活动传播提供更加坚实的经济基础和产业支撑。这种产业联动将为乡村文化活动传播带来更加广阔的发展前景。

1. 推动乡村旅游发展

乡村旅游是乡村经济活动的重要组成部分。通过数字化传播手段,可以将乡村的旅游资源进行宣传推广,吸引更多的游客前来参观和体验。同时,还可以通过数字化手段为游客提供更加便捷、个性化的旅游服务,提升游客的旅游体验。

2. 促进手工艺产业发展

手工艺是乡村文化的重要组成部分。通过数字化传播手段,可以将手工艺产品进行宣传推广,让更多的人了解和喜爱手工艺产品。同时,还可以通过数字化手段为手工艺人提供更加广阔的销售渠道和市场机会,促进手工艺产业的发展和繁荣。

3. 实现文化传承与创新

未来数字化传播将与乡村文化产业更加紧密地联动,共同推动乡村文化的传承与创新。通过数字化手段可以将乡村文化的元素融入各种文化产品中,实现文化的传承与创新。同时,还可以通过数字化手段为乡村文化的传播提供更加广阔的空间和机会,让更多的人了解和喜爱乡村文化。

第三节 乡村文化产业的数字化发展

一、乡村文化产业的现状与潜力

（一）乡村文化产业的现状

乡村文化产业是指依托乡村特色文化元素，通过创意转化、科技融合及市场运作等手段，形成的涵盖文化旅游、手工艺品、民俗体验、生态农业等多个领域的产业形态。近年来，随着乡村振兴战略的深入实施，乡村文化产业迎来了前所未有的发展机遇，成为推动农村经济转型升级、满足人民文化需求、增强文化自信的重要途径。

乡村地区拥有丰富的历史文化、民俗风情、自然景观等文化资源，这些资源是乡村文化产业发展的独特优势。然而，长期以来，由于交通不便、信息闭塞、资金短缺等因素的制约，乡村文化产业的发展相对滞后，文化资源的开发利用程度较低。但随着城市化进程的加快和居民生活水平的提高，人们对精神文化生活的需求日益增长，尤其是对乡村文化、生态旅游等特色产品的需求显著增加，这为乡村文化产业提供了巨大的市场潜力和发展空间。

（二）乡村文化产业的潜力

乡村文化产业的潜力主要体现在以下几个方面：

1. 市场需求增长：随着人们生活水平的提高和文化消费的多样化，乡村文化产品以其独特的魅力和丰富的内涵，越来越受到消费者的青睐。

2. 文化传承与保护：乡村文化产业的发展有助于传承和保护乡村优秀

传统文化，增强村民的文化自信和归属感。

3.经济转型升级：乡村文化产业的发展可以推动农村经济结构的优化升级，促进农业与旅游、文化等产业的融合发展，为乡村经济注入新的活力。

4.就业与创业：乡村文化产业的发展可以创造更多的就业机会和创业机会，吸引青年返乡创业，缓解乡村人才流失问题。

二、数字化在乡村文化产业中的应用

数字化技术的快速发展正在深刻改变着各行各业，乡村文化产业也不例外。通过数字化手段，乡村文化产业得以焕发新的生机与活力，不仅促进了乡村经济的多元化发展，还加强了乡村文化的传承与创新。

（一）电子商务

电子商务作为数字化在乡村文化产业中的重要应用，正在逐步改变乡村文化产品的传统销售模式。借助电子商务平台，乡村文化产品得以突破地域限制，实现全国乃至全球范围内的销售，这不仅拓宽了销售渠道，提高了产品知名度，还降低了销售成本，增加了农民收入。

1.突破地域限制，实现广泛销售

电子商务平台打破了传统销售模式中的地域壁垒，使得乡村文化产品能够直接触达更广泛的消费者群体。过去，由于交通不便、信息闭塞等原因，乡村文化产品往往难以走出乡村，限制了其市场潜力。而现在，通过电商平台，乡村特色农产品、手工艺品等文化产品可以轻松地展示在消费者面前，吸引更多人的关注和购买。

例如，某乡村地区通过电商平台销售当地特色农产品，如有机蔬菜、水果等，不仅在国内市场取得了良好的销售业绩，还吸引了国外消费者的关注，实现了跨国销售。这不仅提高了产品的知名度和影响力，还为当地农民带来了可观的收入。

2.降低销售成本，提高经济效益

电子商务平台通过简化销售流程、减少中间环节，有效降低了乡村文化产品的销售成本。传统销售模式中，产品需要经过多个层级的批发和零售环节，每个环节都会增加一定的成本。而电商平台则可以直接将产品从生产者手中送到消费者手中，减少了中间环节，降低了销售成本。

此外，电商平台还提供了丰富的营销工具和数据分析功能，帮助乡村文化产品生产者更好地了解市场需求和消费者行为，从而制定更加精准的营销策略，提高经济效益。例如，通过数据分析，生产者可以了解哪些产品更受欢迎，哪些时间段销售效果更好，从而调整生产计划和销售策略。

3. 提升品牌形象，增强市场竞争力

电子商务平台为乡村文化产品提供了展示品牌形象和企业文化的重要窗口。通过精心设计的店铺页面、优质的产品图片和详细的产品描述，乡村文化产品生产者可以向消费者展示产品的独特魅力和文化内涵，提升品牌形象和知名度。

同时，电商平台上的消费者评价和反馈也为乡村文化产品生产者提供了宝贵的市场反馈。生产者可以根据消费者的评价和反馈，不断改进产品质量和服务水平，提升市场竞争力。例如，一些乡村手工艺品生产者通过电商平台收集消费者反馈，不断优化产品设计和制作工艺，使得产品更加符合市场需求和消费者喜好。

（二）数字创意

数字创意是数字化与文化产业深度融合的产物，它在乡村文化产业中的应用为乡村文化的传承与创新提供了新的思路和方法。通过数字创意技术，乡村文化资源得以进行创意转化，打造出具有市场竞争力的文化产品。

1. 打造乡村旅游体验项目

乡村旅游是乡村文化产业的重要组成部分，通过数字创意技术可以打造更加丰富多彩的乡村旅游体验项目。例如，利用虚拟现实技术，可以创建虚拟的乡村旅游场景，让游客在虚拟环境中体验乡村的自然风光和人文景观。这种虚拟旅游项目不仅可以让游客在疫情防控期间安全地体验乡村旅游，还可以吸引更多对乡村文化感兴趣的游客前来实地探访。

此外，数字创意技术还可以用于乡村旅游的规划和设计。通过数字模型、三维动画等手段，可以直观地展示乡村旅游项目的整体布局和景观效果，帮助规划者和设计者更好地把握项目的风格和特点。

2. 创新手工艺品设计与制作

手工艺品是乡村文化产业的重要载体之一，通过数字创意技术可以创新手工艺品的设计与制作方式。例如，利用计算机辅助设计软件，可以更加精准地绘制手工艺品的图案和形状；利用三维打印技术，可以快速制作出手工艺品的原型和样品。这些数字创意技术的应用不仅提高了手工艺品的制作效率和质量，还丰富了手工艺品的种类和风格。

同时，数字创意技术还可以用于手工艺品的营销推广。通过电商平台、社交媒体等数字化渠道，手工艺品生产者可以将自己的作品展示给更广泛的受众群体，吸引更多人的关注和购买。此外，还可以利用数字创意技术打造手工艺品的品牌故事和文化内涵，提升产品的附加值和市场竞争力。

3. 丰富民俗体验与文化传承

民俗体验是乡村文化产业的重要组成部分之一，通过数字创意技术可以丰富民俗体验的内容和形式。例如，利用虚拟现实技术可以重现乡村的传统节日和民俗活动场景，让游客在虚拟环境中感受乡村文化的魅力；利用数字交互技术可以打造互动式的民俗体验项目，让游客在参与中了解和学习乡村文化。

此外，数字创意技术还可以用于乡村文化的传承与创新。通过数字化手段记录和保存乡村文化的传统技艺和口头传说等非物质文化遗产资源，为乡村文化的传承提供有力的支持。同时，还可以利用数字创意技术对乡村文化进行创意转化和创新发展，打造出具有时代特色和市场竞争力的文化产品。例如，将乡村文化的元素融入现代设计理念和制作工艺中，创作出既具有传统韵味又符合现代审美的文化产品。

三、数字化推动乡村文化产业创新发展的路径

随着数字化技术的不断发展和普及，乡村文化产业迎来了前所未有的

发展机遇。数字化不仅为乡村文化产业提供了更加广阔的传播渠道和市场空间，还为其创新发展提供了强大的技术支持和动力源泉。

（一）挖掘特色资源

乡村地区蕴藏着丰富的文化资源，这些资源是乡村文化产业发展的基础与核心。要推动乡村文化产业的创新发展，必须深入挖掘和整合这些资源，形成具有地方特色的文化产业链。

1. 建立文化档案

乡村文化资源具有独特性和不可复制性，因此，建立文化档案是保护和传承这些资源的重要手段。可以通过田野调查、口述历史记录等方式，系统收集、整理乡村的历史文化、民俗风情、自然景观等资源，形成完整的文化档案体系。这不仅有助于保护乡村文化资源的原真性和完整性，还为后续的创意转化和市场开发提供了坚实的基础。

2. 开展文化交流

文化交流是挖掘和传承乡村文化资源的重要途径。可以通过举办文化节、民俗活动、艺术展览等形式，搭建乡村文化与外界交流的桥梁，让更多人了解和认识乡村文化的独特魅力。同时，还可以邀请专家学者、艺术家等前来考察和交流，为乡村文化产业的发展提供新的思路和灵感。

3. 举办民俗活动

民俗活动是乡村文化资源的重要组成部分，也是吸引游客和消费者的关键。可以通过举办传统节日庆典、民间艺术表演、手工艺制作等活动，让游客亲身体验乡村文化的魅力，增强对乡村文化的认同感和归属感。同时，这些活动还可以促进乡村经济的发展，提高村民的收入水平。

（二）加强人才培养

人才是乡村文化产业发展的关键。要推动乡村文化产业的创新发展，必须培养和引进一批熟悉乡村文化、具备创新意识和市场观念的专业人才。

1. 开展文化培训

文化培训是提高村民文化素养和创新能力的重要途径。可以通过举办培训班、讲座、研讨会等形式，向村民传授乡村文化知识、创意设计技巧、市场营销策略等内容，提高他们的文化素养和创新能力。同时，还可以邀请专业人士进行实地指导，帮助村民解决在创意转化和市场开发过程中遇到的问题。

2. 提升村民参与度

村民是乡村文化产业的主体和受益者。要推动乡村文化产业的创新发展，必须提高村民的参与度和积极性。可以通过建立村民合作社、文化协会等组织，鼓励村民积极参与乡村文化产业的开发和管理，提高他们的组织能力和市场意识。同时，还可以通过开展文化创意竞赛、手工艺制作比赛等活动，激发村民的创新意识。

3. 引入专业人才

专业人才是乡村文化产业发展的重要支撑。可以通过与高校、研究机构等合作，引入一批熟悉乡村文化、具备专业技能和创新能力的专业人才，为乡村文化产业的发展提供智力支持。同时，还可以建立人才激励机制，吸引更多人才投身乡村文化产业的发展事业。

（三）推动产业融合

乡村文化产业的发展需要与其他产业进行深度融合，形成产业协同效应。通过推动产业融合，可以拓展乡村文化产业的发展空间，提高产业附加值和市场竞争力。

1. 与农业相结合

农业是乡村的基础产业，也是乡村文化产业发展的重要依托。可以通过发展休闲农业和乡村旅游，将农业生产过程转化为旅游产品，提升农产品的附加值。例如，可以开发采摘园、农家乐等项目，让游客亲身体验农业生产的乐趣，同时购买和品尝当地的农产品。

2. 与旅游相结合

旅游是乡村文化产业的重要组成部分。可以通过打造特色民宿、民间艺术体验、农业观光等项目，丰富游客的体验感受。同时，还可以将乡村文化与旅游业相结合，开发文化旅游线路和产品，吸引更多游客前来参观和体验。

3. 与文化创意相结合

文化创意是乡村文化产业创新发展的核心。可以利用数字技术、创意设计等手段，对乡村文化资源进行创意转化，打造具有市场竞争力的文化产品。例如，可以开发乡村文化创意产品、手工艺品等，将乡村文化的元素融入其中，提高产品的附加值和市场竞争力。

第四节　数字化与文化旅游的深度融合

一、数字化技术提升乡村旅游体验的方式

随着数字化技术的迅猛发展和普及，乡村旅游行业迎来了前所未有的变革。数字化技术不仅为乡村旅游提供了更加便捷、高效的运营手段，还为游客带来了更加丰富、个性化和沉浸式的旅游体验。

（一）智能导览

智能导览系统是数字化技术在乡村旅游中的重要应用之一。通过智能手机或专用终端设备，智能导览系统能够为游客提供实时定位、语音讲解、路线规划等功能，极大地提升了游客的游览效率和体验质量。

1. 实时定位与导航

智能导览系统通常集成了 GPS 定位技术，能够实时显示游客在乡村景区内的位置。通过地图界面，游客可以清晰地看到自己所处的位置以及周边的景点分布。这种实时定位功能不仅帮助游客避免迷路，还能根据游客的行走速度和偏好，智能推荐最佳游览路线。

2. 语音讲解与互动

智能导览系统还提供了语音讲解功能，游客可以通过扫描二维码或连接蓝牙耳机，收听景点的详细介绍和背景故事。这些讲解内容通常经过精心设计和录制，既包含了丰富的历史文化知识，又融入了趣味性和互动性。例如，在讲解过程中穿插问答环节，让游客在游览的同时参与互动，加深对景点的理解和记忆。

3. 个性化定制服务

智能导览系统还支持个性化定制服务。游客可以根据自己的兴趣和需求，选择特定的景点、主题或活动进行游览。系统会根据游客的选择，智能生成个性化的游览路线和讲解内容。此外，智能导览系统还可以根据游客的反馈和评价，不断优化和完善服务内容，提供更加贴心和个性化的游览体验。

（二）虚拟现实旅游

虚拟现实技术为乡村旅游带来了全新的体验方式。通过虚拟现实设备，游客可以在家中就能"亲临"乡村景点，感受乡村的自然风光和人文风情。这种体验方式不仅打破了时间和空间的限制，还大大降低了旅游成本，满足了部分游客因时间或身体原因无法实地游览的需求。

1. 沉浸式体验

虚拟现实技术通过构建逼真的虚拟环境，让游客仿佛置身于真实的乡村景点之中。游客可以通过头戴式显示器、手柄等虚拟现实设备，与虚拟环境中的景物进行互动。例如，在虚拟乡村中漫步、观赏花海、聆听鸟鸣等，这些体验都极具沉浸感和真实感。

2. 丰富的场景内容

虚拟现实技术能够模拟出乡村景区的各种场景和细节，包括自然景观、人文景观、民俗活动等。这些场景内容经过精心设计和制作，不仅还原了乡村的真实风貌，还融入了丰富的文化内涵和故事情节。游客在虚拟环境中游览时，可以深入了解乡村的历史文化、风土人情和民俗习惯，增强对乡村文化的认同感和归属感。

3.社交与分享功能

虚拟现实技术还支持社交与分享功能。游客可以在虚拟环境中与其他游客进行互动和交流，分享游览心得和体验感受。这种社交功能不仅丰富了游客的游览体验，还促进了乡村旅游文化的传播和推广。同时，游客还可以将自己在虚拟环境中的游览过程录制下来，分享给亲朋好友或社交媒体上的粉丝，进一步扩大乡村旅游的影响力。

（三）增强现实体验

增强现实技术通过在真实环境中叠加虚拟信息，为游客提供更为丰富的旅游体验。在乡村旅游中，增强现实技术可以应用于古建筑游览、民俗活动体验等多个方面，让游客在游览过程中获得更加深入和全面的了解。

1.古建筑复原与展示

在乡村古建筑游览中，增强现实技术可以复原古建筑的历史风貌和内部结构。游客通过手机或平板电脑等设备扫描古建筑上的特定标记或二维码，就可以看到建筑的历史变迁、建筑风格、建筑材料等信息。同时，增强现实技术还可以将古建筑内部的布局和装饰进行虚拟展示，让游客在不破坏古建筑的前提下，了解建筑的历史和文化价值。

2.民俗活动互动体验

增强现实技术还可以应用于乡村民俗活动的互动体验中。例如，在乡村节日庆典或民俗表演中，游客可以通过增强现实技术参与到活动中来。他们可以通过手机等设备扫描现场的特定标记或二维码，触发虚拟的民俗活动或表演。这些虚拟活动或表演与真实环境相结合，既保留了民俗活动的传统韵味，又增加了互动性和趣味性。

3.文化故事讲解与互动问答

在乡村游览过程中，增强现实技术还可以用于文化故事的讲解和互动问答。游客可以通过扫描景点上的标记或二维码，获取景点的详细介绍和背景故事。同时，系统还可以根据游客的选择和反馈，智能推荐相关的文化故事和互动问答环节。这些环节不仅增加了游览的趣味性和互动性，还帮助游客更加深入地了解乡村的历史文化和风土人情。

二、数字化与文化旅游融合发展的成功案例

在数字化时代，文化旅游产业正经历着前所未有的变革。通过融合虚拟现实、三维建模、5G、区块链、大数据等前沿技术，文化旅游体验得以重塑，不仅丰富了游客的游览内容，还提升了目的地的知名度和影响力。

（一）四川金沙遗址博物馆"考古时空门"

四川金沙遗址博物馆，作为展示古蜀文化的重要窗口，利用虚拟现实、三维建模等数字技术，精心打造了"考古时空门"数字体验项目，为游客提供了一次穿越时空的虚拟之旅。

1. 技术融合与创新

"考古时空门"项目巧妙地融合了虚拟现实技术和三维建模技术，构建了一个高度逼真的古蜀祭祀区虚拟环境。游客只需佩戴虚拟现实设备，就能瞬间"穿越"到三千年前的古蜀时代，身临其境地感受古蜀文化的神秘与魅力。这种技术融合不仅打破了时间和空间的限制，还极大地丰富了游客的游览体验。

2. 文化故事的生动演绎

在虚拟环境中，游客可以近距离观察古蜀祭祀区的建筑、器物和人物，聆听专业的语音讲解，了解古蜀文化的历史背景、宗教信仰和祭祀习俗。通过生动的演绎和互动，游客能够更深入地理解古蜀文化的内涵和价值，增强对文化遗产的认同感和保护意识。

3. 影响力的提升与拓展

"考古时空门"项目的成功实施，不仅吸引了大量游客前来体验，还提升了金沙遗址博物馆的知名度和影响力。通过社交媒体、新闻报道等渠道，该项目的创新性和趣味性得到了广泛传播，吸引了更多游客前来参观。同时，该项目也为金沙遗址博物馆的数字化转型和文化传播提供了有力支撑。

（二）都江堰沉浸式文旅元宇宙数字平台

都江堰，作为世界文化遗产和著名的水利风景区，利用数字技术打造了沉浸式文旅元宇宙数字平台，为游客提供了一次跨越时空的沉浸式体验。

1. 元宇宙技术的创新应用

都江堰沉浸式文旅元宇宙数字平台采用了先进的元宇宙技术，包括虚拟现实、增强现实、人工智能等，构建了一个高度逼真的虚拟世界。游客可以在平台上与历史人物互动、游览都江堰景区、参与文化体验活动等，感受"问道青城山，拜水都江堰"的意境。这种创新的应用方式不仅打破了传统旅游的局限，还为游客提供了更加丰富的游览体验。

2. 历史文化的深度挖掘与传承

在平台上，都江堰的历史文化得到了深度挖掘和传承。游客可以通过互动体验、虚拟游览等方式，了解都江堰的历史背景、建设过程、水利原理等。同时，平台还提供了丰富的文化体验活动，如制作都江堰模型、学习水利知识等，让游客在参与中感受历史文化的魅力。

3. 智慧旅游的示范与引领

都江堰沉浸式文旅元宇宙数字平台的成功实施，为智慧旅游的发展提供了有力示范和引领。通过数字技术的赋能，都江堰实现了旅游资源的数字化、智能化管理，提升了旅游服务的质量和效率。同时，该平台也为其他景区提供了可借鉴的经验和模式，推动了智慧旅游的广泛应用和发展。

（三）八尔湖镇数字乡村发展模式

四川省南部县八尔湖镇，作为数字乡村发展的典范，采用 5G、区块链、大数据等新技术，实现了乡村环境的数字化还原和智能化管理，为乡村旅游产业的持续发展注入了新的动力。

1. 数字技术的广泛应用

在八尔湖镇，数字技术得到了广泛应用。通过 5G 网络的建设和普及，游客可以随时随地享受高速的网络服务，实现景区预订、导览、购物等需求。同时，区块链技术也被应用于农产品的溯源和防伪，保障了农产品的质量和安全。大数据技术的应用则帮助八尔湖镇实现了旅游资源的精准营销和智能化管理。

2. 乡村旅游产业的转型升级

数字技术的应用推动了八尔湖镇乡村旅游产业的转型升级。通过电商平台的营销推广，八尔湖镇的农产品和旅游资源得到了广泛传播和推广，吸引了大量游客前来参观和购买。同时，数字化管理也提升了乡村旅游服务的质量和效率，为游客提供了更加便捷、舒适的旅游体验。

3. 乡村振兴的示范与带动

八尔湖镇数字乡村发展模式的成功实施，为乡村振兴提供了有力示范和带动。通过数字技术的赋能，八尔湖镇实现了乡村经济的多元化发展，提升了乡村居民的生活水平和幸福感。同时，该模式也为其他乡村提供了可借鉴的经验和模式，推动了乡村振兴的广泛实践和发展。

第五节　乡村文化振兴的数字化路径

数字化不仅为乡村文化的传承与创新提供了强有力的技术支撑，也为乡村经济的多元化发展开辟了新路径，具体体现在以下方面。

一、加强数字化基础设施建设，提升乡村网络覆盖水平

数字化基础设施是乡村文化振兴不可或缺的基石，它直接关系到乡村地区能否有效接入并充分利用丰富的数字资源，从而推动乡村文化的传承与创新。因此，加强数字化基础设施建设，提升乡村网络覆盖水平，是当前乡村文化振兴的首要任务。

（一）网络基础设施升级

1. 宽带网络与移动互联网建设

乡村地区的网络基础设施升级，首要任务是加快宽带网络和移动互联网的建设步伐。宽带网络作为信息传输的"高速公路"，其速度和稳定性直接关系到乡村居民能否顺畅地接入互联网，享受数字资源带来的便利。因此，应加大对乡村宽带网络建设的投入，提升网络带宽，优化网络结构，确保乡村居民能够享受到与城市居民同等水平的网络服务。移动互联网的普及同样重要。随着智能手机的普及，移动互联网已成为乡村居民获取信息、进行社交、参与文化活动的重要渠道。因此，应加快乡村地区的4G/5G网络建设，扩大网络覆盖范围，提高网络服务质量，让乡村居民随时随地都能享受到高速、稳定的移动互联网服务。

2. 网络设施的维护与优化

网络基础设施的升级不仅包括新建和扩建，还包括对现有网络设施的维护与优化。乡村地区由于地理条件复杂，网络设施容易受到自然灾害、人为破坏等因素的影响。因此，应建立健全网络设施维护机制，定期对网络设施进行检查、维修和升级，确保网络设施的稳定运行。同时，还应优化网络结构，提高网络传输效率。通过引入先进的网络技术和设备，如光纤传输、无线基站等，提升网络带宽和传输速度，降低网络延迟，为乡村居民提供更加优质的网络服务。

（二）数字化人才培养与引进

1. 数字化技能培训

乡村数字化人才的培养是提升乡村网络覆盖水平的关键。由于乡村地区教育资源相对匮乏，乡村居民的数字素养和操作技能普遍较低。因此，应加大对乡村居民的数字化技能培训力度，通过举办培训班、讲座、在线课程等形式，普及数字技术和网络应用知识，提升乡村居民的数字素养和操作技能。培训内容应包括计算机基础知识、网络应用技能、数字文化创作等方面。通过培训，让乡村居民掌握基本的数字技术和网络应用技能，能够熟练使用数字工具进行文化交流与创作，推动乡村文化的数字化发展。

2.数字化人才引进

除了培养本土数字化人才外，还应积极引进具有数字技能的专业人才到乡村工作。通过提供优厚的待遇和良好的工作环境，吸引具有丰富经验和专业技能的数字人才到乡村地区发展。这些人才可以为乡村文化的数字化发展提供智力支持和技术保障，推动乡村文化产业的创新发展。同时，还应加强与高校、科研机构等单位的合作，建立产学研合作机制，共同培养数字化人才。通过校企合作、产学研结合等方式，为乡村地区培养更多具有实践经验和创新能力的数字化人才。

（三）政策支持与资金投入

1.政策扶持

政府出台税收优惠、资金补贴、土地供应等优惠政策，降低乡村数字化基础设施建设的成本，加强对乡村数字化基础设施建设的监管和评估，确保建设项目顺利实施。

2.资金投入

资金投入是乡村数字化基础设施建设的重要保障。政府应加大对乡村数字化基础设施建设的资金投入力度，确保建设项目的顺利实施。这些资金可以来源于政府预算、专项基金、社会资本等多个渠道。政府预算是资金投入的主要来源之一。政府应将乡村数字化基础设施建设纳入财政预算，确保每年有足够的资金用于建设项目。同时，还可以设立专项基金，用于支持乡村数字化基础设施建设的重点项目和试点项目。社会资本也是重要的资金来源之一。政府应引导社会资本投入乡村数字化基础设施建设，通过PPP（政府和社会资本合作）模式、股权融资等方式，吸引社会资本参与建设项目的投资和运营。这不仅可以缓解政府财政压力，还可以提高建设项目的运营效率和质量。

3.多元化投入机制

除了政府投入和社会资本投入外，还应建立多元化的投入机制。这包括鼓励企业、社会组织和个人等社会力量参与乡村数字化基础设施建设。通过捐赠、赞助、志愿服务等方式，为建设项目提供资金、技术和人力支持。同时，还可以通过设立基金会、发行债券等方式，拓宽资金来源渠道，为乡村数字化基础设施建设提供更多的资金支持。

二、推动乡村文化资源数字化，构建乡村文化数据库

乡村文化资源，作为乡村文化振兴的根基与灵魂，承载着丰富的历史记忆、民俗风情和地域特色。在数字化时代，如何利用现代科技手段将这些宝贵的文化资源进行整理、保存与传播，对于提升乡村文化的知名度、影响力以及促进乡村文化的可持续发展具有重要意义。

（一）文化资源收集与整理

1. 全面调研与资源梳理

推动乡村文化资源数字化的首要任务是进行全面调研与资源梳理。这要求组织专业团队深入乡村，通过实地考察、访谈、问卷调查等多种方式，全面了解乡村的文化资源状况。调研内容应涵盖民间故事、传统技艺、民俗活动、历史遗迹、古建筑、非物质文化遗产等多个方面，确保资源的全面性和多样性。在调研过程中，要注重对乡村文化资源的深入挖掘和细致梳理。对于具有独特性和代表性的文化资源，要进行详细记录，包括其历史背景、文化内涵、传承方式等，为后续的数字化处理提供丰富而准确的素材。

2. 标准化与规范化处理

为了确保乡村文化资源的数字化质量，需要对收集到的资源进行标准化与规范化处理。这包括制定统一的资源分类标准、元数据标准、文件格式标准等，确保资源的描述、存储、检索等环节都符合规范，便于后续的管理和利用。同时，还要对资源进行质量评估，确保收集到的资源具有代表性、完整性和真实性。对于不符合要求的资源，要进行筛选或重新收集，确保数字化资源的准确性和可靠性。

3. 资源整合与共享

在完成资源的收集与整理后，还需要进行资源整合与共享。这要求将不同来源、不同格式的资源进行统一整合，形成一个完整的乡村文化资源库。同时，要建立资源共享机制，通过线上线下的方式，将资源库向乡村居民、文化工作者、学者以及社会各界开放，促进资源的共享与利用。资源整合与共享不仅可以提升乡村文化资源的知名度和影响力，还可以为乡村文化产业的创新发展提供有力支持。通过挖掘和利用乡村文化资源，可以开发出具有地域特色的文化旅游产品、文化创意产品等，推动乡村经济的多元化发展。

（二）数字化处理与平台建设

1. 数字化技术应用

推动乡村文化资源数字化的关键在于数字化技术的应用。这要求利用高清拍摄、三维扫描、音频录制等现代技术手段，对收集到的文化资源进行数字化处理。通过数字化处理，可以将文化资源转化为数字形态，便于存储、传播和再利用。在数字化处理过程中，要注重技术的先进性和实用性。一方面，要采用先进的技术手段，确保数字化资源的清晰度和真实度；另一方面，要考虑技术的可操作性和经济性，确保数字化处理的成本可控、效果良好。

2. 数据库平台建设

在完成数字化处理后，需要构建乡村文化数据库平台。这要求将数字化资源进行分类存储、索引管理和在线展示。数据库平台应具备强大的数据存储能力和高效的检索功能，方便用户快速找到所需的资源。同时，数据库平台还应具备友好的用户界面和丰富的交互功能。通过界面设计、交互设计等手段，提升用户体验，使用户能够轻松浏览、搜索和下载数字化资源。此外，还可以利用社交媒体、移动应用等渠道，将数据库平台向更广泛的用户群体推广，提升乡村文化资源的知名度和影响力。

3. 数据分析与利用

通过对数字化资源的分析和挖掘，可以了解乡村文化资源的分布特点、传承规律和发展趋势，为乡村文化产业的创新发展提供决策支持。同时，还可以利用数据分析技术，对用户的浏览行为、搜索习惯等进行深入分析，了解用户需求和市场趋势，为数字化资源的优化和推广提供有力依据。通过数据分析与利用，可以推动乡村文化资源的精准传播和有效利用，提升乡村文化的竞争力和影响力。

（三）知识产权保护

1. 版权登记与商标注册

在推动乡村文化资源数字化的过程中，知识产权保护至关重要。这要求通过版权登记、商标注册等手段，明确数字化资源的权属关系，确保乡村文化资源的合法权益得到保障。版权登记是对数字化资源创作成果的确认和保护。通过版权登记，可以明确数字化资源的创作者、著作权人以及作品名称、创作完成日期等信息，为后续的维权和诉讼提供有力证据。同时，版权登记还可以提升数字化资源的知名度和价值，为资源的商业化利用提供有力支持。商标注册则是对乡村文化资源品牌形象的保护。通过商标注册，可以确立乡村文化资源的品牌形象和商业价值，防止被恶意侵权或滥用。同时，商标注册还可以为乡村文化资源的推广和营销提供有力保障，提升资源的知名度和美誉度。

2. 法律法规宣传与普及

加强法律法规的宣传与普及。这要求通过举办讲座、培训、展览等活动，向乡村居民、文化工作者以及社会各界普及知识产权法律法规知识，提升公众的知识产权保护意识。同时，还要建立健全知识产权维权机制，为数字化资源的创作者和权利人提供便捷的维权渠道和法律援助。通过法律法规的宣传与普及以及维权机制的建立，可以形成全社会共同保护乡村文化资源的良好氛围，推动乡村文化资源的可持续发展。

3. 利益共享与激励机制

建立利益共享与激励机制，鼓励乡村文化资源的创作者和权利人积极参与数字化进程。这要求通过政策引导、资金扶持等方式，为数字化资源的创作者和权利人提供合理的经济回报和荣誉奖励，激发其创作和传承的积极性。同时，还要建立数字化资源的商业化利用机制，通过版权转让、授权使用等方式，实现数字化资源的价值最大化。通过利益共享与激励机制的建立，可以推动乡村文化资源的数字化进程加速发展，为乡村文化振兴注入新的活力和动力。

三、创新乡村文化产品形态，打造乡村文化品牌

在乡村文化振兴的大潮中，创新无疑是其灵魂所在。随着数字化技术的飞速发展，乡村文化的传承与发展迎来了前所未有的机遇。通过数字化技术的赋能，我们可以开发出具有市场竞争力的乡村文化产品，不仅能够提升乡村文化的经济价值，还能进一步扩大其社会影响力。

（一）数字文化产品开发

1. 虚拟现实乡村游

随着虚拟现实技术的不断成熟，将其应用于乡村文化产品开发中，可以创造出一种全新的旅游体验方式——虚拟现实乡村游。通过虚拟现实技术，游客可以身临其境地游览乡村风光，感受乡村的宁静与美丽。这种虚拟旅游方式不仅能够满足游客对于乡村的好奇心和探索欲，还能在疫情防控期间为乡村旅游业带来新的增长点。在虚拟现实乡村游的开发过程中，可以融入乡村的历史文化、民俗风情等元素，让游客在游览的同时，深入了解乡村的文化内涵。同时，还可以结合互动游戏、知识问答等形式，增加游客的参与度和趣味性，使虚拟现实乡村游成为一种寓教于乐的文化体验方式。

2. 数字博物馆

数字博物馆是另一种值得探索的数字文化产品。通过数字化技术，将乡村的历史文物、传统技艺等文化资源进行数字化处理，并在线上展示给公众。数字博物馆不仅打破了时间和空间的限制，让更多的人能够便捷地接触到乡村文化，还能通过互动展示、虚拟讲解等方式，提升观众的参与感和体验感。在数字博物馆的建设中，可以注重与乡村社区的合作，邀请当地的文化传承人、历史学者等参与内容的策划和制作，确保数字博物馆

的内容真实、丰富且具有代表性。同时，还可以利用社交媒体、短视频等新媒体平台进行推广，吸引更多的观众关注和参与。

3. 在线文化课程

随着在线教育市场的不断扩大，开发乡村文化在线课程也成为一种新的尝试。可以邀请乡村的文化传承人、手工艺人等开设在线文化课程，传授传统技艺、历史故事等乡村文化知识，以满足公众对于乡村文化的兴趣和学习需求，也为乡村文化传承者带来一定经济收益。开发在线文化课程时，应注重课程的实用性和趣味性，以案例分析、实践操作等方式提升学员的学习体验，也可与教育机构、文化机构等合作，共同推动乡村文化在线课程的普及。

（二）文化创意产品设计

1. 手工艺品创新

手工艺品是乡村文化的重要组成部分，也是乡村文化创意产品的重要来源。通过创新设计，将手工艺品与现代审美相结合，可以创造出具有市场竞争力的文化创意产品。例如，可以将乡村的传统编织技艺与现代设计理念相结合，制作出既实用又美观的编织品；还可以将乡村的陶瓷技艺与现代家居风格相融合，打造出独具特色的陶瓷艺术品。在手工艺品创新的过程中，可以注重与设计师、艺术家的合作，共同探索新的设计理念和制作技艺。同时，还可以通过举办手工艺品设计比赛、展览等活动，激发更多人的创作热情和创意灵感。

2. 农产品包装设计

农产品是乡村经济的重要组成部分，也是乡村文化创意产品的重要载体。通过创新农产品包装设计，可以提升农产品的附加值和市场竞争力。例如，可以将乡村的文化元素、历史故事等融入农产品包装中，使包装成为传递乡村文化的重要媒介。同时，还可以利用环保材料、可降解材料等新型包装材料，提升农产品的环保性和可持续性。在农产品包装设计的创新中，可以注重与品牌策划、市场营销等专业的合作，共同打造具有品牌特色的农产品包装。通过品牌化的运营和推广，可以进一步提升农产品的知名度和美誉度。

　　3.乡村旅游纪念品开发

　　乡村旅游纪念品是游客在乡村旅游过程中购买的重要商品之一。通过开发具有创意和特色的乡村旅游纪念品，可以满足游客的购物需求和纪念需求。例如，可以将乡村的标志性建筑、自然景观等元素融入纪念品设计中，制作出具有地域特色的纪念品；还可以利用乡村的传统技艺和手工艺制作纪念品，如手工编织的围巾、陶瓷杯等。在乡村旅游纪念品的开发中，可以注重与旅游机构、纪念品制造商等合作，共同推动纪念品的设计和生产。同时，还可以通过举办纪念品设计比赛、展览等活动，吸引更多人的关注和参与。

（三）乡村文化品牌打造

　　1.文化节庆活动举办

　　文化节庆活动是打造乡村文化品牌的重要手段之一。通过举办具有地方特色的文化节庆活动，可以吸引游客的关注和参与，提升乡村的知名度和影响力。例如，可以举办乡村音乐节、丰收节、民俗文化节等活动，展示乡村的音乐、舞蹈、戏剧等传统文化艺术形式；还可以举办乡村美食节、农产品展销会等活动，推广乡村的特色美食和农产品。在文化节庆活动的举办中，可以注重与旅游机构、文化机构等合作，共同策划和组织活动。同时，还可以通过媒体宣传、社交媒体推广等方式，扩大活动的知名度和影响力。

　　2.乡村文化地标打造

　　乡村文化地标是乡村文化品牌的重要象征和标志。通过打造具有地方特色的乡村文化地标，可以彰显乡村的文化底蕴和地域特色。例如，可以建设乡村文化广场、乡村博物馆、乡村艺术馆等公共设施，作为展示乡村文化的重要场所；还可以将乡村的传统建筑、历史遗迹等进行保护和修复，作为乡村文化地标的重要组成部分。在乡村文化地标的打造中，可以注重与规划机构、建筑设计机构等合作，共同规划和设计地标建筑。同时，还可以通过举办地标建筑设计比赛、展览等活动，吸引更多人的关注和参与。

3. 文化旅游营销开展

文化旅游营销是打造乡村文化品牌的重要手段之一。通过开展精准有效的文化旅游营销活动，可以吸引更多的游客来到乡村旅游，体验乡村的文化魅力。例如，可以利用社交媒体、短视频等新媒体平台进行营销推广，展示乡村的美景、美食和文化特色；还可以与旅游机构、旅行社等合作，共同推广乡村的旅游线路和产品。在文化旅游营销的开展中，可以注重与市场调研、营销策划等专业的合作，共同制定营销策略和推广计划。同时，还可以通过举办旅游促销活动、文化节庆活动等方式，吸引更多游客的关注和参与。

第七章　数字化在乡村生态环境保护中的实践

第一节　生态环境监测的数字化技术

一、生态环境监测的重要性

所谓生态环境监测，即通过对自然环境中各种要素及环境质量进行定量或定性的观测、测量和分析，帮助人们及时了解环境变化、评估环境质量、发现潜在环境问题。随着环境问题的日益凸显，生态环境监测的范围和内容也不断扩展，涵盖了大气、水质、土壤、生物多样性等多个方面。

当前，我国生态环境事件多发频发的高风险态势仍未根本改变，环境风险的防控形势依然复杂严峻。因此，提升生态环境监测水平，实现精准、高效的环境管理，显得尤为重要。

二、数字化技术在生态环境监测中的应用

（一）遥感技术

遥感技术利用卫星或无人机等载体，搭载各种传感器，从远处对地球表面进行探测和感知。在生态环境监测中，遥感技术可以实现对大范围区域的快速、连续监测，获取地表覆盖、植被生长、水体污染等多方面的信

息。例如，通过卫星遥感图像分析，可以及时发现并跟踪森林火灾、水体油膜污染等环境问题。

（二）物联网监测

物联网技术通过将各种智能设备连接起来，实现数据的实时采集、传输和处理。在生态环境监测中，物联网监测技术可以部署在各种环境要素中，如空气、水质、土壤等，实时监测环境参数的变化。通过物联网技术，我们可以构建一个全面、实时的环境监测网络，为环境保护决策提供科学依据。

三、数字化监测提升生态环境数据获取与分析能力的途径

（一）提高数据获取的时效性和准确性

在生态环境保护领域，数据的时效性和准确性至关重要。数字化监测技术的引入，为提升这两方面能力提供了有力支持。

1. 实时数据采集与传输

数字化监测技术通过布置在环境中的各种传感器和设备，能够实时采集空气、水质、土壤等多种环境指标的数据。这些数据通过无线网络或有线连接，可以快速传输到数据中心或云平台，供后续处理和分析使用。这种实时数据采集与传输的方式，大大缩短了数据从产生到被利用的时间周期，提高了数据获取的时效性。

例如，在水质监测方面，通过在水体中部署水质传感器，可以实时监测水中的溶解氧、pH 值、浊度等指标。这些数据每分钟甚至每秒都在更新，为及时发现水质异常、预防水污染事件提供了有力支持。

2. 自动化与智能化数据处理

传统的环境监测往往依赖人工采样、实验室分析和数据录入，过程烦琐且易出错。而数字化监测技术通过引入自动化和智能化的数据处理流程，大大减少了人为干预和误差，提高了数据的准确性。

具体来说，数字化监测系统可以利用预设的算法和模型，对采集到的

原始数据进行自动校准、异常值剔除、缺失值填补等处理。同时，通过引入机器学习、深度学习等人工智能技术，还可以对数据进行智能分析和预测，进一步挖掘数据中的有用信息。

例如，在空气质量监测中，数字化监测系统可以自动识别和剔除由于设备故障或恶劣天气导致的异常数据，确保分析结果的准确性。同时，通过训练机器学习模型，还可以根据历史数据和当前环境条件，预测未来一段时间的空气质量变化趋势。

（二）实现多源数据的融合与分析

生态环境是一个复杂的系统，涉及多种因素和多个层面。为了更全面地了解环境的整体状况，需要整合来自不同来源、不同类型的数据进行分析。数字化监测技术在这方面具有显著优势。

1. 多源数据整合能力

数字化监测技术可以方便地整合来自遥感卫星、地面观测站、移动监测设备等多种来源的数据。这些数据可能具有不同的时间分辨率、空间分辨率和精度等级，但通过统一的数据格式和坐标系统，可以实现无缝对接和融合。

例如，在森林火险监测中，可以将遥感卫星获取的森林覆盖数据、地面观测站提供的气象数据以及无人机拍摄的实时图像进行融合分析。这样不仅可以全面了解森林的分布状况、气象条件和火险等级，还可以及时发现和定位火源，为灭火工作提供有力支持。

2. 数据关联与规律发现

通过多源数据的融合与分析，我们可以发现不同数据之间的关联和规律，从而更深入地了解生态环境的运行机制和影响因素。这有助于揭示环境问题的本质和根源，为制定针对性的治理措施提供科学依据。

例如，在城市环境监测中，通过整合空气质量、交通流量、能源消耗等多种数据进行分析，可以发现空气污染与交通拥堵、能源消耗之间的密切关系。这提示我们可以通过优化交通布局、推广清洁能源等方式来改善空气质量。

（三）强化数据可视化与信息共享

数字化监测技术不仅提高了数据获取的时效性和准确性、实现了多源数据的融合与分析，还通过数据可视化和信息共享功能，进一步提升了生态环境数据的应用价值。

1. 直观展示复杂数据

生态环境数据往往具有多维性、时空变化性和复杂性等特点，难以直接理解和应用。数字化监测技术可以利用数据可视化技术，如图表、地图、动画等形式，将复杂的环境数据以直观、易懂的方式展示出来。这不仅降低了数据理解的难度，还提高了数据应用的效率和效果。

例如，在海洋环境监测中，通过绘制海流图、温度分布图等可视化产品，可以直观地展示海洋环境的动态变化和异常现象。这对于海洋科学研究、渔业生产、海上救援等领域都具有重要意义。

2. 促进跨部门与跨地区信息共享

生态环境保护涉及多个部门和地区的协作与配合。然而，传统的环境监测和管理模式往往存在信息孤岛和壁垒问题，导致数据难以共享和利用。数字化监测技术通过构建统一的信息共享平台或数据交换标准，可以实现环境数据的跨部门、跨地区共享和交换。这不仅提高了环境管理的协同性和效率，还为区域性的环境治理和决策提供了有力支持。

例如，在流域水污染治理中，通过搭建流域水环境信息共享平台，可以汇聚来自上下游各个地区和部门的水质监测数据、污染源排放数据等关键信息。这有助于实现全流域的水环境协同治理和决策优化，确保水质目标的顺利达成。

四、典型案例：数字化监测在乡村生态环境保护中的实践

随着科技的飞速发展，数字化监测技术在生态环境保护领域的应用日益广泛。以某乡村地区为例，通过引入数字化监测技术，该地区成功打造了一个高效、精准的生态环境监测网络，为乡村生态环境的保护和改善提供了有力支持。

该乡村地区过去面临着空气质量下降、水质污染、土壤退化等多重环境问题。由于缺乏有效的监测手段，环境问题的发现和处理往往滞后，给当地居民的生活质量和健康带来了不小的影响。为了改变这一状况，当地政府决定引入数字化监测技术，全面提升环境监测和治理能力。

在构建生态环境监测网络的过程中，该地区整合了卫星遥感、无人机巡查、地面观测站等多种先进监测手段。卫星遥感技术能够从高空对乡村环境进行大范围、快速的监测，提供宏观的环境数据；无人机巡查则能够深入复杂地形和难以抵达的区域，进行精细化的环境监测；地面观测站则负责实时监测空气质量、水质状况、土壤污染等关键环境指标，为环境保护提供第一手数据。

通过这一全面覆盖、实时监测的生态环境监测网络，该地区的环境问题发现能力和处置效率得到了显著提升。一旦监测到异常情况，系统能够迅速发出警报，并指引相关人员及时赶赴现场进行处理。这种快速响应机制大大缩短了环境问题从发现到解决的时间周期，有效防止了环境问题的恶化和扩散。

除了提高环境问题的应对效率外，数字化监测技术还为环境保护政策的制定提供了科学依据。通过对海量监测数据的分析，政府能够更准确地了解当地环境状况的变化趋势和影响因素，从而制定出更加针对性和有效的环境保护政策。这种数据驱动的决策方式不仅提高了政策的科学性和合理性，也增强了政策实施的可操作性和实效性。

值得一提的是，数字化监测技术的引入还间接提升了当地居民的环境保护意识。通过实时监测和公开环境数据，居民们能够更加直观地了解到环境问题的严重性和保护环境的紧迫性。这种透明化的环境监测方式激发了居民们参与环境保护的积极性和责任感，促进了乡村生态环境的持续改善。

第二节　生态环境治理的数字化手段

一、生态环境治理的挑战与需求

生态环境治理面临着多方面的挑战。首先，污染物排放量大，环境治理任务艰巨。随着工业化和城市化的快速发展，各种污染物的排放量不断增加，给生态环境带来了巨大的压力。其次，生态系统退化严重，生物多样性受到威胁。过度开发和不合理利用资源导致生态系统遭受破坏，生物多样性减少，生态平衡被打破。此外，环境治理体系尚不完善，存在监管不到位、执法不严格等问题。

针对这些挑战，生态环境治理有着迫切的需求。一方面，需要加强对污染源的监控和管理，减少污染物排放。另一方面，需要恢复和保护生态系统，促进生物多样性。同时，还需要完善环境治理体系，提高环境治理的效率和效果。

二、数字化手段在生态环境治理中的应用

（一）大数据分析

大数据分析在生态环境治理中发挥着重要作用。通过收集、整合和分析海量的环境数据，可以揭示环境问题的根源和规律，为环境治理提供科学依据。例如，对空气质量、水质状况等环境指标进行实时监测和数据分析，可以及时发现污染超标情况，并采取相应的应对措施。

（二）智能决策支持

智能决策支持系统利用人工智能技术，对环境数据进行深度挖掘和分析，为决策者提供科学、合理的治理建议。这种系统能够综合考虑多种因素，如环境容量、经济发展需求等，制定出最优的环境治理方案。

三、数字化手段提高生态环境治理效率与效果的方式

（一）提升监管能力

在生态环境治理领域，监管能力的提升是确保治理效果的关键。数字化手段以其独特的技术优势，为监管部门提供了前所未有的便利，显著提升了监管能力。

1.实时监控与数据分析

数字化手段通过布置在环境中的传感器、摄像头等设备，能够实时监控各种环境指标，如空气质量、水质状况、土壤污染情况等。这些数据通过无线网络实时传输到数据中心，经过处理后，监管部门可以迅速掌握当前的环境状况。与传统的定期巡检相比，实时监控能够及时发现环境问题，为快速响应提供有力支持。

同时，数据分析技术的运用使得监管部门能够更深入地了解环境问题的成因和趋势。通过对历史数据和实时监测数据的对比分析，可以准确评估环境风险，预测环境问题的发展趋势，为制定科学合理的治理策略提供重要依据。

2.自动化报警与应急响应

数字化手段还具备自动化报警功能。一旦监测数据超过预设的阈值或出现异常波动，系统会自动触发报警机制，及时通知监管部门。这种自动化的报警方式大大缩短了问题发现的时间，使得监管部门能够在第一时间采取措施，防止环境问题的扩大和恶化。

此外，数字化手段还可以支持应急响应流程的优化。在环境问题发生时，监管部门可以利用数字化平台迅速调动资源，协调各方力量进行应

急处置。通过实时的信息共享和通信联络，确保应急响应的高效性和准确性。

（二）优化资源配置

生态环境治理涉及众多资源的投入，如何合理配置这些资源是提高治理效率的关键。数字化手段通过数据分析和技术支持，为资源配置的优化提供了有力保障。

1. 治理重点区域的精准识别

通过对环境数据的深入分析，数字化手段可以帮助监管部门精准识别出治理的重点区域。这些区域可能是污染问题严重、生态脆弱或对环境质量影响较大的地区，将有限的治理资源优先投入重点区域，确保治理效果最大化。

2. 关键环节的有效把控

除了重点区域的识别外，数字化手段还可以帮助监管部门把控治理的关键环节。通过对治理流程的数据分析和模拟仿真，可以找出影响治理效果的关键因素和环节。针对这些关键环节进行资源投入和技术攻关，可以显著提高治理的效率和效果。

3. 资源的动态调整与优化配置

数字化手段还支持资源的动态调整和优化配置。随着环境治理的深入推进和环境状况的不断变化，原先的资源配置方案可能需要进行调整。通过实时监测和数据分析，监管部门可以及时了解资源的使用情况和治理效果，根据实际情况进行资源的动态调整。这种灵活的资源配置方式可以确保治理工作的连续性和高效性。

（三）促进公众参与

公众参与是生态环境治理的重要一环，而数字化手段为公众参与提供了更加便捷和高效的途径。

1. 环境信息的公开与透明

数字化手段使得环境信息的公开和透明成为可能。监管部门可以通过官方网站、手机应用等渠道，实时发布环境监测数据、治理进展情况和相关政策法规等信息。公众可以随时随地获取这些信息，了解当前的环境状况和治理工作进展。这种信息的公开和透明不仅增强了公众对政府的信任感，还激发了公众参与环境治理的积极性。

2. 数字化平台的参与与互动

除了信息公开外，数字化手段还为公众提供了参与环境治理的平台和机会。公众可以通过数字化平台参与环境问题的讨论、提出治理建议或举报环境违法行为等。这些参与行为不仅为政府提供了宝贵的民意反馈和治理线索，还促进了政府与公众之间的沟通。在这种共同参与和互动的氛围中，生态环境治理工作将更加贴近民意、符合实际需求。

3. 环保意识的提升与普及

数字化手段还可以通过宣传教育的方式提升公众的环保意识。通过制作环保主题的动画、视频、游戏等数字化内容，可以吸引更多人的关注和参与。这些内容以生动有趣的方式传递环保知识和理念，让公众在娱乐中学习、在互动中提升环保意识。随着公众环保意识的普遍提升，生态环境治理将获得更多的社会支持和参与力量。

四、创新实践：数字化治理在乡村生态环境保护中的成功案例

随着信息时代的到来，数字化技术正深刻改变着社会生活的方方面面。在乡村生态环境保护领域，数字化治理手段的引入同样带来了革命性的变革。以某乡村为例，该地区通过积极拥抱数字化，不仅显著提升了生态环境保护的效果，还为乡村的可持续发展注入了新的活力。

该乡村过去曾面临着空气质量下降、水源污染、土壤退化等环境问题，传统的治理方式由于信息滞后、决策缓慢等弊端，难以有效解决这些问题。为了改变这一现状，当地政府决定引入数字化治理手段，以期实现环境状况的实时监测、快速响应和精准治理。

在数字化治理的实践中，该地区首先搭建了一个功能强大的生态环境监测平台。这个平台通过整合多种传感器和监测设备，实现了对空气、水质、土壤等关键环境指标的实时监测和数据采集。这些数据不仅为政府部

门提供了环境状况的实时信息，还为后续的治理工作提供了科学依据。

更为重要的是，该地区还利用大数据分析技术，对采集到的海量环境数据进行了深入挖掘和分析。通过对历史数据和实时监测数据的比对，找出了环境治理的重点区域和难点问题。这种基于数据的决策方式，大大提高了治理工作的针对性和有效性。

在掌握了详尽的环境信息后，该地区进一步利用智能决策支持系统，综合考虑了环境容量、经济发展需求、居民生活质量等多重因素，制定出了最优的环境治理方案。这一方案不仅注重环境问题的解决，还充分考虑了乡村的可持续发展需求，实现了环境保护与经济发展的双赢。

在实施治理方案的过程中，数字化手段同样发挥了重要作用。监管部门通过数字化平台，实现了对治理过程的实时监控和效果评估。这种透明化的管理方式，不仅确保了治理措施的有效实施，还增强了公众对政府工作的信任。

经过一段时间的持续治理，该乡村的环境状况得到了显著改善。空气质量和水质状况均有了明显提升，土壤污染问题也得到了有效控制。更为可喜的是，随着环境的改善，该地区的生态系统也逐渐恢复了活力，生物多样性得到了有效保护。

这一成功案例充分展示了数字化治理在乡村生态环境保护中的重要作用和巨大潜力。通过数字化手段的引入，我们不仅能够实现对环境状况的实时监测和精准治理，还能够提高治理工作的效率和效果，为乡村的可持续发展奠定坚实基础。

展望未来，随着技术的不断进步和应用场景的拓展，数字化治理将在乡村生态环境保护中发挥更加重要的作用。我们期待更多的乡村地区能够借鉴这一成功案例的经验，积极探索数字化治理的新模式和新路径，共同推动乡村生态环境的持续改善和提升。

第三节　生态补偿机制的数字化管理

一、生态补偿机制的概念与重要性

生态补偿机制是一种为了保护生态环境、促进可持续发展而设立的制度。其核心思想是通过经济补偿或其他形式的补偿，对生态环境保护行为给予正面激励，同时对生态环境破坏行为进行负面约束。这种机制的重要性在于，它能够有效地平衡经济发展与生态环境保护之间的关系，促进两者之间的和谐发展。

具体来说，生态补偿机制通过向生态环境保护者提供经济补偿，激发他们保护生态环境的积极性和主动性。同时，对生态环境破坏者进行经济惩罚，形成负向激励，从而减少破坏行为。这种机制的实施，不仅有助于保护生态环境，还能推动区域经济的协调发展，优化资源配置，提高生态保护意识，并促进产业结构的调整和升级。

二、数字化管理在生态补偿中的应用

（一）电子支付

在生态补偿机制中，电子支付技术发挥着重要作用。传统的生态补偿资金发放过程烦琐且效率低下，而电子支付技术可以简化这一流程。通过电子支付，政府或相关机构可以直接将补偿资金转账到受补偿者的账户，大大提高了资金发放的效率和准确性。同时，电子支付还可以提供详细的交易记录，便于后续的审计和监督。

（二）区块链技术

区块链技术为生态补偿机制提供了新的可能性。区块链具有分布式存储、不可篡改等特点，可以确保生态补偿数据的真实性和安全性。通过区块链技术，可以建立一个去中心化的生态补偿信息平台，实现信息的公开、透明和共享。这不仅可以提高生态补偿的公平性和透明度，还可以降低信息不对称带来的风险。

三、数字化管理提升生态补偿机制透明度与公平性的方法

（一）数据公开与透明

生态补偿机制的透明度和公平性，是确保该机制有效运行并得到公众认可的关键。数字化管理在这方面发挥着至关重要的作用，它通过数据公开与透明的方式，显著提升了生态补偿机制的透明度。

1.建立公开透明的信息平台

数字化管理首先通过建立一个公开透明的信息平台，为生态补偿数据的公开奠定基础。这个平台可以是一个网站、一个 APP 或者一个数据共享接口，关键是它能够实时更新并公布生态补偿的相关数据和信息。这些信息包括但不限于补偿资金的来源、分配标准、使用情况以及项目进展等。通过这样一个平台，公众可以随时随地获取到最新的生态补偿信息，从而对整个机制的运行有一个清晰的认识。

公开透明的信息平台不仅有助于增强公众的知情权和监督权，还能够提升政府的公信力。当公众能够清楚地了解到每一笔补偿资金的去向和用途时，他们对政府的信任度自然会提高。同时，这种透明度也有助于及时发现并纠正可能存在的问题，比如资金挪用、分配不公等。

2.实时公布补偿资金的相关信息

在建立了公开透明的信息平台后，下一步就是实时公布补偿资金的相关信息。这包括资金的筹集情况、分配方案、使用进度以及效果评估等。每一个环节都应该有详细的数据支撑，以便公众进行监督和评价。

例如，可以定期公布补偿资金的筹集报告，明确展示资金来源和金额；在制定分配方案时，要详细说明分配的依据和标准，确保公平合理；在使用过程中，要实时更新资金的使用情况，包括已使用的金额、用途以及剩余资金等；最后，还要对补偿资金的使用效果进行评估，以数据说话，展示生态补偿的实际成果。

通过实时公布这些信息，可以让公众对生态补偿机制有一个全面的了解，从而增强其对该机制的信任感和满意度。同时，这也有助于政府及时发现并解决问题，确保生态补偿机制能够持续、健康地运行。

3.增强互动与反馈机制

除了单向的信息公开外，数字化管理还可以增强与公众的互动和反馈机制。通过在信息平台上设置留言板、在线调查等功能，收集公众对生态补偿机制的意见和建议。这些反馈不仅可以作为政府改进工作的依据，还能够让公众感受到自己的参与和发声是被重视的。

同时，政府也可以定期举办线上或线下的座谈会、研讨会等活动，邀请相关利益方共同参与讨论生态补偿机制的优化方向。这种多方参与的决策方式不仅可以提高决策的科学性和合理性，还能够增强各利益方之间的沟通和理解。

（二）智能合约与自动化执行

在数字化管理中，智能合约与自动化执行技术的引入，为生态补偿机制的公平性和准确性提供了有力保障。这些技术能够确保补偿资金按照既定的规则和条件进行分配和发放，从而避免人为干预和暗箱操作。

1.利用智能合约确保规则自动执行

智能合约是一种基于区块链技术的自动化合同执行工具。在生态补偿机制中，通过编写智能合约来定义补偿资金的分配和发放规则。一旦满足合约中的预定条件，相关操作就会自动触发执行，无需人为介入。这种方式不仅提高了效率，还大大降低了人为错误或舞弊的可能性。

例如，可以设定当某个地区的生态保护项目达到特定进度时，智能合约就自动向该项目发放相应的补偿资金。这样既能确保资金及时到位，又能避免人为拖延或克扣的情况发生。

2. 提高资金分配的公平性和准确性

通过智能合约技术，可以确保生态补偿资金按照既定的规则和条件进行公平、准确的分配。由于智能合约的执行是自动且不可篡改的，因此它能够有效地防止权力寻租和利益输送等问题的发生。同时，智能合约的透明性也使得资金分配过程可追溯、可验证，从而增强了公众对生态补偿机制的信任感。

此外，通过与其他数字化技术的结合使用，如大数据分析、人工智能等，还可以进一步优化资金分配方案。例如，利用大数据分析技术对生态保护项目的成效进行评估，根据评估结果动态调整资金分配比例；或者利用人工智能技术对项目进行风险预测和预警，及时发现并处理潜在问题。

3. 降低操作成本和风险

智能合约的自动化执行特性还意味着可以降低生态补偿机制的操作成本和风险。由于减少了人为干预环节，因此可以节省大量的人力、物力和时间成本。同时，智能合约的不可篡改性也有效防止了数据造假和欺诈行为的发生，降低了操作风险。

四、实践经验：数字化管理在乡村生态补偿中的实施与效果

随着数字化技术的不断发展，其在各领域的应用日益广泛。在乡村生态补偿项目中，数字化管理的引入和实施，为项目的顺利推进和高效执行提供了强大的技术支撑。以某乡村生态补偿项目为例，数字化管理的应用不仅实现了资金的快速、准确发放，还确保了数据的真实性和安全性，取得了显著的成效。

在该项目中，数字化管理的首要任务是建立一个高效、便捷的电子支付系统。传统的资金发放方式往往存在手续烦琐、周期长、易出错等问题，而电子支付系统的建立则彻底改变了这一状况。通过该系统，补偿资金可以直接发放到受益人的银行账户中，大大缩短了资金到位的时间，提高了发放的准确性。这种快速、透明的支付方式，不仅让受益人及时感受到了生态补偿的实惠，也增强了他们对项目的信任感和满意度。

　　除了电子支付系统外，该项目还利用区块链技术构建了一个去中心化的生态补偿信息平台。区块链技术以其去中心化、不可篡改的特性，为生态补偿数据的真实性和安全性提供了坚实保障。在这个平台上，所有的补偿资金流动、项目进展等信息都被实时记录并公开透明地展示给所有人。这种数据公开的方式，不仅有助于政府和相关机构对生态补偿情况进行实时监督和管理，也为公众提供了一个了解、参与和监督生态补偿项目的渠道。

　　数字化管理的实施，极大地提高了生态补偿的效率和透明度。在效率方面，通过自动化、智能化的数据处理和资金发放流程，大大减少了人工操作环节，提高了工作效率。在透明度方面，通过数据公开和智能合约的应用，确保了生态补偿的公平性和公正性。每一个受益人都可以清楚地了解到自己应得的补偿金额和发放情况，从而消除了可能存在的疑虑和不满。

　　值得一提的是，数字化管理在乡村生态补偿项目中的实施，还间接地增强了当地居民的生态保护意识。当居民们看到政府通过数字化手段如此高效、透明地管理生态补偿项目时，他们对生态环境保护的重视程度也自然随之提高。这种意识的提升，不仅有助于推动乡村生态环境的持续改善，也为后续的生态补偿工作奠定了良好的群众基础。

　　此外，数字化管理还为政府和相关机构提供了更加科学、准确的决策依据。通过对海量数据的分析和挖掘，政府可以更加全面地了解生态环境的实际情况和补偿资金的使用效果，从而制定出更加符合实际、更加科学合理的生态补偿政策。

第四节　生态文明教育的数字化推广

一、生态文明教育的意义与目标

生态文明教育旨在提高公众的生态文明意识，培养符合生态文明建设需求的人才，并推动形成绿色生产方式和生活方式。其深远意义在于，通过教育引导人们树立尊重自然、顺应自然、保护自然的生态文明理念，进而实现人与自然的和谐共生，促进经济社会的可持续发展。生态文明教育的目标不仅在于传授相关知识，更在于塑造人们的生态价值观和行为习惯，使之成为生态文明建设的积极参与者和推动者。

二、数字化在生态文明教育推广中的作用

（一）在线教育平台的建设与应用

随着网络技术的飞速发展，在线教育平台成为生态文明教育的重要载体。通过搭建专门的生态文明教育在线平台，可以整合优质教育资源，提供丰富多样的课程内容和学习方式。学习者不受时间和地域限制，可随时随地接受生态文明教育，有效提高了教育的可及性和便利性。

（二）多媒体宣传的广泛影响

多媒体宣传凭借其直观、生动的特点，在生态文明教育推广中发挥着重要作用。通过制作和发布生态文明主题的视频、动画、图文等多媒体内容，能够吸引更多人的关注，增强教育的趣味性和互动性。同时，多媒体宣传还可以通过社交媒体等渠道进行快速传播，扩大生态文明教育的影

响力。

三、数字化推广扩大生态文明教育影响力与覆盖面的途径

（一）利用大数据精准定位受众

在数字化时代，大数据技术的运用为精准定位受众提供了前所未有的便利。通过收集和分析海量数据，我们能够更深入地了解目标受众，从而制定更为精准的推广策略。这一方法在扩大生态文明教育影响力与覆盖面方面同样具有显著效果。

1. 受众画像与数据分析

利用大数据技术，我们可以对受众进行全方位的画像构建。这包括受众的年龄、性别、职业、地域等基本信息，以及他们的兴趣爱好、消费习惯、价值取向等更深层次的信息。通过对这些数据的深入挖掘和分析，我们能够准确把握受众对生态文明教育的需求和偏好。

2. 精准推送教育内容

基于受众画像和数据分析的结果，我们可以制定个性化的推广策略。例如，针对不同年龄段的受众，我们可以推送符合其认知水平和兴趣爱好的生态文明教育内容；针对不同地域的受众，我们可以结合当地的环境问题和生态特色，推送具有针对性的教育内容。这种精准推送的方式能够显著提高生态文明教育的针对性和实效性。

3. 实时调整与优化策略

大数据技术的一个优势在于其动态性和实时性。通过实时监测和分析受众的反馈数据，我们可以及时调整和优化推广策略。例如，当发现某一类型的教育内容受到受众的热烈欢迎时，我们可以加大对该类型内容的投入和推广力度；当发现某一推广渠道效果不佳时，我们可以及时调整渠道策略，寻求更有效的推广方式。

（二）开展线上线下融合活动

线上线下融合活动是数字化推广扩大生态文明教育影响力与覆盖面的

重要途径之一。通过结合线上平台的便捷性和线下活动的实体性，我们能够吸引更多受众的参与，提升教育的吸引力和感染力。

1. 线上知识普及与互动

利用线上平台，如官方网站、社交媒体等，我们可以发布生态文明相关的知识文章、视频教程等，为受众提供丰富的学习资源。同时，通过在线问答、论坛讨论等互动形式，我们还可以鼓励受众积极参与话题讨论，分享自己的学习心得和见解。这种线上知识普及与互动的方式能够有效提高受众的参与度和学习效果。

2. 线下实践活动与体验

线下活动是生态文明教育不可或缺的组成部分。通过组织实地考察、环保志愿服务、生态体验营等实践活动，我们可以让受众亲身感受生态环境的魅力，了解生态保护的紧迫性和重要性。这种线下实践活动与体验的方式能够增强受众的感性认识和情感体验，从而提升生态文明教育的感染力和影响力。

3. 线上线下融合形成闭环

线上线下融合的关键在于形成教育闭环。通过线上平台进行知识普及和互动讨论，激发受众的学习兴趣和参与热情；再通过线下实践活动进行亲身体验和深入学习，巩固和拓展受众的知识体系；最后将线下活动的成果和经验反馈到线上平台，与更多受众进行分享和交流。这种线上线下融合形成闭环的方式能够持续推动生态文明教育的深入发展。

（三）构建生态文明教育共同体

构建生态文明教育共同体是数字化推广扩大影响力与覆盖面的长远之计。通过搭建平台、整合资源、共享信息，我们能够形成多方参与的生态文明教育格局，共同推动教育事业的发展。

1. 搭建合作平台与机制

我们需要搭建一个开放、包容的合作平台，吸引政府、学校、企业、社会等各方力量的参与。同时，建立完善的合作机制，明确各方的职责和权益，确保合作的顺利进行。这个平台可以是一个线上的教育资源共享平台，也可以是一个线下的教育交流合作中心。

2. 整合与共享教育资源

在合作平台的基础上，我们需要整合各方优质的教育资源，包括教育内容、教育人才、教育设施等。通过资源的共享和优化配置，我们能够提高教育资源的利用效率，为受众提供更丰富、更高质量的教育服务。同时，这种资源整合和共享的方式还能够促进各方之间的交流和合作，推动生态文明教育的创新发展。

3. 多方共同发力推动发展

构建生态文明教育共同体的最终目标是推动生态文明教育向更广领域、更深层次发展。这需要政府、学校、企业、社会等各方共同发力，形成合力。政府可以提供政策支持和资金保障；学校可以发挥教育主渠道作用，培养专业人才；企业可以积极参与社会责任实践，提供技术支持和实习机会；社会组织和公众则可以发挥监督和参与作用，推动生态文明教育的普及和实践。通过多方共同发力，我们能够构建一个更加完善、更加高效的生态文明教育体系，为推动生态文明建设作出积极贡献。

四、案例分析：数字化推广在乡村生态文明教育中的实践

随着数字化技术的飞速发展，其在各个领域的应用日益广泛，尤其在乡村生态文明教育中，数字化推广正成为一股不可忽视的力量。本文以某乡村地区为例，深入探讨数字化推广在生态文明教育中的实践应用及其取得的显著成效。

该乡村地区地处偏远，教育资源相对匮乏，但当地政府和教育部门紧跟时代步伐，积极引入数字化手段，致力于提升乡村居民的生态文明意识。通过建设生态文明教育在线平台，该地区成功整合了当地及外部的优质教育资源，打破了地域限制，为乡村居民提供了便捷、高效的学习渠道。

在线平台上，丰富多样的教育内容应有尽有，涵盖了生态文明理念、环保知识、绿色生活方式等多个方面。这些内容以图文、视频、动画等多种形式呈现，既生动有趣又易于理解，深受乡村居民的喜爱。特别是针对

青少年群体，平台还特别设计了互动式学习模块，通过游戏、竞答等方式激发他们的学习兴趣，让他们在轻松愉快的氛围中掌握生态文明知识。

除了在线平台的建设，该地区还充分利用社交媒体和多媒体宣传手段，广泛传播生态文明理念和知识。通过微信公众号、抖音等社交平台，定期发布生态文明相关的文章、视频和图片，有效扩大了信息的传播范围和影响力。这种"互联网＋教育"的模式不仅提高了乡村居民的生态文明意识，还促进了他们行为习惯的转变，使得绿色发展、环保生活成为乡村新风尚。

值得一提的是，该地区在数字化推广的过程中，并未忽视线下教育活动的重要性。结合乡村实际，当地组织了一系列线上线下融合的生态文明教育活动。例如，线上环保知识竞赛吸引了众多乡村青少年的参与，他们在竞赛中不仅展示了自己的学习成果，还增进了彼此间的交流与合作。而线下环保实践活动则更加丰富多彩，包括垃圾分类、植树造林、环境整治等，这些活动让乡村居民亲身参与到生态文明建设中来，深刻体会到环保的重要性。

通过数字化推广的实践探索，该地区生态文明教育的影响力和覆盖面得到了显著扩大。越来越多的乡村居民开始关注环境问题，积极参与到生态文明建设中来。这不仅丰富了乡村居民的精神文化生活，提升了他们的整体素质，还为乡村生态文明建设奠定了坚实基础。

第五节　生态环境与数字化的和谐发展

一、生态环境与数字化发展的相互关系

生态环境与数字化发展之间存在紧密的相互关系。一方面，数字化技术的快速发展为生态环境保护和治理提供了强大的技术支持。通过运用大

数据、云计算、物联网等数字化技术，可以实现对生态环境的精准监测、智能分析和科学决策，提高生态环境保护的效率和效果。另一方面，良好的生态环境也为数字化发展提供了广阔的应用场景和发展空间。例如，在生态旅游、绿色农业等领域，数字化技术可以发挥巨大的作用，推动相关产业的创新和升级。

二、实现生态环境与数字化和谐发展的策略

（一）加强数字化技术研发与应用

在数字化时代，技术的研发与应用是实现生态环境与数字化和谐发展的关键一环。为了推动这一进程，我们需要从多个方面入手，加强数字化技术的研发与应用。

1. 增大研发投入，强化技术创新能力

政府和企业应共同加大对数字化技术研发的投入，包括资金支持、人才培养和科研设施建设等。通过设立专项基金、税收优惠等政策措施，激励企业和科研机构积极参与数字化技术的创新研发。同时，加强与国际社会的合作与交流，引进先进技术，提升本国数字化技术的研发水平。

2. 推广智能化生态环境治理技术

利用大数据、云计算、人工智能等先进技术，开发智能化生态环境治理系统。这些系统能够实时监测生态环境质量，预测环境变化趋势，为政府决策提供科学依据。此外，通过智能化技术，我们可以优化资源配置，提高生态环境治理的效率和效果。

3. 促进数字化技术与生态环境保护的深度融合

鼓励企业利用数字化技术改造传统生产方式，降低能耗和排放，实现绿色发展。例如，通过工业互联网技术实现生产过程的智能化管理，优化生产流程，减少资源浪费。同时，推动数字化技术在生态保护修复、环境监测等领域的应用，提升生态环境保护的整体水平。

4. 加强数字化技术普及和培训

为了提高数字化技术在生态环境保护中的普及率和应用水平，需要加

强对相关从业人员的培训和教育。通过组织专业培训课程、研讨会等活动，提升从业人员的专业技能和素质，使他们能够更好地运用数字化技术进行生态环境保护工作。

（二）完善数字化生态环境监管体系

完善数字化生态环境监管体系是实现生态环境与数字化和谐发展的重要保障。

1.建立全面的生态环境数据监测网络

利用物联网技术，布设各类环境传感器和设备，对环境质量、污染源排放等进行实时监测。这些数据将为后续的环境管理提供重要依据。同时，要确保监测数据的准确性和可靠性，通过定期校准和维护设备，保障数据质量。

2.构建生态环境数据管理平台

建立统一的生态环境数据管理平台，实现数据的集中存储、处理和分析。通过大数据技术，对海量环境数据进行挖掘和分析，揭示环境问题的根源和趋势。此外，该平台还可以为政府、企业和公众提供数据共享和服务，促进环境信息的公开和透明。

3.强化生态环境风险评估和预警机制

基于实时监测数据和历史数据，利用数学模型和人工智能技术，对环境风险进行评估和预测。一旦发现潜在的环境问题或风险点，及时发布预警信息，指导相关部门和企业采取应对措施。这有助于防止环境事故的发生，保障生态安全。

4.加强监管执法力度

通过数字化手段，提高监管执法的效率和准确性。例如，利用无人机、遥感监测等技术手段，对违法排污行为进行快速识别和打击。同时，建立完善的环境违法举报和反馈机制，鼓励公众参与环境监督，形成全社会共同保护环境的良好氛围。

（三）推动绿色数字化产业发展

推动绿色数字化产业发展是实现生态环境与数字化和谐发展的有效途径。

1. 制定绿色数字化产业发展规划

政府应制定明确的绿色数字化产业发展规划，明确发展目标、重点任务和保障措施。通过政策引导和市场机制，推动绿色数字化产业与其他产业的融合发展，形成新的经济增长点。

2. 加强绿色数字化技术研发与应用

鼓励企业、科研机构等开展绿色数字化技术的研发与应用。重点发展节能环保、清洁能源、循环经济等领域的数字化技术，提高资源利用效率，减少环境污染。同时，推动数字化技术在绿色建筑、智能交通等领域的应用，促进城市绿色发展。

3. 培育绿色数字化产业生态体系

积极培育绿色数字化产业的生态体系，包括产业链上下游企业、科研机构、金融机构等。通过产学研合作、金融支持等方式，促进产业链协同创新，提升绿色数字化产业的整体竞争力。此外，加强国际合作与交流，引进国外先进技术和管理经验，推动绿色数字化产业的国际化发展。

4. 完善绿色数字化产业政策支持体系

政府应出台一系列政策措施，支持绿色数字化产业的发展。包括财政补贴、税收优惠、金融扶持等，降低企业的经营成本，提高其市场竞争力。同时，加强对绿色数字化产业的监管和评估工作，确保其健康可持续发展。

第八章　乡村治理的主体与机制

第一节　乡村治理的多元主体

一、乡村治理中的多元主体构成

乡村治理是一个涉及多方面参与和协作的复杂过程，其多元主体构成主要包括政府、村民自治组织以及社会组织等。这些主体在乡村治理中各自扮演着不同的角色，共同推动着乡村社会的和谐与发展。

（一）政府

政府在乡村治理中发挥着主导作用。作为公共权力的代表，政府负责制定和执行相关政策，为乡村治理提供法律保障和制度支持。同时，政府还承担着资源配置、公共服务提供以及监督管理等职能，确保乡村治理的顺利进行。

（二）村民自治组织

村民自治组织是乡村治理中的重要力量。它们以村民委员会为核心，代表着村民的利益和诉求，参与乡村治理的决策和执行过程。村民自治组织通过民主选举、民主决策、民主管理和民主监督等方式，实现村民的自我管理、自我教育和自我服务，有效推动了乡村社会的民主化进程。

（三）社会组织

社会组织在乡村治理中扮演着越来越重要的角色。它们包括各种非政府组织、民间团体和志愿者队伍等，具有灵活性、创新性和专业性等特点。社会组织通过提供公共服务、参与社会治理、推动文化交流等方式，为乡村治理注入了新的活力和动力。

二、各主体在乡村治理中的角色与职责

（一）政府的角色与职责

在乡村治理的多元主体中，政府无疑扮演着至关重要的角色。作为公共权力的代表，政府不仅肩负着制定和执行政策的重任，还需要在协调各方利益、促进乡村发展等方面发挥关键作用。

1. 规划者：制定科学的乡村发展规划

政府作为乡村治理的规划者，首要职责是制定全面、科学且富有前瞻性的乡村发展规划。这一规划应明确乡村治理的目标、方向和实施路径，确保乡村发展的可持续性。在制定规划过程中，政府需要深入调研乡村实际情况，充分了解村民需求和期望，同时结合国家宏观政策和区域发展战略，确保规划既符合乡村实际，又能引领乡村走向现代化。

此外，政府还需建立规划实施的评估与反馈机制，定期对规划执行情况进行检查和调整，确保规划的有效性和适应性。通过科学的规划，政府能够为乡村治理提供明确的指导，引领乡村实现全面振兴。

2. 引导者：提供政策引导和财政支持

政府在乡村治理中的另一个重要角色是引导者。通过制定一系列优惠政策和措施，政府可以引导社会资本、技术和人才向乡村流动，推动乡村经济的快速发展。例如，政府可以出台税收优惠、土地流转、金融扶持等政策，鼓励企业到乡村投资兴业，带动乡村产业结构的优化升级。

同时，政府还需要提供必要的财政支持，确保乡村治理各项工作的顺利推进。这包括基础设施建设、公共服务提升、生态环境保护等方面的资

金投入。通过政府的财政支持，乡村能够改善生产生活条件，提高村民的生活质量，进一步增强乡村的吸引力和凝聚力。

3. 监督者：加强对乡村治理过程的监督和管理

政府作为乡村治理的监督者，有责任确保各项政策和措施得到有效落实。为此，政府需要建立健全的监督机制，包括对乡村治理项目的审批、资金使用的监管、政策执行情况的评估等环节。通过定期的检查、审计和评估，政府能够及时发现并纠正乡村治理过程中存在的问题和偏差，确保各项政策真正落到实处、发挥实效。

此外，政府还应鼓励村民参与乡村治理的监督工作，充分发挥村民的主体作用。通过村民的监督，政府可以更加及时、准确地了解村民的需求和诉求，进一步增强乡村治理的针对性和实效性。

（二）村民自治组织的角色与职责

村民自治组织是乡村治理的基础性力量，它们根植于乡村社会，深知村民的所思所想所盼。在乡村治理中，村民自治组织扮演着实施者、协调者和反馈者的多重角色，对于维护乡村稳定和促进乡村发展具有不可替代的作用。

1. 实施者：具体执行乡村治理政策和措施

村民自治组织作为乡村治理的实施者，负责将政府的政策和措施转化为具体行动，根据乡村发展规划和政策要求，结合本村实际情况，制定切实可行的实施方案。在实施过程中，村民自治组织需要充分调动村民的积极性和创造性，组织村民参与乡村治理的各项活动，确保政策的有效落地；需要及时向政府反映政策实施过程中存在的问题，并提出改进建议。

2. 协调者：化解矛盾纠纷，维护乡村和谐稳定

在乡村社会中，矛盾和纠纷是不可避免的。村民自治组织作为乡村内部的协调者，需要发挥桥梁和纽带作用，及时化解村民之间的矛盾和纠纷，维护乡村的和谐稳定。为此，村民自治组织需要建立健全的矛盾调解机制，明确调解程序和调解方式，确保调解工作的公正性和有效性；加强对村民的法治教育和道德教育，提高村民的法律意识和道德水平。在村民

自治组织的协调下，乡村社会能够形成和谐共处的良好氛围，村民也能够更加理性地处理矛盾和纠纷，减少冲突和对抗的发生。

3. 反馈者：收集和反映村民意见和建议

村民自治组织作为政府与村民之间的桥梁，需要及时收集和反映村民的意见和建议，了解村民对乡村治理的期望和要求。通过定期的座谈会、问卷调查等方式，村民自治组织能够收集到大量真实、有效的信息，为政府决策提供重要参考。

同时，村民自治组织还需要将政府的政策和意图传达给村民，帮助村民理解政府的决策。通过双向的信息传递和沟通，政府能够更加精准地把握乡村社会的动态和需求变化，制定出更加符合实际的政策和措施。

（三）社会组织的角色与职责

随着乡村治理体系的不断完善和多元化发展，社会组织在乡村治理中的作用日益凸显。它们以专业的服务、灵活的运行机制和创新的理念为乡村治理注入了新的活力。

1. 参与者：积极参与乡村治理活动

社会组织应积极参与乡村治理活动，利用自身专业和资源优势，为乡村提供教育、文化、卫生等方面的公共服务支持；参与到乡村环境保护、扶贫帮困等公益性活动，为乡村社会的全面发展贡献力量。

通过社会组织的参与，乡村治理能够形成政府、村民自治组织和社会组织共同参与的多元化治理格局。这种格局有助于整合各方资源、发挥各自优势，共同推动乡村社会的持续健康发展。

2. 服务者：提供专业化服务满足多元需求

乡村社会的发展呈现出多元化的趋势，村民的需求也日益多样化。社会组织作为服务者，需要为乡村提供各种专业化的服务以满足这些需求。例如，教育类社会组织可以为乡村学校提供师资培训、教学设备捐赠等服务；环保类社会组织可以为乡村环境治理项目提供专业的技术支持和咨询服务。

社会组织提供的专业化服务能够填补政府在公共服务领域的空白和不

足，提高乡村社会的整体福祉水平，激发村民的参与热情，推动乡村社会自我发展。

3. 创新者：探索新的乡村治理模式和方法

创新是推动乡村治理持续发展的不竭动力。社会组织需要发挥自身的灵活性和创新性优势，借鉴国内外先进的乡村治理经验并结合本地实际情况进行创新实践，抑或通过开展研究、发布报告等方式推动乡村治理理念升级。

社会组织的创新活动能够为政府决策提供新的思路和启示，为村民自治组织提供有益的参考和借鉴，有助于乡村社会实现高质量、可持续的发展目标，适应时代变化和社会发展需求。

三、多元主体之间的协同与互动机制

乡村治理是国家治理体系的重要组成部分，涉及多个主体的共同参与和协作。为了实现乡村振兴和可持续发展，必须建立有效的协同与互动机制，促进资源共享、优势互补和合作共赢。

（一）建立信息共享机制，促进各主体之间的信息交流与合作

信息共享是多元主体协同与互动的基础。在乡村治理中，不同主体如政府、社会组织、企业和村民等，各自掌握着不同的资源和信息。通过建立信息共享机制，可以有效打破信息孤岛，提升决策的科学性和效率。

1. 信息化基础设施建设：首先，要加强乡村信息化基础设施建设，包括互联网、移动通信网络等，确保各主体能够便捷地获取和传递信息。政府应加大对乡村信息化建设的投入，提供必要的技术支持和资金保障。

2. 信息共享平台建设：建立统一的信息共享平台，如乡村治理信息平台、农业信息服务平台等，将各类信息进行整合和共享。平台应具备信息发布、查询、反馈等功能，方便各主体及时获取所需信息。

3. 信息交流与培训：定期举办信息交流会和培训活动，邀请各主体代表参加，分享经验、交流心得。通过面对面的交流，增强彼此之间的信任和理解，促进更深层次的合作。

4.信息安全与隐私保护：在信息共享的过程中，要注重信息安全和隐私保护。建立严格的信息管理制度，确保信息不被泄露或滥用。同时，加强信息安全宣传教育，提高各主体的信息安全意识。

（二）构建协商议事平台，为各主体提供平等参与决策的机会和渠道

协商议事平台是多元主体协同与互动的重要载体。通过构建协商议事平台，可以为各主体提供一个平等、开放、透明的决策环境，确保各方利益得到充分考虑和平衡。

1.多元化参与机制：协商议事平台应涵盖政府、社会组织、企业、村民等多元主体，确保各方都有机会参与决策。通过广泛征集意见和建议，提高决策的民主性和科学性。

2.定期协商会议：定期召开协商会议，讨论乡村治理中的重要问题和决策事项。会议应设立固定的议程和规则，确保各方都有充分的时间表达意见和诉求。

3.专家咨询与评估：邀请相关领域专家参与协商会议，提供专业意见和评估。专家咨询可以弥补各主体在专业知识和经验方面的不足，提高决策的科学性和可行性。

4.决策透明与公开：协商议事平台的决策过程应透明公开，确保各方都能了解决策的背景、过程和结果。通过公开透明的方式，增强决策的公信力和执行力。

（三）完善合作机制，明确各主体的责任和权益，确保合作的顺利进行

合作机制是多元主体协同与互动的关键。通过完善合作机制，可以明确各主体的责任和权益，确保合作的顺利进行和各方利益的实现。

1.合作框架协议：签订合作框架协议，明确各方在合作中的职责、权利和义务。协议应具有法律约束力，确保各方都能按照约定履行义务。

2.项目合作与分工：根据合作框架协议，制定具体的项目合作计划和分工方案。明确各方在项目中的责任和任务，确保项目能够按计划顺利推进。

3. 资源共享与优势互补：鼓励各主体在合作中共享资源和优势互补。政府可以提供政策支持和资金保障，社会组织和企业可以提供技术、人才和市场资源，村民可以提供土地和劳动力等资源。

4. 利益分配与激励机制：建立合理的利益分配和激励机制，确保各方在合作中都能获得相应的回报。

（四）强化监督机制，对各主体的行为进行监督和评估，确保协同与互动的有效性

监督机制是多元主体协同与互动的保障。通过强化监督机制，可以对各主体的行为进行监督和评估，确保协同与互动的有效性和合规性。

1. 监督体系建设：建立完善的监督体系，包括政府监督、社会监督、舆论监督等。政府应加强对各主体行为的监管力度，确保政策得到有效执行；社会组织和村民可以通过举报、投诉等方式参与监督；媒体可以通过报道和评论等方式发挥舆论监督作用。

2. 绩效评估与反馈：定期对各主体的协同与互动效果进行绩效评估。评估应涵盖政策执行、项目实施、资源利用等方面。通过绩效评估，可以了解各主体在协同与互动中的表现和问题，为改进工作提供依据。同时，建立反馈机制，及时将评估结果反馈给各主体，鼓励其改进工作方法和提升工作效果。

3. 违规处理与责任追究：对于在协同与互动中违反规定、损害他人利益的行为，应依法依规进行处理和追责。通过违规处理和责任追究，维护合作秩序和各方利益。

4. 监督结果公示：将监督结果及时公示，接受社会监督。通过公示，可以增强监督的透明度和公信力，提高各主体对监督工作的认可度和参与度。

四、案例分析：多元主体参与乡村治理的成功实践

在探索乡村治理现代化的道路上，某地区以其独特的多元主体参与模式，为乡村治理提供了宝贵的实践经验。该地区通过政府引导、村民自治组织积极参与和社会组织的大力支持，成功实现了乡村治理的多元化主体参与，不仅改善了乡村环境，还显著提升了村民的生活水平。

政府引导：科学规划与政策支持。政府在该地区的乡村治理中发挥了至关重要的引导作用。首先，政府制定了科学的发展规划，明确了乡村发展的目标和方向。这些规划不仅考虑了乡村的经济社会发展，还注重了生态环境保护和文化传承，确保了乡村发展的可持续性。其次，政府提供了必要的政策和财政支持。通过出台一系列优惠政策，如税收减免、资金补贴等，鼓励村民和社会组织参与乡村治理。同时，政府还设立了专项基金，用于支持乡村基础设施建设、公共服务提升和产业发展等关键领域。

村民自治组织：民主化与参与度提升。村民自治组织是该地区乡村治理的重要力量。在政府的引导下，村民自治组织积极参与到了乡村治理的各项活动中，如环境整治、基础设施建设、文化活动组织等。这些活动不仅提升了乡村的整体环境，还增强了村民的归属感和凝聚力。更重要的是，村民自治组织的参与推动了乡村社会的民主化进程。通过定期召开村民大会、村民代表大会等，村民可以充分表达自己的意见和建议，参与乡村事务的决策。这种民主化的治理方式，不仅提高了决策的科学性和合理性，还增强了村民对政府的信任。

社会组织：专业化服务与创新思路。社会组织在该地区的乡村治理中也发挥了不可或缺的作用。这些社会组织不仅提供了专业化的服务，如农业技术培训、乡村旅游开发等，还为乡村发展带来了创新性的思路。例如，一些社会组织通过引入先进的农业技术和管理模式，帮助村民提高农业生产效率和质量；另一些社会组织则通过开发乡村旅游项目，带动了乡村经济的多元化发展。这些创新性的思路和做法，不仅为乡村发展注入了新的活力，还提升了乡村的知名度和美誉度。

环境改善与生活水平提升。通过多元主体的协同与互动，该地区的乡

村治理取得了显著成效。乡村环境得到了有效改善，道路宽敞整洁、绿化覆盖率提高、垃圾处理得当；村民的生活水平也得到了显著提高，收入水平增加、生活质量提升、精神文化生活丰富。这一成功案例充分证明了多元主体参与乡村治理的重要性。只有充分发挥政府、村民自治组织和社会组织等多元主体的作用，形成协同与互动的良好机制，才能实现乡村治理现代化。

第二节　乡村治理的机制创新

一、乡村治理机制创新的必要性

乡村治理机制创新是新时代乡村振兴战略的重要组成部分，其必要性主要体现在以下几个方面：

（一）解决乡村发展不平衡不充分问题

当前，我国乡村地区面临着发展不平衡、不充分的问题，这主要体现在资源配置不均、公共服务水平不高、基础设施落后等方面。乡村治理机制创新旨在通过优化资源配置、提升公共服务水平、改善基础设施等措施，解决这些问题，推动乡村地区的全面发展。

（二）实现农业农村现代化

农业农村现代化是实现全面现代化的关键一环。乡村治理机制创新有助于推动农业生产方式的转变，提升农业科技水平，促进农村产业结构的优化升级，为实现农业农村现代化提供有力保障。

（三）提升乡村治理效能

传统的乡村治理模式往往存在效率低下、资源配置不均等问题，难以满足新时代乡村治理的需求。乡村治理机制创新通过引入现代管理理念和技术手段，提升治理效能，确保乡村治理的科学性和有效性。

（四）促进社会和谐稳定

乡村治理机制创新有助于增强社会参与和民主化程度，提高村民的自治能力和治理水平，促进乡村社会的和谐稳定。同时，通过创新治理机制，可以有效化解乡村社会矛盾，维护乡村社会的安定团结。

二、创新机制的内容与实施路径

在乡村治理的现代化进程中，创新机制是推动乡村治理体系和治理能力现代化的关键。

（一）民主决策机制

民主决策机制是乡村治理的核心，它强调村民的参与和自治，旨在提升决策的民主性和科学性。

1. 村民自治制度

建立和完善村民自治制度是民主决策机制的基础，这包括建立村民议事会制度，让村民直接参与乡村治理的决策过程。村民议事会应由村民代表组成，定期召开会议，讨论和决定乡村治理中的重大事项。通过村民议事会，村民可以充分表达自己的意见和建议，确保决策能够反映村民的真实意愿和需求。

同时，应加强对村民自治组织的培训和指导，提升其决策能力和管理水平。政府可以组织专家团队，为村民自治组织提供政策解读、法律咨询和技术支持等方面的服务，帮助其更好地履行职责。

2. 多元参与原则

多元参与原则强调乡村治理中的多元主体共同参与，包括政府、村民自治组织、社会组织、企业等。多元主体共同参与村民大会、村民代表大会、文化活动等，增强村民的集体认同感，促进村民之间的互动和交流。这些活动不仅可以提高村民对社会事务的关注度，还可以增强村民对治理决策的支持和认同感。

此外，应鼓励社会组织和企业参与乡村治理，发挥其专业优势和资源优势，为乡村发展提供更多的支持和帮助。政府可以通过政策引导和资金扶持等方式，鼓励社会组织和企业积极参与乡村治理。

（二）公开透明机制

公开透明机制是保障村民知情权、监督权和参与权的重要手段。

1.党务、村务、财务三公开制度

推行党务、村务、财务三公开制度，包括公开党组织的决策过程、村务管理的具体情况以及财务收支情况，使村民全面了解乡村治理工作。

在实施三公开制度时，应注重信息的准确性和及时性。政府应加强对公开信息的审核和监督，确保信息的真实性和可靠性。同时，应建立反馈机制，及时回应村民的关切和疑问，增强公开透明机制的互动性和有效性。

2.在线信息平台

建立综合性的在线信息平台，是提升公开透明机制效率的重要途径。这个平台可以整合与乡村治理相关的全部内容，包括政策制定、实施情况和效果反馈等。通过在线信息平台，村民可以随时随地获取相关信息，了解乡村治理的最新动态和进展。

在建设在线信息平台时，应注重平台的易用性和便捷性。政府应加强对平台的宣传和推广，提高村民的知晓率和使用率。同时，应加强对平台的安全防护和数据管理，确保信息的安全性和隐私性。

（三）法治保障机制

法治保障机制是维护乡村治理秩序和稳定的重要保障。

1.加强法治宣传教育

加强法治宣传教育，是提升村民法治意识和法律素养的重要途径。政府应建设公共法律服务平台，设立法律援助服务站和联络点，为村民提供法律咨询和法律援助服务。同时，应常态化开展法治宣传教育活动，如法律知识讲座、法治文艺演出等，推动法律规则潜移默化为公序良俗的法治文化。

在加强法治宣传教育时，应注重针对性和实效性。政府应根据村民的实际需求和认知水平，制定切实可行的宣传教育方案。同时，应加强对宣传教育效果的评估和反馈，及时调整和优化宣传教育策略。

2. 普遍建立乡村法治顾问制度

普遍建立乡村法治顾问制度，是提升乡村治理法治化水平的重要举措。政府可以邀请法官、检察官、律师、退休法律教师、民警等法律专业人士到村提供法律服务。这些法律专业人士可以为治理主体提供法律咨询和法律援助服务，帮助其自觉运用法治方式和法律思维化解矛盾、应对风险、维护稳定。

在实施乡村法治顾问制度时，应注重服务的专业性和实效性。政府应加强对乡村法治顾问的培训和指导，提升其服务能力和水平。同时，应建立有效的激励机制和考核机制，激发乡村法治顾问的工作积极性。

（四）科技支撑机制

科技支撑机制是推动乡村治理现代化的重要动力。

1. 智慧乡村建设

利用大数据、人工智能等先进技术，建设智慧乡村平台，是提升乡村治理智能化水平的重要途径。智慧乡村平台可以整合乡村治理的各个方面信息，实现数据的共享和互通。通过智慧乡村平台，政府可以实时监测和分析乡村治理的各个方面情况，为决策提供科学依据。

在建设智慧乡村平台时，应注重平台的实用性和可操作性。政府应加强对平台的研发和推广力度，提高平台的智能化水平和用户体验。同时，应加强对平台的数据安全和隐私保护管理，确保信息的安全性和隐私性。

2. 完善乡村信息化基础设施

政府应加大对乡村信息化基础设施的投入力度，提升乡村的信息化水平，包括加强乡村宽带网络、移动通信网络等基础设施建设，推广智能化的乡村公共服务设施等。

同时，应根据乡村的实际情况制定切实可行的信息化基础设施建设方案，加强对信息化基础设施的管理力度，确保其长期稳定运行。

三、机制创新在提升乡村治理效能中的作用

在新时代背景下，乡村治理面临着前所未有的挑战与机遇。为了有效应对这些挑战，提升乡村治理效能，机制创新成为关键所在。

（一）提高决策效率与科学性

机制创新在提高乡村治理决策效率与科学性方面发挥着至关重要的作用。传统的乡村治理决策往往依赖于少数领导者的主观判断和经验，缺乏广泛的参与和科学的评估。而民主决策机制的实施，则打破了这一局面，使得决策过程更加公开、透明和民主。

民主决策机制强调村民的广泛参与。通过村民大会、村民议事会等形式，村民可以充分表达自己的意见和建议，参与乡村治理的决策过程，使决策更能满足村民实际需求。

民主决策机制还注重科学评估。在决策过程中，引入专家咨询、社会调查等科学方法，对决策方案进行全面、客观的评估。这不仅可以避免决策的盲目性和随意性，还可以确保决策的科学性和有效性。

民主决策机制还强调决策的及时性和灵活性。通过简化决策流程、缩短决策周期等措施，使得决策能够迅速响应乡村发展的需求。同时，通过设立反馈机制，及时调整和优化决策方案，确保决策能够适应乡村发展的实际情况。

（二）增强治理透明度与公信力

机制创新在增强乡村治理透明度与公信力方面同样发挥着重要作用。公开透明机制的实施，使得乡村治理的各项事务都在阳光下运行，增强了村民对治理工作的信任。

公开透明机制要求乡村治理的各项决策、执行和监督过程都要公开透明。通过公开栏、公示牌、在线信息平台等形式，及时向村民公布治理工

作的相关信息和数据。这不仅可以避免信息的不对称和隐瞒,还可以增强村民对治理工作的了解和信任。

公开透明机制还强调村民的参与和监督。通过设立村民监督委员会、开展村民满意度调查等措施,鼓励村民积极参与治理工作的监督和评价,以提高治理工作的公信力,促进治理工作持续优化。

公开透明机制还注重信息的准确性和及时性。通过加强对信息的审核和监管,确保信息的真实性和可靠性。同时,通过建立有效的信息更新和发布机制,确保信息的及时性和有效性。这不仅可以提高治理工作的效率和效果,还可以增强村民对治理工作的信心和满意度。

(三)提升治理法治化水平

法治保障机制强调法治意识和法律素养的提升。加强法治宣传教育、开展法律知识培训等措施,提高村民的法治意识和法律素养,可以使村民更加自觉地遵守法律法规,增强村民对法治工作的认同感。

法治保障机制注重提供法律服务。通过建立乡村法治顾问制度、设立法律援助服务站等措施,为村民提供法律咨询和法律援助服务。这不仅可以解决村民在法律方面的问题和困惑,还可以提高乡村治理的法治化水平和服务能力。

法治保障机制还强调依法治理和依法行政。通过加强对乡村治理工作的监督和考核,确保治理工作依法依规进行。同时,通过加强对乡村干部的培训和指导,提高其依法行政的能力和水平。这不仅可以保障村民的合法权益和利益诉求,还可以促进乡村治理的规范化。

(四)推动治理智能化与现代化

机制创新在推动乡村治理智能化与现代化方面同样具有重要意义。科技支撑机制的实施,为乡村治理注入了新的活力和动力。

科技支撑机制强调智慧乡村的建设。通过利用大数据、人工智能等先进技术,建设智慧乡村平台,实现乡村治理的智能化和自动化。这不仅可以提高治理工作的效率和效果,还可以为村民提供更加便捷和高效的服务。

科技支撑机制注重乡村信息化基础设施的完善。通过加强乡村宽带网络、移动通信网络等基础设施建设，提高乡村的信息化水平和服务能力。这不仅可以为村民提供更加便捷的信息获取和交流渠道，还可以促进乡村经济的发展和社会的进步。

科技支撑机制强调创新技术的应用和推广。通过引进和推广先进的农业技术和管理模式，提高农业生产的效率和质量。同时，通过开发乡村旅游等特色产业项目，促进乡村经济的多元化发展。这不仅可以为村民提供更多的就业机会和收入来源，还可以推动乡村治理的现代化和可持续发展。

四、典型案例：乡村治理机制创新的实践与启示

在新时代的乡村治理实践中，机制创新成为推动乡村振兴的重要力量。通过引入新的管理理念和技术手段，优化治理结构，提升治理效能，各地涌现出了一批具有示范意义的典型案例。

（一）荥经县的乡村治理创新实践

荥经县位于我国西南地区，是一个典型的农业县。面对乡村振兴的战略要求，荥经县坚持党建引领，结合全县实际，积极探索乡村治理机制创新，取得了显著成效。

1. 党建引领，强化组织保障

荥经县充分发挥党组织的领导核心作用，将党建工作贯穿于乡村治理的全过程。通过加强基层党组织建设，提升党员干部的服务意识和能力，为乡村治理提供了坚强的组织保障；通过设立党员示范岗、开展党员志愿服务等方式，发挥党员的先锋模范作用。

2. 数字化治理，提升治理效能

荥经县创新性地引入了"川善治"乡村治理平台，将乡村治理的各项事务转化为数量化指标，实现了治理工作的精细化、可视化。通过该平台，乡村管理服务事项和农民群众关心关注的事务被细化为清单，方便村

民随时查看和监督。此外，该平台还具备数据分析功能，能够为决策者提供科学依据，提升治理决策的精准性和科学性。

3. "两单两制"模式，优化治理流程

荣经县建立了"两单两制"模式，即"责任清单、任务清单、考核机制和监督机制"。通过明确各级责任主体的职责和任务，建立健全考核和监督机制，确保了治理工作的有效落实。同时，该模式还注重发挥村民的自治作用，通过村民议事会、村民监督委员会等自治组织，实现了村民对治理工作的全程参与和监督。

4. "两轮驱动"，激发治理活力

荣经县在乡村治理中实施了"两轮驱动"策略，即政府主导和社会参与相结合。政府通过制定政策、提供资金和技术支持等方式，为乡村治理提供有力保障；鼓励社会力量参与乡村治理，通过志愿服务、公益活动等方式，为乡村治理注入新的活力。

5. "三措并举"，提升服务质量

荣经县在提升乡村治理服务方面采取了"三措并举"策略：一是优化服务流程，简化办事程序，提高服务效率；二是加强服务队伍建设，提高服务人员的业务能力和服务水平；三是完善服务设施，加强基础设施建设，提升乡村治理的硬件条件。

6. 优化"三项服务"，增强群众满意度

荣经县注重提升乡村治理的"三项服务"：一是便民服务，通过设立便民服务站、开展上门服务等方式，方便村民办理各类事务；二是法律服务，通过设立法律援助站、开展法律知识宣传等方式，为村民提供法律援助和咨询服务；三是文化服务，通过举办文化活动、建设文化设施等方式，丰富村民的精神文化生活。

7. 实行"三个一批"，推动乡村振兴

荣经县在乡村治理中实行了"三个一批"政策：一是培育一批新型农业经营主体，通过发展现代农业、推动农业产业化等方式，促进农民增收致富；二是引进一批优秀人才，通过引进农业科技人才、管理人才等方式，为乡村发展提供智力支持；三是建设一批美丽乡村，通过加强农村环境整治、推动乡村旅游等方式，提升乡村的整体形象和吸引力。

（二）曲靖市宣威市东山镇八大河村的治理创新

八大河村位于曲靖市宣威市东山镇，是一个典型的山区村庄。近年来，该村通过激活基层治理"末梢神经"，实现了乡村治理的有效提升。

1. 加强党建引领，完善治理体制

八大河村注重加强党组织建设，通过选优配强村"两委"班子、加强党员教育管理等方式，提升了党组织的凝聚力和战斗力。同时，该村还建立了村民议事会、村民监督委员会等自治组织，形成了"村党组织＋村民自治组织＋社会组织"的多元共治格局。

2. 发挥"三治"作用，提升治理水平

八大河村在乡村治理中充分发挥自治、法治、德治"三治"作用。通过完善村民自治制度、加强法治宣传教育、开展道德讲堂等方式，提升了村民的自治能力和法治意识。同时，该村还注重发挥道德模范的引领作用，通过评选"最美家庭""道德模范"等方式，营造了良好的社会风尚。

3. 创新治理方式，激发治理活力

八大河村在乡村治理中积极探索创新方式。通过引入网格化管理、建立志愿服务队伍等方式，实现了治理工作的精细化、网格化。同时，该村还注重发挥科技在治理中的作用，通过建设智慧乡村平台、推广电子政务等方式，提升了治理的智能化水平。

4. 激活基层治理"末梢神经"

八大河村注重激活基层治理的"末梢神经"。通过加强村民小组建设、发挥村民小组长的作用等方式，实现了治理工作的全覆盖和无缝对接。同时，该村还注重发挥村民在治理中的主体作用，通过设立村民意见箱、开展村民满意度调查等方式，及时收集和处理村民的意见和建议。

5. 实现乡村善治，推动乡村振兴

通过一系列创新实践，八大河村的乡村治理水平得到了显著提升。该村的治安环境得到了有效改善，村民的获得感、幸福感、安全感不断增强。同时，该村还积极推动乡村旅游、现代农业等产业的发展，为乡村振兴注入了新的动力。

第三节　乡村治理中的资源整合

一、乡村治理中的资源类型与特点

乡村治理涉及的资源类型多样，它们各自具有独特的特点，共同构成了乡村发展的基础。

（一）自然资源

自然资源是乡村治理中最基础且重要的资源，包括土地、水资源、矿产资源、生物资源等。这些资源具有天然性、有限性和地域性等特点。土地是农业生产的核心要素，水资源对农业灌溉和生活用水至关重要，而矿产和生物资源则为乡村经济发展提供了多种可能性。

（二）人力资源

人力资源是乡村治理中的关键要素，包括乡村居民、农业劳动力以及具有专业技能和管理能力的人才。人力资源具有能动性、创造性和社会性等特点。他们是乡村经济社会发展的主体，对于推动农业现代化、提升乡村治理水平具有重要作用。

（三）社会资源

社会资源主要指乡村社会中的关系网络、社会组织、文化传统等。这些资源具有无形性、共享性和传承性等特点。社会资源在维护乡村社会秩序、促进乡村文化繁荣和增强乡村凝聚力方面发挥着重要作用。

（四）经济资源

经济资源包括乡村中的资金、技术、市场渠道等，是乡村经济发展的重要支撑。这些资源具有流动性、增值性和风险性等特点。合理有效地利用经济资源，可以促进乡村产业结构的优化升级，提高乡村居民的经济收入。

二、资源整合的策略

资源整合是乡村治理中的核心环节，对于实现资源的高效利用和推动乡村可持续发展具有重要意义。通过科学合理的策略与方法，可以最大限度地发挥乡村资源的潜力，促进乡村经济、社会和环境的协调发展。

（一）政策引导

政策引导在资源整合中发挥着至关重要的作用。政府通过制定科学合理的政策，可以引导乡村资源的整合与利用，为乡村发展创造良好的环境和条件。

1. 土地流转政策

土地流转是乡村资源整合的重要手段之一。政府可以通过制定土地流转政策，推动土地资源的集约化利用。例如，鼓励农民将闲置土地流转给有经营能力的农业企业或合作社，实现土地的规模化经营。同时，政府还可以提供土地流转的财政奖补政策，降低土地流转的成本和风险，激发农民参与土地流转的积极性。

2. 财政奖补政策

财政奖补政策是吸引社会资本投入乡村建设的重要激励手段。政府可以通过设立专项基金、提供税收减免和补贴等方式，鼓励社会资本参与乡村基础设施建设、公共服务提供和产业发展。这些政策的实施，不仅可以为乡村带来急需的资金支持，还可以引导社会资本向乡村重点领域和薄弱环节倾斜，推动乡村经济的全面发展。

3. 人才引进政策

人才是乡村发展的关键因素。政府可以通过制定人才引进政策，吸引和留住优秀人才为乡村发展贡献力量。例如，设立人才奖励基金，为乡村引进的高层次人才提供住房补贴、子女教育等优惠政策；建立乡村人才培训机制，提升本地人才的专业技能和综合素质。通过这些政策的实施，可以吸引更多的人才投身乡村建设，为乡村发展提供智力支持。

（二）社会参与

社会参与是资源整合不可或缺的力量。通过引导和鼓励社会各界力量参与乡村治理中的资源整合，可以汇聚更多的资源和力量，推动乡村的全面发展。

1. 企业投资乡村产业

企业是乡村产业发展的主要力量。政府可以通过提供税收优惠、土地供应等政策支持，吸引企业投资乡村产业。这些企业可以带来先进的生产技术和管理经验，推动乡村产业的升级和转型。同时，企业还可以通过与农民合作，建立稳定的产业链和供应链，实现互利共赢。

2. 社会组织参与公共服务提供

社会组织在公共服务提供中发挥着重要作用。政府可以积极动员社会组织参与乡村公共服务提供，如教育、医疗、文化等领域。这些社会组织可以利用自身的专业优势和资源优势，为乡村提供优质的公共服务。同时，社会组织还可以通过开展志愿服务、公益活动等方式，增强乡村社会的凝聚力和向心力。

3. 城市居民到乡村旅游消费

城市居民是乡村旅游消费的主要客群。政府可以通过推广乡村旅游产品、提升乡村旅游服务质量等方式，吸引城市居民到乡村旅游消费。这不仅可以为乡村带来可观的旅游收入，还可以促进城乡之间的交流与融合。同时，城市居民的消费行为还可以带动乡村餐饮、住宿、购物等相关产业的发展，为乡村经济注入新的活力。

（三）市场化运作

市场化运作是实现乡村资源高效整合的重要途径。通过发挥市场在资源配置中的决定性作用，可以推动乡村资源的高效整合和利用。

1. 建立乡村产权交易平台

乡村产权交易平台是实现乡村资源流转交易的重要载体。政府可以建立乡村产权交易平台，推动土地、林权等资源的流转交易。这些平台可以提供信息发布、交易撮合、合同签订等一站式服务，降低资源流转的交易成本和风险。同时，政府还可以通过加强监管和提供政策支持，保障资源流转的公平性和合法性。

2. 发展乡村特色产业

发展乡村特色产业是实现乡村资源高效利用的重要途径。政府可以根据乡村的资源禀赋和市场需求，引导农民发展特色产业。例如，利用乡村的自然资源和生态环境优势，发展生态农业、乡村旅游等产业；利用乡村的文化传统和手工艺优势，发展文化创意产业。这些特色产业不仅可以提高农产品的附加值和市场竞争力，还可以带动乡村经济的多元化发展。

3. 打造特色品牌

打造特色品牌是实现乡村资源价值提升的重要手段。政府可以引导农民和企业注册农产品商标、申请地理标志产品等，打造具有地方特色的农产品品牌。这些品牌不仅可以提高农产品的知名度和美誉度，还可以提升农产品的市场价值。同时，政府还可以通过加强品牌宣传和推广，提高乡村的整体形象和影响力。

（四）科技创新

科技创新是推动乡村资源整合与创新利用的重要力量。通过利用现代科技手段，可以实现乡村资源的智能化管理和高效利用。

1. 运用大数据、物联网技术对农业生产进行精准管理

大数据和物联网技术是实现农业生产精准管理的重要手段。政府可以引导农民和企业运用这些技术，对农业生产进行实时监测和数据分析。例

如，通过安装传感器和智能设备，实时监测土壤湿度、光照强度等环境参数，为农业生产提供精准的数据支持。同时，政府还可以通过建立农业大数据平台，整合和分析农业生产数据，为农民提供科学的种植建议和市场预测。

2. 利用电子商务平台拓展农产品销售渠道

电子商务平台提供信息发布、在线交易、物流配送等一站式服务，能够降低农产品的销售成本和风险。政府可以引导农民和企业在电子商务平台销售农产品，培养电商人才，提供政策支持，推动电商在乡村的普及和发展。

3. 借助新能源技术改善乡村能源结构

新能源技术是改善乡村能源结构的重要手段。政府可以引导农民和企业利用太阳能、风能等新能源技术，改善乡村的能源供应状况。例如，通过安装太阳能光伏板、风力发电机等设备，为乡村提供清洁、可再生的能源。这些新能源不仅可以降低乡村的能源消耗和环境污染，还可以提高乡村的能源供应稳定性和安全性。

三、资源整合对乡村治理的支撑与促进作用

资源整合在乡村治理中扮演着至关重要的角色，它不仅为乡村社会的全面进步和发展提供了坚实的基础，还通过优化资源配置、提升治理效能、促进经济发展、改善生态环境以及推动文化繁荣等多方面的作用，为乡村治理注入了新的活力。

（一）提升乡村治理能力

资源整合是提升乡村治理能力的重要途径。通过科学合理地整合乡村内外部资源，可以优化乡村治理的组织结构和工作流程，提高治理效率和效果，进而增强乡村社会的凝聚力和向心力。

1. 优化组织结构

资源整合促使乡村治理机构进行重组和优化，形成更加高效、协同的治理体系。例如，通过整合政府部门、社会组织、企业等多方力量，可以

建立联合治理机制，实现信息共享、资源互补，提高治理效率。同时，资源整合还推动了乡村基层自治组织的发展，如村民委员会、农民专业合作社等，这些组织在资源整合过程中发挥了重要作用，成为乡村治理的重要力量。

2. 提高治理效率

资源整合有助于减少资源浪费和重复建设，提高治理效率。通过集中资源，可以优先解决乡村治理中的关键问题，如基础设施建设、公共服务提供等。同时，资源整合还推动了治理手段的创新，如运用信息化手段进行智能治理，提高了治理的精准性和时效性。

3. 增强社会凝聚力

资源整合促进了乡村社会内部的交流与合作，增强了社会凝聚力。在资源整合过程中，所有乡村居民共同参与治理活动，极大地提升了乡村居民对治理决策的认同感，进而增强乡村社会的稳定性。

（二）推动乡村经济发展

资源整合是推动乡村经济发展的重要动力。通过优化资源配置，促进产业结构优化升级和特色产业发展壮大，可以推动乡村经济的持续健康发展。

1. 优化资源配置

资源整合有助于实现资源的优化配置和高效利用。通过整合土地资源、人力资源、资金资源等，可以推动乡村产业向规模化、集约化方向发展。例如，通过土地流转政策，可以将分散的土地资源集中起来，形成规模化经营，提高土地利用效率。同时，通过引进优秀人才和先进技术，可以提升乡村产业的科技含量和附加值。

2. 促进产业发展

资源整合有助于推动乡村产业结构的优化升级和特色产业的发展壮大。通过整合产业链上下游资源，可以形成完整的产业链条，提高产业的竞争力和市场地位。例如，通过发展乡村旅游、生态农业等特色产业，可以吸引更多的游客和投资，带动乡村经济的多元化发展。同时，资源整合还有助于推动乡村产业的转型升级，如从传统农业向现代农业转变，从低端制造业向高端制造业升级。

3. 吸引投资和消费

资源整合有助于吸引更多的投资和消费进入乡村市场。通过优化投资环境、完善基础设施等措施，可以吸引更多的社会资本投入乡村建设。同时，通过提升乡村产业的品质和形象，可以吸引更多的消费者前来消费，为乡村经济注入新的活力。

（三）改善乡村生态环境

资源整合对改善乡村生态环境具有重要作用。通过合理利用资源、推广环保技术等措施，可以实现经济发展与环境保护的良性循环。

1. 合理利用资源

资源整合有助于实现资源的合理利用和节约利用。通过优化能源结构、推广清洁能源等措施，可以减少对自然资源的过度开发和破坏。例如，通过建设太阳能发电站、风力发电场等清洁能源设施，可以替代传统的化石能源，减少碳排放和环境污染。同时，通过推广节水灌溉、有机肥施用等生态农业技术，可以提高农业生产效率，减少化肥和农药的使用量，保护土壤和水资源。

2. 推广环保技术

资源整合有助于推广环保技术和环保产业。通过引进先进的环保技术和设备，可以提高乡村环境治理的效率和效果。例如，通过建设污水处理设施、垃圾处理设施等环保设施，可以改善乡村环境质量和居民生活质量。同时，通过发展环保产业，如生态修复、废物回收利用等，可以实现资源的循环利用和经济的可持续发展。

3. 加强环境监管

资源整合有助于加强环境监管和执法力度。通过整合环保部门、执法部门等多方力量，可以形成合力，加大对环境违法行为的打击力度。同时，通过建立健全环境监管体系，可以实现对乡村环境的全面监测和有效管理，保障乡村生态环境的持续改善。

（四）促进乡村文化繁荣

资源整合对促进乡村文化繁荣具有重要作用。通过挖掘和传承乡村优秀传统文化，推动乡村文化的创新与发展，可以让乡村居民享受到更加丰富多彩的精神文化生活。

1. 挖掘和传承文化

资源整合有助于挖掘和传承乡村优秀传统文化。通过整合文化资源，可以加强对乡村历史文化的保护和传承。例如，通过建设乡村博物馆、文化中心等文化设施，可以展示乡村的历史文化和民俗风情，增强乡村居民的文化认同感和自豪感。同时，通过举办文化活动、节庆活动等，可以传承和弘扬乡村优秀传统文化，丰富乡村居民的精神文化生活。

2. 推动文化创新

资源整合有助于推动乡村文化的创新与发展。通过引进先进的文化理念和技术手段，可以推动乡村文化的现代化和多元化发展。例如，通过发展乡村旅游、文化创意产业等新兴产业，可以推动乡村文化的创新和发展，形成具有地方特色的文化产业体系。同时，通过加强乡村文化人才队伍建设，可以培养一批具有创新精神和专业技能的文化人才，为乡村文化的繁荣发展提供有力支撑。

3. 加强文化交流与合作

资源整合有助于加强乡村文化的交流与合作。通过整合文化资源和文化机构，可以搭建文化交流与合作的平台，促进不同地域、不同文化之间的交流与合作。例如，通过举办文化节庆活动、文艺演出等，可以促进乡村文化与城市文化、外来文化的交流与融合，推动乡村文化的多元化和包容性发展。同时，通过加强与国际社会的交流与合作，可以引进先进的文化理念和技术手段，提升乡村文化的国际影响力和竞争力。

四、实践经验：资源整合在乡村治理中的成功应用

近年来，我国乡村治理领域不断探索创新，资源整合作为提升乡村治理效能的关键手段，在多个地区取得了显著成效。其中，浙江"千村示

范、万村整治"工程（简称"千万工程"）堪称资源整合在乡村治理中的典范，不仅有效改善了乡村环境，还促进了乡村经济的转型升级，为其他地区提供了宝贵的实践经验。

"千万工程"的成功首先得益于政府的有效引导和社会的广泛参与。浙江省政府在该工程中发挥了重要的规划、协调与推动作用，通过制定科学的乡村发展规划，明确整治目标和任务，为资源整合提供了清晰的路径。同时，政府还通过政策扶持、资金补助等方式鼓励乡村整治产业环境。

在政府的引导下，社会各界积极参与"千万工程"。企业、社会组织、志愿者等多元主体通过捐赠资金、提供技术支持、参与志愿服务等方式，为乡村治理注入了新的活力。这种政府引导与社会参与的结合，有效实现了资源的优化配置和高效利用。

在"千万工程"中，农民不仅是受益者，更是重要的参与者。政府充分尊重农民的意愿和主体地位，鼓励他们积极参与到乡村环境整治和产业发展中来。通过召开村民大会、组织村民议事等方式，政府广泛听取农民的意见和建议，确保整治工作符合农民的实际需求。

同时，政府还通过培训、示范等方式，提升农民的环保意识和技能水平，使他们能够更好地参与到乡村治理中来。农民的主体作用得到了充分发挥，不仅提高了整治工作的效率和质量，还增强了农民的获得感和幸福感。

"千万工程"在资源整合方面还注重引入社会资本，推动乡村产业的转型升级。政府通过制定优惠政策、搭建合作平台等方式，吸引社会资本投入乡村建设。社会资本的引入不仅为乡村治理提供了资金支持，还带来了先进的理念和技术，推动了乡村产业的升级和多元化发展。

在"千万工程"的推动下，许多乡村依托自身资源和优势，发展起了特色农业、乡村旅游、手工艺品等产业。这些产业的发展不仅提高了乡村的经济收入，还促进了乡村文化的传承和创新。同时，产业的发展还带动了乡村就业和人口回流，为乡村治理注入了新的动力。

"千万工程"在资源整合过程中，始终注重生态环境的保护和改善。

通过实施垃圾分类、污水处理、绿化美化等措施，乡村环境得到了显著改善。同时，政府还积极推动生态农业和循环经济的发展，实现了经济发展与环境保护的良性循环。

生态环境的改善不仅提升了乡村的宜居性和吸引力，还为乡村的可持续发展奠定了坚实基础。在"千万工程"的推动下，许多乡村已经发展成为生态宜居、产业兴旺、文化繁荣的美丽乡村。

第四节　乡村治理的绩效评估

一、乡村治理绩效评估的意义与目的

乡村治理绩效评估是对乡村治理工作效果进行客观、科学评价的过程，具有重要意义。

（一）意义

绩效评估可以量化乡村治理的成效，客观反映治理工作的实际效果，为政府和相关部门提供决策依据。绩效评估是推动乡村治理体系和治理能力现代化的重要抓手，通过检验成果来及时发现乡村治理过程中存在的问题。

（二）目的

绩效评估为乡村治理实践提供指导，促进乡村治理工作的持续优化。绩效评估结果可以作为对乡村干部和相关部门工作绩效的考核依据，从而激励先进、鞭策后进，形成有效的约束机制。公开、透明的绩效评估能够增强政府行为的公信力，提升乡村居民对治理工作的认同感。

二、绩效评估的指标体系与方法

在乡村治理中，绩效评估是检验治理效果、优化治理策略的重要手段。一个科学、全面、可操作性强的绩效评估体系，能够准确反映乡村治理成效，为未来乡村治理工作提供有力的决策依据。

（一）指标体系

乡村治理绩效评估的指标体系是评估工作的核心，它决定了评估的全面性和准确性。一个完善的指标体系应涵盖经济发展、社会事务、生态环境和民主管理等多个方面，以全面反映乡村治理的效果。

1. 经济发展指标

经济发展是乡村治理的重要目标之一，因此，经济发展指标在绩效评估体系中占据重要地位。这些指标主要反映乡村经济的增长情况、产业结构优化以及农民收入水平的提升。

农业产值增长率：该指标用于衡量乡村农业生产的发展速度。通过对比不同时间段的农业产值，可以直观反映乡村农业的增长情况，进而评估治理政策对农业生产的促进作用。

农民收入增长率：农民收入是衡量乡村经济发展水平的重要指标。通过监测农民收入的增长情况，可以了解治理政策对农民生活的改善程度，以及乡村经济的整体发展水平。

产业结构优化程度：产业结构优化是乡村经济发展的关键。通过评估乡村产业结构的合理性、多样性以及新兴产业的发展情况，可以判断治理政策对乡村经济结构的调整和优化效果。

2. 社会事务指标

社会事务指标主要反映乡村公共服务设施的完善程度和服务质量，包括教育、医疗、卫生等方面。这些指标是衡量乡村社会治理水平的重要依据。

（1）教育设施完善程度。教育是提高乡村居民素质、推动乡村发展的基础。通过评估乡村学校的数量、教学质量、师资力量等指标，可以了解乡村教育设施的完善程度，进而判断治理政策对教育发展的支持力度。

（2）医疗服务可及性。医疗服务是乡村居民健康保障的重要组成部分。通过评估乡村医疗机构的数量、分布、医疗服务水平等指标，可以了解乡村医疗服务的可及性和质量，进而评估治理政策对乡村医疗服务的改善效果。

（3）公共卫生服务满意度。公共卫生服务是保障乡村居民健康的重要手段。通过调查乡村居民对公共卫生服务的满意度，可以了解治理政策在公共卫生服务方面的实施效果，以及乡村居民对公共卫生服务的需求和期望。

3. 生态环境指标

生态环境是乡村发展的重要基础，也是乡村治理的重要领域。生态环境指标主要反映乡村环境质量、生态保护措施的实施效果等方面。

（1）农村环境质量。环境质量是衡量乡村生态环境状况的重要指标。通过监测乡村的空气质量、水质、土壤污染等指标，可以了解乡村环境的整体状况，进而评估治理政策对环境保护的成效。

（2）生态保护措施实施效果。生态保护措施是保障乡村生态环境的重要手段。通过评估乡村生态保护措施的实施情况、效果以及村民的环保意识等指标，可以了解治理政策在生态保护方面的实施效果，以及乡村生态环境的可持续发展能力。

4. 民主管理指标

民主管理是乡村治理的重要内容，也是衡量乡村治理水平的重要标准。民主管理指标主要反映乡村村民自治程度、村务公开情况等。

（1）村民自治程度。村民自治是乡村民主管理的重要体现。通过评估乡村村民自治组织的建设情况、村民参与自治的程度以及自治效果等指标，可以了解治理政策在推动村民自治方面的成效，以及乡村民主管理的水平。

（2）村务公开情况。村务公开是保障村民知情权、参与权、监督权的重要手段。通过评估乡村村务公开的透明度、及时性以及村民对村务公开的满意度等指标，可以了解治理政策在推动村务公开方面的成效，以及乡村民主管理的公开性和透明度。

（二）方法

绩效评估的方法应科学、客观、可操作性强，以确保评估结果的准确性和有效性。常用的评估方法包括定量分析与定性分析相结合、比较分析法以及综合评价法。

1. 定量分析与定性分析相结合

定量分析与定性分析是绩效评估中常用的两种方法，它们各有优势，可以相互补充。

定量分析通过数据收集和统计分析，对各项指标进行量化评估，能够直观地反映治理效果。在乡村治理绩效评估中，可以通过收集相关统计数据，如农业产值、农民收入、公共服务设施数量等，进行量化分析，以得出具体的评估结果。

定性分析能够深入挖掘治理过程中的问题、经验和教训，为优化治理策略提供有益的参考。在乡村治理绩效评估中，可以通过专家评审、村民座谈会、问卷调查等方式，收集专家和村民对治理工作的意见和建议，进行定性分析，以了解治理工作的实际效果。

2. 比较分析法

比较分析法是将当前治理效果与历史数据、其他地区或行业标准进行比较，以评估治理工作的进步和差距。这种方法能够直观地反映治理工作的改进情况，为优化治理策略提供有力的数据支持。

（1）与历史数据比较。通过对比当前治理效果与历史数据，可以评估治理工作的进步情况。例如，可以对比不同时间段的农业产值增长率、农民收入增长率等指标，以了解治理政策对经济发展的促进作用。

（2）与其他地区或行业标准比较。通过与其他地区或行业标准进行比较，可以评估治理工作的差距和不足。例如，可以对比不同地区在公共服务设施完善程度、生态环境质量等方面的指标，以了解本地区在乡村治理方面的优势和劣势，进而提出针对性的改进措施。

3. 综合评价法

综合评价法是将各项指标进行加权综合，得出总体评价结果，以全面反映治理效果。这种方法能够综合考虑多个方面的因素，得出更加全面、准确的评估结果。

（1）确定权重。在综合评价法中，权重的确定是关键。权重的确定应根据各项指标的重要性和影响程度进行，以确保评估结果的合理性和准确性。例如，可以根据乡村治理的目标和任务，确定各项指标的权重，以确保评估结果能够反映治理工作的重点和方向。

（2）加权综合。在确定权重后，将各项指标进行加权综合，得出总体评价结果。加权综合可以采用多种方法，如加权平均法、模糊综合评价法等。通过加权综合，可以得出一个综合得分或等级评价，以全面反映治理效果。

三、绩效评估结果的应用与反馈机制

在乡村治理中，绩效评估结果的应用与反馈机制是确保治理工作持续改进、提升治理效能的关键环节。通过科学合理地应用绩效评估结果，可以激励乡村干部和相关部门的工作积极性，优化治理策略，提升治理水平；而有效的反馈机制则能够及时发现并纠正治理工作中存在的问题，推动治理工作的动态调整和完善。

（一）结果应用

绩效评估结果的应用是绩效评估工作的最终目的，也是推动乡村治理持续改进的重要动力，主要应用在以下方面。

1. 设计奖惩制度

根据绩效评估结果，对表现优秀的乡村干部和相关部门进行表彰，激发他们的工作积极性，进一步推动乡村治理工作深入发展。同时，对表现不佳的乡村干部和相关部门进行问责，督促他们正视问题，积极改进工作方式方法。奖惩机制的建立和实施，可以形成正向激励和反向约束的双重效应，推动乡村治理工作持续改进。

在奖惩机制的具体操作中，应明确奖励和惩罚的标准和程序，确保奖惩的公正性和合理性；注重奖励的多样性和个性化，根据乡村干部和相关部门的工作特点和贡献程度，给予相应的物质和精神奖励。对于惩罚措施，应坚持教育与惩戒相结合的原则，既要对问题行为进行严肃处理，又要给予相关责任人改正错误的机会。

2. 调整治理政策

绩效评估结果可以为政府制定和调整乡村治理政策提供重要参考。通过分析绩效评估结果，发现治理工作中存在的问题及乡村居民的实际需求，为政策的制定和调整提供科学依据。

在政策调整过程中，应充分考虑绩效评估结果所反映的问题和趋势，结合乡村治理的实际情况和目标任务，制定切实可行的政策措施。同时，还应建立政策评估机制，对政策的实施效果进行定期评估，以便及时调整相关政策。

3. 增强政府公信力

向乡村居民公开绩效评估结果能够提高政府公信力，让乡村居民了解治理工作成效，促进政府内部机关自我监督，推动政府工作规范化。

政府公开信息应准确、完整、易懂，真实反映乡村治理工作成效，便于乡村居民理解绩效评估结果。

（二）反馈机制

有效的反馈机制是绩效评估结果得到充分利用的重要保障，具体应注意以下几个方面：

1. 及时反馈

将绩效评估结果及时反馈给相关部门和乡村干部，让相关部门和乡村干部及时了解自己的工作表现，从而有针对性地加以改进。同时，还应跟踪改进措施的实施情况，以确保改进效果的持续性和稳定性。

2. 动态调整

建立定期评估机制，根据评估结果动态调整治理策略和工作重点，是确保绩效评估结果得以有效利用和持续改进的重要手段。通过定期评估，可以及时发现治理工作中存在的问题和不足，以及乡村居民的需求和期望的变化，从而为治理策略和工作重点的调整提供科学依据。

在定期评估的过程中，应注重评估的周期性和全面性，确保评估结果能够全面反映治理工作的实际情况和变化趋势。同时，还应注重评估的针对性和可操作性，根据评估结果提出具体的调整建议和改进措施。此外，还应建立评估结果的反馈机制，将评估结果及时反馈给相关部门和乡村干部，以便他们了解自己的工作表现和问题所在，并制定相应的改进措施。

3.公众参与

鼓励乡村居民参与绩效评估过程，他们的反馈和建议可以作为改进治理工作的重要依据。通过公众参与绩效评估过程，可以充分听取乡村居民的意见和建议，了解他们对治理工作的需求和期望，从而为治理工作的改进和优化提供有益的参考。

在公众参与的过程中，应确保乡村居民能够充分表达自己的意见和建议；应建立相应的参与机制和程序，确保乡村居民的意见和建议能够得到及时、有效的处理；应加强公众参与的教育和培训，提高乡村居民的参与意识，推动他们更加积极地参与治理工作。

四、案例研究：绩效评估在乡村治理中的实践与效果

在探索乡村治理现代化的过程中，某地区通过实施绩效评估机制，成功推动了乡村治理的全面优化与升级。这一实践不仅为该地区带来了显著的治理成效，也为其他地区提供了宝贵的经验和启示。

该地区深知绩效评估对于乡村治理的重要性，因此，从实际出发，精心构建了全面、科学的绩效评估指标体系。该体系涵盖了经济发展、社会事务、生态环境和民主管理等多个维度，确保了评估工作的全面性和客观性。同时，该地区还采用了先进的数据收集和分析方法，确保评估结果的准确性和可靠性。

在评估过程中，该地区坚持公开、公正、公平的原则，确保评估工作的透明度和公信力。通过定期评估，该地区能够及时了解乡村治理工作的实际情况，为下一步的决策提供有力的数据支持。

通过绩效评估，该地区发现了乡村经济发展的瓶颈和潜力，及时调整了发展策略。在政策的引导下，乡村产业得到了快速发展，农民收入水平

稳步提高。同时，绩效评估还推动了乡村企业的转型升级，增强了乡村经济的竞争力和可持续发展能力。在社会事务方面，绩效评估机制促使该地区加强了乡村公共服务设施的建设和管理，提高了公共服务的水平和覆盖面。通过绩效评估结果的反馈，该地区成功解决了农村基础设施薄弱、公共服务不足等问题，为乡村居民提供了更加便捷、高效的服务。绩效评估在生态环境保护方面也发挥了重要作用。通过评估，该地区发现了生态环境方面的薄弱环节，加大了环境保护和治理力度。在政策的推动下，乡村生态环境得到了显著改善，为乡村居民提供了更加宜居的生活环境。绩效评估机制还推动了乡村民主管理的深化。通过评估结果的反馈和应用，该地区加强了乡村干部和村民的沟通与交流，增强了村民的参与意识和民主意识。

　　该地区的实践表明，绩效评估在乡村治理中具有重要的实践意义和良好的效果。它不仅能够帮助乡村治理者及时了解工作成效所在，还能够激发乡村干部和相关部门的工作积极性，推动乡村治理水平的整体提升。同时，绩效评估机制还能够促进乡村治理的规范化。通过建立和完善绩效评估体系和方法，乡村治理工作可以更加科学、合理地进行规划和实施，从而避免盲目性和随意性。

第九章　乡村治理的模式与成效评估

第一节　国内外乡村治理典型案例介绍

一、国内乡村治理的成功案例及其特点

（一）宁夏回族自治区："一村一年一事"行动

1.民主决策，发挥村民主体作用

宁夏回族自治区的"一村一年一事"行动充分体现了民主决策的理念。在该行动中，乡村的重要事务和决策不再是单纯由上级政府或村委会决定，而是充分听取村民的意见和建议，通过村民大会、村民代表大会等形式进行民主讨论和决策。这种做法不仅确保了决策的科学性和合理性，更重要的是，它让村民有了参与感和归属感，使他们真正成为乡村治理的主体。村民的积极参与，有效提升了乡村治理的针对性和实效性，也为乡村的和谐稳定打下了坚实基础。

2.共建共治，实现共享发展

"一村一年一事"行动的另一个显著特点是共建共治共享。该行动鼓励村民参与基础设施建设、环境卫生整治、文化活动组织等乡村公共事务的管理和服务，为乡村发展贡献自己的力量。这种共建共治的模式，不仅

增强了村民的责任感和使命感，也使乡村治理更加贴近实际、贴近群众，从而实现了乡村社会的共享发展。

3.以人为本，关注群众切身利益

"一村一年一事"行动始终坚持以人为本的原则，将解决群众最关心、最直接、最现实的利益问题放在首位。无论是改善村民的生产生活条件，还是提升乡村的教育、医疗等公共服务水平，该行动都致力于满足群众的实际需求，提高他们的生活质量和幸福感。这种以人为本的治理理念，使得"一村一年一事"行动得到了广大村民的衷心拥护，也为乡村治理的深入推进提供了强大动力。

（二）浙江省衢州市："县乡一体、条抓块统"模式

1.制度创新，优化乡村治理流程

浙江省衢州市的"县乡一体、条抓块统"模式在制度创新方面取得了显著成效。该模式通过整合县域资源，强化县级对乡村治理的统筹和指导作用，同时充分发挥乡镇的基础性作用。在制度设计上，该模式优化了乡村治理的流程，减少了不必要的环节和层级，提高了工作效率和决策执行力。这种制度创新为乡村治理的高效运转提供了有力保障。

2.条块结合，形成联动治理新格局

"县乡一体、条抓块统"模式的另一个特点是条块结合，形成上下联动、齐抓共管的治理新格局。在该模式中，县级政府负责统筹规划和政策制定，而乡镇政府则负责具体执行和实施。二者之间既各有侧重又相互配合，共同推进乡村治理的各项工作。这种条块结合的管理方式不仅提高了工作效率和质量，还有效避免了资源浪费和重复建设等问题。

3.高效运转，提升乡村治理效能

通过"县乡一体、条抓块统"模式的实施，浙江省衢州市成功实现了乡村治理的高效运转。在该模式的推动下，各级政府和相关部门之间的沟通协调更加顺畅有效，资源配置更加科学合理，问题解决更加及时迅速。这些变化不仅提升了乡村治理的效能和水平，也为乡村社会的和谐稳定发展奠定了坚实基础。同时，该模式还激发了乡村社会的活力，为乡村振兴

战略的实施注入了强大动力。

二、国外乡村治理的先进案例及其启示

（一）日本造村运动

1.挖掘与利用本地资源

日本造村运动强调对本地资源的深入挖掘和有效利用。在运动推进过程中，各地政府积极引导农民发掘当地的自然、文化和人力资源，将这些资源转化为经济发展的动力。例如，一些地区利用独特的自然景观和传统文化，发展乡村旅游和特色产业，吸引了大量游客前来观光和消费，有效拉动了乡村经济的增长。这种做法启示我们，在乡村治理中，应充分认识到本地资源的独特价值，通过科学规划和合理开发，将这些资源转化为促进乡村发展的有力支撑。

2.培育与发展特色产业

培育特色产业是日本造村运动的核心内容之一。日本政府鼓励农民根据当地资源和条件，发展具有地方特色的农业、手工业和服务业等产业。通过提供技术支持、资金援助和市场开拓等方面的帮助，政府成功地引导了农民走向产业化、规模化的发展道路。这些特色产业的兴起，不仅增加了农民的收入米源，还提高了乡村的知名度和吸引力。这告诉我们，在乡村治理过程中，应重视特色产业的培育和发展，将其作为推动乡村经济持续增长的重要抓手。

3.提升农民素质与能力

日本造村运动非常重视提升农民综合素质，开展各种教育培训活动，帮助农民提高生产技能、经营能力和创新创业精神，积极引导农民参与乡村治理的决策过程。这些举措有效地激发了农民的内在动力和创新精神，为乡村的可持续发展奠定了坚实基础。这启示我们，在乡村治理中，应把提升农民素质和能力作为重要任务来抓，通过加强教育培训和参与式治理等方式，充分发挥农民在乡村发展中的主体作用。

（二）荷兰农地整理

1. 精简集约型的农地整理模式

荷兰农地整理采用精简集约型的模式，旨在提高土地利用效率和促进农业现代化。通过合并小块土地、优化土地布局和改善农业基础设施等措施，荷兰成功地实现了农地的规模化经营和高效利用。这种整理模式不仅提高了农业生产的效益和竞争力，还为乡村的可持续发展奠定了基础。这启示我们在乡村治理过程中，应注重土地资源的合理配置和高效利用，通过科学规划和精细化管理，推动乡村经济向集约化、现代化方向发展。

2. 环境保护与可持续发展的理念

荷兰农地整理过程中始终坚持环境保护与可持续发展的理念。在土地整理过程中，政府注重保护生态环境和自然景观，避免过度开发和资源浪费。同时，政府还积极推广生态农业和有机农业等环保型农业生产方式，促进农业与环境的和谐发展。这种做法启示我们，在乡村治理中应树立绿色发展理念，将环境保护作为乡村发展的重要前提和保障，通过实施生态农业、循环经济等绿色发展模式，实现乡村经济、社会和生态的协调发展。

3. 政府引导与市场机制相结合

荷兰农地整理的成功还得益于政府引导与市场机制的有效结合。政府在土地整理过程中发挥了重要的引导作用，通过制定政策法规、提供资金支持和加强监督管理等措施，确保了土地整理的顺利进行。同时，政府还充分发挥市场机制在资源配置中的决定性作用，鼓励农民和企业等市场主体积极参与土地整理和农业现代化建设。这种政府与市场相结合的做法启示我们，在乡村治理中应充分发挥政府和市场两方面的作用，形成政府引导、市场主导、社会参与的乡村发展格局。

第二节　乡村治理创新实践的模式分析

一、创新实践模式的类型与特点

在乡村治理的广阔舞台上，创新实践模式如同万花筒般绚烂多彩，每一种模式都承载着特定的治理理念和实践路径。这些模式不仅丰富了乡村治理的内涵，也为实现乡村振兴提供了多样化的路径选择。

（一）政府主导型模式

政府主导型模式，作为乡村治理的一种重要形式，以其强有力的政策引导和资源调配能力，成为推动乡村发展的强大引擎。该模式的核心在于政府作为主导力量，通过制定和执行相关政策，投入资金和资源，引领乡村治理的创新与发展。

1. 特点分析

在政府主导型模式中，政府扮演着至关重要的角色。它不仅是政策的制定者，还是资源的分配者和项目的实施者。政府的决策和行动对乡村治理的方向和成效具有决定性影响。

政府主导型模式能够迅速集中人力、物力和财力，解决乡村发展中的紧迫问题。例如，在基础设施建设、公共服务提供等方面，政府能够迅速调动资源，实现快速突破。

政府主导型模式通常具有明确的政策导向，旨在通过政策引导乡村发展的方向和重点。这种明确的政策导向有助于形成统一的认识和行动，推动乡村治理的规范化。

2. 潜在风险

政府主导型模式可能面临过度干预的风险。当政府过度介入乡村治理的具体事务时，可能会抑制村民的积极性，导致乡村治理的僵化和低效。

在政府主导型模式中，如果政府未能充分考虑村民的需求和意愿，可能会导致政策与村民期望之间的偏差。这种偏差可能会引发村民的不满和抵触情绪，影响政策的实施效果。

政府主导型模式在资源分配上可能存在不均等问题。如果政府未能公平、合理地分配资源，可能会导致乡村内部的贫富差距和利益冲突加剧。

（二）村民自治型模式

村民自治型模式强调村民的主体地位和自治能力，通过村民自治组织实现自我管理、自我教育和自我服务。这种模式在乡村治理中展现出独特的魅力和优势。

1. 特点分析

村民自治型模式充分体现了民主原则。村民通过选举产生自治组织，参与决策和监督过程，实现了对乡村事务的直接参与和管理。这种民主参与不仅增强了村民的责任感和归属感，还促进了乡村治理的透明化和公正性。

村民自治型模式能够充分反映村民的意愿和需求。自治组织在决策过程中会广泛征求村民的意见和建议，确保政策符合村民的期望和利益。这种以村民为中心的决策机制有助于提升政策的针对性和有效性。

村民自治型模式通过赋予村民更多的自主权和管理权，激发了他们的积极性。村民在自治过程中能够发挥自己的专长和优势，为乡村发展贡献智慧和力量。

2. 潜在问题

村民自治型模式可能面临组织松散的问题。由于村民自治组织通常由村民自愿组成，缺乏严格的组织纪律和约束机制，可能导致组织内部的管理混乱和效率低下。

村民自治型模式在执行力方面可能存在不足。由于村民自治组织缺乏强制力和执行力，可能导致政策在执行过程中受到阻碍或拖延。

村民自治型模式在资源获取和分配方面可能面临困难。由于自治组织通常缺乏足够的资金和资源支持，可能导致乡村治理的进展缓慢和成效有限。

（三）社会协同型模式

社会协同型模式注重政府、社会组织和村民之间的协同合作，共同参与乡村治理。这种模式强调多元主体的共同参与和协作，以实现乡村治理的多元共治和共赢发展。

1. 特点分析

社会协同型模式打破了传统乡村治理中政府单一主体的格局，引入了社会组织和村民等多元主体。这些主体在乡村治理中发挥着各自的优势和作用，形成了合力效应。

社会协同型模式通过多元主体的共同参与和协作，能够形成强大的合力效应。政府、社会组织和村民在乡村治理中相互支持、相互配合，共同推动乡村发展的进程。

社会协同型模式有助于促进资源的整合和优化配置。政府、社会组织和村民在乡村治理中能够共享资源、互通有无，实现资源的最大化利用。

2. 潜在挑战

社会协同型模式在协调多元主体方面可能面临挑战。由于政府、社会组织和村民在利益诉求、价值观念等方面存在差异，可能导致协调过程中的矛盾和冲突。

社会协同型模式在利益分配方面可能存在不均等问题。由于多元主体在乡村治理中的贡献和影响力不同，可能导致利益分配的不均衡和不合理。

社会协同型模式在制度保障方面可能存在不足。由于该模式尚处于探索阶段，相关制度和机制尚不完善，可能导致乡村治理的规范化程度不高。

二、各种模式在乡村治理中的适用性

（一）政府主导型模式的适用性

政府主导型模式在乡村治理中展现出强大的资源整合能力和执行力，尤其适用于那些亟需迅速改变乡村面貌、提升基础设施和公共服务水平的地区。

1. 资源集中与快速响应

在一些经济基础薄弱、基础设施落后的乡村地区，政府主导型模式能够迅速集中资源，包括财政资金、技术支持和人力资源，进行重点投入。例如，在乡村道路建设、农田水利设施改善、农村电网升级等方面，政府可以通过规划实施一系列基础设施建设项目，显著提升乡村的生产生活条件。

2. 政策引导与规范发展

政府主导型模式还适用于需要政策引导和规范发展的地区。政府制定、执行乡村产业扶持、生态环境保护等政策，引导乡村经济向绿色、可持续方向发展，规范乡村治理行为，维护乡村社会秩序。

3. 应对紧急情况

如出现自然灾害、公共卫生事件等紧急情况下，政府主导型模式能够迅速调动资源，组织力量进行抢险救灾和应急处置。这种模式的快速响应和强大执行力，对于保障乡村居民的生命财产安全具有重要意义。

然而，在村民自治意识较强、希望更多参与治理决策的地区，政府主导型模式可能会抑制村民的积极性，导致治理决策的僵化和低效。因此，在实施政府主导型模式时，需要充分考虑村民的需求和意愿，加强政府与村民之间的沟通。

（二）村民自治型模式的适用性

村民自治型模式强调村民的主体地位，通过自我管理、自我教育和自我服务，实现乡村社会的和谐稳定。这种模式更适用于那些村民自治基础较好、有一定组织能力和参与意愿的地区。

1. 激发村民积极性

在村民自治型模式下，村民通过选举产生自治组织，参与决策和监督过程，实现了对乡村事务的直接参与和管理。这种民主参与不仅增强了村民的责任感和归属感，还激发了他们参与治理的积极性。村民在自治过程中能够发挥自己的专长和优势，为乡村发展贡献智慧和力量。

2. 促进乡村和谐稳定

村民自治型模式有助于化解乡村内部矛盾。村民可以在自治组织的调解下理性表达诉求，寻求共识，维护乡村社会的和谐稳定。这种自治模式还能够增强村民之间的信任，促进乡村社会的团结和发展。

3. 培养村民自治能力

村民自治型模式还能够培养村民的自治能力和民主素养。通过参与自治组织的活动，村民能够学习民主决策、民主管理和民主监督的技能，提升自己的政治参与能力和社会管理能力。

但是，在村民自治能力较弱、需要外部力量引导的地区，难以有效实施村民自治型模式，可能存在组织松散、执行力不足以及决策失误等问题。因此，在实施村民自治型模式时，需要加强自治组织的建设和管理，提升其组织力和执行力。

（三）社会协同型模式的适用性

社会协同型模式注重政府、社会组织和村民之间的协同合作，共同参与乡村治理。这种模式适用于那些需要整合多方资源、共同解决治理问题的地区。

1. 整合多方资源

社会协同型模式能够整合政府、社会组织和村民等多方资源，形成治理合力。政府可以提供政策支持和资金保障，社会组织可以提供技术支持和人才支持，村民可以提供劳动力资源和乡土智慧。这种多方资源的整合有助于解决乡村治理中的复杂问题。

2. 促进治理创新

社会协同型模式还能够促进治理创新。政府、社会组织和村民在协同合作中能够相互学习、相互借鉴，形成新的治理理念和治理方法。这种创新有助于提升乡村治理的效能和水平，推动乡村治理的现代化进程。

3.增强治理韧性

社会协同型模式能够增强乡村治理的韧性。在面对自然灾害、公共卫生事件等突发事件时，政府、社会组织和村民能够迅速形成应急响应机制，共同应对挑战。这种协同合作有助于提升乡村社会的抗灾能力和恢复能力。

然而，社会协同型模式也面临一些挑战。协调难度大、利益分配不均等问题是制约其发展的主要因素。因此，在实施社会协同型模式时，需要建立完善的协同机制和利益分配机制，确保各方主体在协同合作中能够平等参与、共享成果。

三、创新实践模式的实施效果

（一）政府主导型模式的实施效果

政府主导型模式能够迅速改变乡村面貌，提升乡村的生产生活条件。例如，在基础设施建设方面，政府可以投入大量资金用于乡村道路、农田水利、农村电网等项目的建设，显著提升乡村的交通便利度和生产生活条件。在公共服务方面，政府可以加强乡村教育、医疗、文化等公共服务设施的建设和管理，提高乡村居民的生活质量和幸福感。

当然，政府主导型模式也存在过度干预、忽视村民需求及资源浪费等风险。如果政府在治理过程中过于强调行政命令和强制执行，可能会抑制村民的积极性，导致治理决策的僵化和低效。此外，如果政府在资源配置和资金使用上缺乏透明度和监督机制，可能会导致资金和资源的浪费和滥用。

（二）村民自治型模式的实施效果

村民自治型模式在乡村治理中展现出了强大的生命力和活力。通过充分发挥村民的主体地位和自治能力，乡村社会实现了和谐稳定和可持续发展。

1.增强村民自治意识

村民自治型模式能够增强村民的自治意识和参与意愿。通过参与自治组织的活动，村民能够学习到民主决策、民主管理和民主监督的技能，提升自己的政治参与能力和社会管理能力。这种自治意识的增强有助于推动乡村社会的民主化进程和现代化进程。

2.促进乡村和谐稳定

村民自治型模式有助于化解乡村内部的矛盾和冲突。通过自治组织的调解和协商，村民能够理性表达诉求，寻求共识，维护乡村社会的和谐稳定。这种自治模式还能够增强村民之间的信任，促进乡村社会的团结和发展。

3.提升乡村治理效能

村民自治型模式能够提升乡村治理的效能和水平。通过自治组织的自我管理、自我教育和自我服务，乡村社会能够实现资源的有效配置和高效利用。同时，自治组织还能够及时发现和解决乡村治理中的问题，推动乡村治理的规范化进程。

然而，村民自治型模式也存在一些挑战。例如，自治组织可能存在组织松散、执行力不足以及决策失误等问题。因此，在实施村民自治型模式时，需要加强自治组织的建设和管理，提升其组织力和执行力。

（三）社会协同型模式的实施效果

社会协同型模式在乡村治理中展现出了强大的协同效应和创新能力。通过政府、社会组织和村民之间的协同合作，乡村治理实现了多方共赢和共同发展。

1.形成治理合力

社会协同型模式能够整合政府、社会组织和村民等多方资源，形成治理合力。这种合力有助于解决乡村治理中的复杂问题，推动乡村社会的全面发展。例如，在乡村产业发展方面，政府可以提供政策支持和资金保障，社会组织可以提供技术支持和人才支持，村民可以提供劳动力资源和乡土智慧。这种多方资源的整合有助于推动乡村产业的升级和转型。

2. 促进治理创新

社会协同型模式能够促进治理创新。政府、社会组织和村民在协同合作中能够相互学习、相互借鉴，形成新的治理理念和治理方法。这种创新有助于提升乡村治理的效能和水平，推动乡村治理的现代化进程。例如，在乡村环境治理方面，政府可以引入社会组织的专业技术和人才支持，推动乡村环境的改善和保护。

3. 增强治理韧性

社会协同型模式能够增强乡村治理的韧性。在面对自然灾害、公共卫生事件等突发事件时，政府、社会组织和村民能够迅速形成应急响应机制，共同应对挑战。这种协同合作有助于提升乡村社会的抗灾能力和恢复能力，保障乡村居民的生命财产安全。

然而，社会协同型模式也面临一些挑战。例如，协调难度大、利益分配不均等问题是制约其发展的主要因素。因此，在实施社会协同型模式时，需要建立完善的协同机制和利益分配机制，确保各方主体在协同合作中能够平等参与、共享成果。同时，还需要加强政府、社会组织和村民之间的沟通，建立长期稳定的合作关系。

第三节　乡村治理实践中的难题与破解

一、乡村治理实践中遇到的主要难题

在乡村治理的广阔舞台上，各种复杂因素相互交织，形成了一系列亟待解决的难题。这些难题不仅考验着治理者的智慧与勇气，也深刻影响着乡村社会的和谐稳定与持续发展。

（一）人才流失与治理能力不足

随着城市化进程的加速推进，大量乡村青壮年劳动力选择外出务工经商，这一现象在带来家庭经济收入增加的同时，也导致了乡村治理中坚力量的严重流失。留守在乡村的人口，特别是中老年人和儿童，普遍缺乏参与乡村治理的能力与意愿。他们受限于知识水平、信息获取渠道以及身体素质等因素，难以有效参与乡村公共事务的决策、执行与监督过程。

人才流失带来的另一个后果是治理队伍的老龄化与素质偏低。一些乡村治理岗位长期由年龄偏大、文化程度不高的村民担任，他们面对新时代乡村治理的新要求、新挑战时，往往力不从心，难以胜任。这不仅影响了治理决策的科学性和有效性，也制约了乡村治理现代化的进程。

（二）权责不匹配与治理效率低下

在乡村治理体系中，乡镇政府作为基层政权组织，承担着繁重的治理责任。然而，在实际操作中，乡镇政府往往面临着权力有限、资源匮乏的困境。特别是在处理违法行为时，由于缺乏相应的执法权，乡镇政府往往只能采取劝导、教育等柔性手段，难以形成有效的震慑力。这种权责不匹配的现象，不仅削弱了乡镇政府的治理权威，也降低了治理效率。

此外，乡村治理中还存在着多头管理、条块分割的问题。不同部门之间缺乏有效的沟通与协调，导致治理资源难以整合，治理措施难以形成合力。一些乡村治理项目在实施过程中，由于部门之间的推诿扯皮，往往出现进度缓慢、效果不佳的情况。

（三）文化资源匮乏与乡风文明建设滞后

文化是乡村治理的灵魂。然而，在当前的乡村治理实践中，文化资源的匮乏成为一个不可忽视的问题。许多乡村缺乏文化活动设施和场所，村民的文化生活单调乏味。一些传统的乡土文化在现代化进程中逐渐解体，而新的先进文化又未能及时填补空白，导致乡村文化呈现出一种"空心化"的状态。

文化资源的匮乏不仅影响了村民的精神文化需求，也制约了乡风文明建设的进程。一些乡村地区，赌博、迷信等不良风气盛行，严重败坏了乡村社会风气。同时，由于缺乏有效的文化引领和道德约束，一些村民在处理邻里关系、家庭关系时往往缺乏理性和宽容，导致矛盾纠纷频发。

二、难题产生的原因分析

上述难题的产生，既有历史遗留问题的影响，也有现实发展条件的制约。深入分析这些原因，有助于我们更加准确地把握乡村治理的症结所在。

（一）城乡发展差距与资源分配不均

长期以来，城乡二元结构导致资源分配严重不均。城市在基础设施建设、公共服务供给等方面享受着优先权，而乡村则往往被边缘化。这种资源分配的不均衡不仅体现在物质层面，也体现在文化、教育、医疗等各个领域。乡村在基础设施建设上的滞后，使得村民的生活条件相对较差；在公共服务供给上的不足，使得村民在教育、医疗等方面的需求难以得到满足。这种城乡发展差距的存在，是造成乡村治理难题的根本原因。

（二）治理体系不完善与制度机制不健全

乡村治理体系尚不完善，缺乏科学有效的制度机制来保障治理的顺利进行。一方面，村民自治制度在实践中往往受到多种因素的制约。一些乡村地区，由于村民自治意识不强、自治能力不足等原因，村民自治往往流于形式；另一方面，乡村治理中的监督机制也不健全。一些乡村治理项目在实施过程中缺乏有效的监督和评估机制，导致治理效果难以保证。此外，乡村治理中的决策机制也存在一些问题。一些重要事项的决策往往缺乏科学性和民主性，导致决策失误和资源浪费。

（三）思想观念落后与创新能力不足

部分乡村干部和村民的思想观念仍然落后，缺乏市场意识和创新意识。他们习惯于用传统的思维方式和方法来处理新时代乡村治理中出现的新问题和新挑战。这种思想观念上的落后不仅制约了乡村治理的现代化进程，也影响了乡村经济的持续发展和社会的全面进步。同时，乡村治理中也缺乏足够的创新能力来应对不断出现的新情况和新问题。一些乡村地区在面对生态环境恶化、产业结构调整等挑战时，往往缺乏有效的应对策略和措施。

三、破解难题的思路

（一）加强人才队伍建设

人才是乡村治理的第一资源。要破解人才流失与治理能力不足的问题，必须加强对乡村人才的培养和引进。一方面，可以通过实施乡村人才回流工程，吸引在外务工经商的优秀人才回乡创业或参与乡村治理；另一方面，可以建立乡村人才培养机制，通过培训、交流等方式提升现有治理队伍的整体素质。同时，还可以探索建立乡村治理志愿者队伍，吸引更多社会力量参与乡村治理。

（二）优化权责配置与提高治理效率

要解决权责不匹配与治理效率低下的问题，必须进一步优化乡村治理体系中的权责配置。一方面，要明确乡镇政府和村委会的权责边界，推动乡镇政府简政放权，赋予村委会更多自治权；另一方面，要加强部门之间的协调配合，形成工作合力。可以通过建立跨部门协作机制、信息共享平台等方式加强部门之间的沟通与协作。同时，还可以探索建立乡村治理绩效评估机制，对治理效果进行定期评估和反馈，以提高治理效率和质量。

（三）丰富文化资源与推动乡风文明建设

要破解文化资源匮乏与乡风文明建设滞后的问题，必须加大对乡村文化建设的投入力度。一方面，要完善乡村文化设施网络，建设图书馆、文化活动中心等场所，为村民提供丰富的文化活动空间和设施；另一方面，要丰富文化活动形式和内容，通过举办文艺演出、体育比赛等方式活跃乡村文化生活。同时，还要深入挖掘和传承乡土文化中的优秀传统，推动移风易俗，培育文明乡风。可以通过开展道德教育、法治宣传等活动提升村民的道德素养和法律意识。此外，还可以探索建立乡村文化产业发展机制，利用乡村独特的自然资源和人文资源发展文化旅游等产业，为乡村经济发展注入新的活力。

第四节　乡村治理实践的成效评估与反思

一、成效评估的指标体系构建

在乡村治理实践中，成效评估是衡量政策执行效果、识别存在问题、推动持续改进的关键环节。构建一个科学、全面、可操作的成效评估指标体系，对于准确反映乡村治理的实际成效、指导未来工作方向具有重要意义。

（一）指标体系的构建原则

指标的选择应基于科学的方法和理论，确保能够真实、准确地反映乡村治理的实际情况。指标应具有明确的定义、计算方法和数据来源，避免主观臆断和模糊性。

指标体系应涵盖乡村治理的各个方面，包括经济发展、社会进步、生态环境、治理效能等，确保评估的全面性和综合性。指标之间应具有内在联系，形成一个有机整体，反映乡村治理的整体水平。

指标的数据应易于获取、计算和分析，便于实际操作和应用。避免选择过于复杂或难以量化的指标，确保评估工作的可行性和效率。

指标体系应能够引导乡村治理向更好的方向发展，反映政策目标和治理理念。通过评估，可以发现治理中的亮点和不足，为政策调整和优化提供依据。

（二）具体指标的设置

根据乡村治理的目标和任务，可以将成效评估指标分为以下几个主要方面：

1. 经济发展

农村居民人均收入增长率：反映乡村居民经济水平的提升情况。

农业产值增长率：衡量农业生产效率的提高和农业结构的优化。

乡村企业数量及增长率：体现乡村经济多元化和产业发展的活力。

2. 社会进步

教育普及率：包括基础教育入学率、成人教育参与度等，反映乡村教育水平的提升。

医疗卫生条件改善情况：如医疗机构数量、医生配备率、医疗报销比例等，体现乡村医疗卫生服务的可及性和质量。

社会保障覆盖率：包括养老保险、医疗保险、最低生活保障等，反映乡村社会保障体系的完善程度。

3. 生态环境

森林覆盖率：反映乡村生态环境的保护和恢复情况。

水质达标率：衡量乡村水资源保护和污染治理的效果。

农业面源污染控制情况：如化肥农药使用量减少率、秸秆还田率等，体现农业绿色发展的程度。

4. 治理效能

村民满意度：通过问卷调查等方式获取村民对乡村治理的满意度评价。

决策透明度：反映乡村治理决策的公开、公正和民主程度。

矛盾纠纷调解成功率：衡量乡村社会治理的和谐稳定程度。

二、评估方法与实施步骤

（一）评估方法的选择

在乡村治理成效评估中，应采用定量评估和定性评估相结合的方法，以确保评估结果的全面性和准确性。

1. 定量评估

通过收集和分析相关数据，对各项指标进行量化评分。这种方法能够客观、准确地反映乡村治理的量化成果，如经济增长率、教育普及率等。

2. 定性评估

通过问卷调查、访谈、座谈会等方式，收集村民、基层干部等利益相关者的意见和建议，对乡村治理的成效进行主观评价。这种方法能够深入了解村民的感受和需求，发现治理中的问题和不足。

（二）实施步骤

确定评估目标和范围。明确评估的对象、时间和内容，确保评估工作的针对性和有效性。例如，可以针对某个特定政策或项目进行评估，也可以对整个乡村治理体系进行评估。

收集数据和信息。通过查阅相关资料、实地调查、问卷调查等方式，收集与评估指标相关的数据和信息。确保数据的准确性和完整性，为后续的分析和评估提供基础。

数据处理和分析。对收集到的数据进行整理、计算和分析，得出各项指标的评估结果。运用统计学方法对数据进行处理，如计算平均值、标准差、增长率等，以揭示数据的内在规律和趋势。

定性评估与补充。通过问卷调查、访谈等方式收集定性信息，对定量评估结果进行补充和验证。了解村民对治理工作的感受和看法，发现治理中的亮点和不足，为评估报告提供更加丰富的信息。

综合评价与反馈。将定量评估和定性评估的结果进行综合，形成最终的评估报告。报告应包括评估背景、方法、过程、结果以及改进建议等内容。将评估结果反馈给相关部门和利益相关者，为政策调整和优化提供参考依据。

三、成效评估结果的反思

（一）成效亮点与经验总结

1. 经济发展与产业结构调整

在乡村治理的成效评估中，经济发展方面的亮点尤为突出。多地通过深入挖掘本地资源，成功打造了特色农业、乡村旅游等支柱产业，实现了乡村经济的跨越式发展。例如，一些地区依托独特的地理环境和气候条件，大力发展有机农业和绿色食品生产，不仅提高了农产品的附加值，也有效促进了农民增收。同时，乡村旅游的兴起也为乡村经济注入了新的活力，通过完善旅游设施、提升服务质量，吸引了大量游客前来观光休闲，进一步拉动了乡村消费和经济增长。

2. 生态环境改善与可持续发展

生态环境是乡村治理中不可忽视的重要方面。评估结果显示，许多地区在生态环境改善方面取得了显著成效。通过实施退耕还林、水土保持、生态修复等措施，乡村的生态环境质量得到了有效提升。这些举措不仅增强了乡村的生态屏障功能，也为乡村的可持续发展奠定了坚实基础。同时，一些地区还积极探索生态农业、循环农业等新型农业发展模式，实现了经济效益与生态效益的双赢。

3. 社会进步与民生改善

乡村治理的最终目标是实现社会进步和民生改善。从评估结果来看，这一目标在多地得到了有效落实。通过加强教育、医疗、文化等公共服务设施建设，乡村地区的社会保障水平得到了显著提升。同时，一些地区还创新社会治理模式，鼓励村民参与乡村治理过程，提高了村民的自我管理和自我服务能力。这些举措共同促进了乡村社会的和谐稳定与全面进步。

（二）存在问题与原因分析

1. 治理效能不高与制度执行不力

尽管乡村治理取得了诸多成效，但评估结果也暴露出治理效能不高的问题。这主要表现在政策执行不力、制度落实不到位等方面。究其原因，一方面可能是基层政府对乡村治理的重视程度不够，导致政策执行缺乏力度和持续性；另一方面也可能是制度设计本身存在缺陷或不合理之处，导致在实际操作中难以得到有效执行。针对这一问题，需要进一步加强基层政府的责任意识和执行能力培训，同时完善相关制度设计，确保其科学性和可操作性。

2. 村民参与度低与信息不对称

村民的有效参与是乡村治理的基础和前提。然而，评估结果显示，部分地区的村民参与度仍然较低。这主要是由于信息不对称、参与渠道不畅等原因造成的。一方面，村民可能缺乏获取相关政策和信息的有效途径，导致他们对乡村治理的认知和理解存在偏差；另一方面，现有的参与渠道可能不够畅通或缺乏吸引力，使村民难以积极参与乡村治理工作。对此，必须加强信息公开和透明度建设，拓宽村民的参与渠道，提高村民的参与意识。

3. 资源分配不均与区域发展不平衡

资源分配不均是乡村治理中另一个需要关注的问题。评估结果显示，一些地区在资源分配方面存在明显的不均衡现象，可能导致区域发展不平衡和社会矛盾加剧，其原因可能是多方面的，如城乡二元结构、政策导向不合理、市场机制不完善等。对此，需要进一步完善资源分配机制和政策导向，确保资源的公平合理分配；加强区域间的合作与交流，促进优势互补和协同发展；充分发挥市场机制在资源配置中的决定性作用，提高资源利用效率和社会整体福利水平。

第十章 乡村治理的数字化策略

第一节 "互联网＋政务服务"在乡村的实施

一、"互联网+政务服务"的概念

"互联网＋政务服务"是指运用互联网思维、技术和资源，创新政府服务模式，实现政务服务的在线化、云端化、移动化、数据活化、智能化、O2O化和自服务化。这种新型服务模式以政务服务平台为基础，旨在提升政府治理的现代化水平，为公众提供更加便捷、高效、透明的政务服务。

其特点主要体现在以下几个方面：一是以用户为中心，注重服务体验，通过简化办事流程、优化服务界面等方式，提高政务服务的易用性和满意度；二是以数据为驱动，通过大数据分析和挖掘，为政府决策提供科学依据，提高政务服务的精准性和有效性；三是以协同为关键，打破部门壁垒，实现信息共享和业务协同，提高政务服务的整体效能。

二、在乡村治理中的实施路径

在乡村治理的现代化进程中，"互联网＋政务服务"作为一种创新模式，正逐步改变着传统的治理方式。这一模式通过整合乡村政务资源，优化服务流程，实现了政务服务的线上线下融合，为村民提供了更加便捷、高效的政务服务。

（一）建设乡村政务服务平台：打造一站式服务窗口

建设乡村政务服务平台是"互联网+政务服务"实施的首要步骤。这一平台旨在整合乡村各类服务资源，为村民提供一站式政务服务，从而解决村民在办理各项事务时可能遇到的烦琐和不便。

1.平台功能设计

乡村政务服务平台应具备信息发布、在线咨询、业务办理等核心功能。信息发布功能用于及时发布政策法规、通知公告等信息，确保村民能够第一时间获取到最新的政务动态。在线咨询功能则提供实时在线的咨询服务，解答村民在办理事务过程中遇到的疑问。业务办理功能则涵盖了各类政务服务事项的在线申请、审批、查询等流程，使村民能够足不出户地完成各项事务的办理。

2.平台技术支持

为了确保平台的稳定运行和高效服务，需要采用先进的技术手段进行支撑。例如，利用云计算技术实现数据的高效存储和处理；利用大数据技术进行数据分析，为政府决策提供依据；利用人工智能技术提供智能客服和语音识别等服务，提升平台的智能化水平。

3.平台宣传推广

平台建成后，还需要进行广泛的宣传推广，提高村民的知晓度和使用率。可以通过村广播、宣传栏、微信群等多种渠道进行宣传，同时组织培训活动，指导村民如何使用平台进行在线办理和查询。

（二）推进政务服务线上线下融合：实现O2O服务模式

在乡村治理中，单纯的线上服务可能无法满足部分村民的需求，因此推进政务服务线上线下融合，实现O2O服务模式显得尤为重要。

在乡村地区设立政务服务站点，配备必要的硬件设施和人员，为村民提供线下咨询、办理等服务。这些站点可以设在村委会、便民服务中心等地点，方便村民就近办理事务。

通过线上平台与线下站点的有效衔接，实现政务服务的无缝对接。村民可以通过线上平台预约线下办理时间、提交申请材料，并在线下站点完成材料的审核、签字等手续。线下站点也可以为村民提供线上平台的操作指导和帮助，确保村民能够顺利使用线上服务。

结合线上线下融合的特点，对政务服务流程进行优化和再造。通过简化办事流程、减少办事环节、压缩办理时限等措施，提高政务服务的整体效率和质量。同时，建立反馈机制，及时收集村民的意见和建议，不断改进和完善服务流程。

（三）加强数据共享与业务协同：提升政务服务整体效能

数据共享与业务协同是"互联网 + 政务服务"实施的关键环节，也是提升政务服务整体效能的重要手段。

建立乡村政务数据共享机制，实现各部门之间的数据互通和信息共享。这不仅可以避免数据的重复采集和录入，提高数据的质量和准确性，还可以为政府决策提供更加全面、准确的数据支持。同时，通过数据共享，可以打破部门之间的信息壁垒，促进部门之间的协同合作。

在数据共享的基础上，建设业务协同平台，实现各部门之间的业务协同和流程再造。通过平台，各部门可以实时了解其他部门的业务进展和办理情况，及时进行沟通和协调，确保各项事务能够顺利推进。同时，平台还可以提供业务办理过程中的监督和提醒功能，确保各项事务能够按照规定的时限和流程完成。

在加强数据共享与业务协同的同时，也需要注重信息安全保障。通过建立完善的信息安全管理制度和技术防护措施，确保政务数据的安全性和保密性，加强对相关人员的培训和管理，提高他们的信息安全意识和技能水平。

三、典型案例分析：如何提升乡村政务服务的效率

在乡村治理现代化的浪潮中，某地区积极探索"互联网 + 政务服务"

的新模式，通过搭建乡村政务服务平台，整合乡村教育、医疗、社保等多个领域的服务资源，为村民提供了便捷的一站式服务。这一实践不仅显著提升了政务服务的效率和质量，还为政府决策提供了科学依据，进一步推动了乡村治理的现代化进程。

该地区充分认识到乡村政务服务平台在提升服务效率中的关键作用，因此投入大量资源建设了集信息发布、在线咨询、业务办理等功能于一体的线上服务平台。该平台整合了乡村教育、医疗、社保、农业等多个领域的服务资源，使村民能够在一个平台上完成多项事务的办理。例如，村民可以通过平台查询教育政策、预约医疗服务、申请社保待遇等，无需再奔波于各个部门之间。这种一站式服务的模式大大节省了村民的时间和精力，提高了政务服务的便捷性和满意度。

在搭建线上服务平台的同时，该地区还注重线上线下服务的融合。他们在乡村地区设立了政务服务站点，配备了必要的硬件设施和人员，为村民提供线下咨询、办理业务等服务。这些站点通常设在村委会或便民服务中心等地点，方便村民就近办理事务。通过线上平台与线下站点的有效衔接，该地区实现了政务服务的O2O模式。村民可以通过线上平台预约线下办理时间、提交申请材料，并在线下站点完成材料的审核、签字等手续。这种线上线下融合的服务模式不仅提高了政务服务的效率，还提升了服务的质量。村民可以在家门口享受到便捷、高效的政务服务，大大增强了他们的获得感和幸福感。

在政务服务过程中，该地区还充分利用大数据技术进行分析和挖掘。他们通过收集和分析政务服务数据，了解村民的需求和偏好，为政府决策提供了科学依据。例如，通过分析村民在平台上查询和办理业务的数据，政府可以了解哪些服务是村民最需要的，哪些环节可能存在瓶颈或问题，从而有针对性地优化服务流程、提升服务质量。此外，大数据技术的应用还可以帮助政府预测未来的服务需求趋势，为制定更加科学合理的政策提供依据。这种基于数据的决策方式不仅提高了决策的精准性和有效性，还增强了政府的公信力和执行力。

第二节　大数据与人工智能在乡村治理中的应用

一、大数据与人工智能技术的概述

随着信息技术的飞速发展，大数据与人工智能已成为当今时代的重要特征。大数据技术是指通过软件工具从巨大、复杂的数据集中获取价值的技术，它具有数据量大、类型多样、处理速度快和价值密度低等特点。而人工智能则是一门研究、开发、实现和应用智能的科学技术，旨在使计算机和机器具备一定程度的人类智能，以便执行某些复杂的任务。

在乡村治理领域，大数据与人工智能技术的结合应用，为乡村治理带来了前所未有的机遇。通过大数据技术，可以实现对乡村社会、经济、环境等多方面的全面监测和深入分析，为乡村治理提供科学决策依据。而人工智能技术则可以在乡村治理过程中实现自动化、智能化处理，提高治理效率和精准度。

二、大数据与人工智能在乡村治理中的应用场景与前景

（一）应用场景

1. 农业生产管理

通过大数据技术分析土壤、气候等数据，为农业生产提供精准指导，提高农业生产效率和质量。同时，利用人工智能技术实现自动化种植、施肥、灌溉等生产环节，降低人力成本。

2. 乡村社会治理

通过大数据技术对乡村社会问题进行监测和分析，及时发现和解决潜

在的社会矛盾。同时，利用人工智能技术实现智能化监控和应急响应，提高乡村社会治理的安全性和稳定性。

3.公共服务优化

通过大数据技术分析乡村居民的需求和偏好，为乡村公共服务提供个性化、精准化的解决方案。同时，利用人工智能技术实现智能化服务，提高乡村公共服务的效率和满意度。

（二）应用前景

随着大数据与人工智能技术的不断发展和普及，它们在乡村治理中的应用前景将更加广阔。未来，大数据与人工智能将深度融合，实现对乡村社会的全面感知、智能分析和科学决策，推动乡村治理向更加智能化、精准化的方向发展。同时，这些技术的应用也将促进乡村经济的转型升级和可持续发展，提高乡村居民的生活质量和幸福感。

三、实际应用案例：如何助力乡村治理决策的科学化、精准化

以某地区乡村治理为例，该地区引入大数据与人工智能技术，构建了乡村治理智能决策支持系统。该系统通过整合多源数据资源，包括农业生产数据、社会治理数据、公共服务数据等，实现了对乡村社会的全面监测和深入分析。

在农业生产方面，系统利用大数据技术分析土壤肥力、气候条件等因素，为农民提供个性化的种植指导和服务。这不仅提高了农业生产效率和质量，还降低了农业生产风险。同时，通过人工智能技术实现自动化种植和精准施肥，进一步减轻了农民的劳动强度。

在乡村社会治理方面，系统通过大数据技术对乡村社会问题进行实时监测和预警。一旦发现异常情况或潜在矛盾，系统会立即启动应急响应机制，通知相关部门和人员进行处理。这种智能化监控和应急响应机制大大提高了乡村社会治理的安全性和稳定性。

在公共服务方面，系统利用大数据技术分析乡村居民的需求和偏好，为他们提供个性化、精准化的公共服务解决方案。例如，根据居民的健康

数据提供定制化的健康管理服务；根据居民的教育需求提供个性化的教育资源推荐等。这些智能化服务不仅提高了公共服务的效率和满意度，还增强了乡村居民的获得感和幸福感。

第三节　数字化监督与反馈机制的建立

一、数字化监督与反馈机制的重要性

在当今信息化社会，数字化监督与反馈机制的建立显得尤为重要。首先，数字化监督能够提高监督的效率和准确性，通过数据分析和比对，迅速发现问题，减少人为干预和误判。其次，数字化反馈机制能够确保信息的及时传递和处理，使得相关部门能够迅速响应并解决问题，从而提升政府的服务质量和公信力。最后，数字化监督与反馈机制有助于实现乡村治理的透明化和民主化，让村民能够更直观地了解村务管理情况，并参与到乡村治理中来。

二、建立机制的具体步骤与关键环节

在乡村治理现代化的进程中，建立数字化监督与反馈机制是提升治理效能、保障村民权益、促进乡村发展的重要举措。这一机制通过现代信息技术手段，实现对乡村各项事务的全面监督与及时反馈，为乡村治理提供科学依据和决策支持。

（一）具体步骤

1.明确监督目标

建立数字化监督与反馈机制的第一步是明确监督的对象和目标。这需要根据乡村治理的实际需求，确定监督的重点领域和关键环节。例如，乡村财务、项目进展、政策执行情况等都是重要的监督对象。通过明确监督目标，可以确保监督机制的针对性和有效性，避免资源的浪费和效率的低下。

在具体操作中，可以组织相关部门和专家进行调研和分析，结合乡村治理的实际情况，制定详细的监督目标和计划。同时，将监督目标与乡村发展的长远规划相结合，确保监督工作的持续性和稳定性。

2. 数据收集与整合

数据是数字化监督与反馈机制的基础。为了确保监督的准确性和有效性，需要利用现代信息技术手段，全面收集并整合相关数据，包括村民信息、财务数据、项目进展情况、政策执行效果等。数据的收集应遵循真实、准确、完整的原则，避免数据的造假或遗漏。

在数据收集的过程中，可以运用大数据、云计算等先进技术，实现数据的自动化采集和实时更新。建立数据共享机制，确保各部门之间的数据互通，避免重复采集数据，提高数据的利用效率和质量。

3. 建立监督平台

建立数字化监督平台是实现监督与反馈机制的关键步骤。这一平台应具备实时上传、存储、查询和分析数据的功能，方便相关人员随时查看和监督。平台的设计应简洁明了，易于操作和使用。同时，还需要根据监督目标的需求，设置相应的数据指标和监测模块。

在监督平台的建设过程中，可以借鉴国内外先进的经验和做法，结合乡村治理的实际情况进行创新和完善。同时，还需要加强与相关部门的沟通和协作，确保平台的顺利建设和运行。

4. 设定反馈机制

数字化监督与反馈机制的核心在于及时反馈和处理问题。因此，在监督平台上设置反馈渠道至关重要。这可以通过设置在线留言、投诉举报、电话热线等方式实现。反馈渠道应畅通无阻，方便村民、政府部门等各方对发现的问题进行及时反馈。

同时，还需要建立相应的反馈处理机制，确保反馈信息的及时处理和回复。这可以设立专门的处理团队或部门，负责接收、分析、处理和回复反馈信息。同时，还需要建立问责机制，对处理不及时或处理不当的行为进行追责和处罚。

5. 定期评估与改进

数字化监督与反馈机制是一个动态的过程，需要不断进行评估和改进。因此，应定期对机制的运行情况进行评估和总结，根据实际情况进行调整和优化。评估的内容可以包括数据的准确性、平台的稳定性、反馈的及时性等方面。

在评估的基础上，可以根据发现的问题和不足，制定相应的改进措施和计划。例如，优化数据收集和处理流程、完善平台功能设计、加强反馈处理团队建设等。通过不断改进和完善，可以确保数字化监督与反馈机制的有效性和适应性。

（二）关键环节

1. 数据质量保障

数据质量是数字化监督与反馈机制的生命线。如果数据不准确、不完整或存在造假行为，将严重影响监督的准确性和有效性。因此，在建立机制的过程中，必须高度重视数据质量的保障工作。

为了确保数据的真实性、准确性和完整性，可以采取以下措施：一是建立数据审核机制，对数据进行严格的审核和校验；二是加强数据采集人员的培训和管理，提高他们的专业素养和责任心；三是建立数据质量评估体系，定期对数据质量进行评估和检查；四是建立数据质量责任追究机制，对造成数据质量问题的行为进行追责和处罚。

2. 信息公开透明

信息公开透明是数字化监督与反馈机制的重要原则。通过公开透明的信息发布和查询机制，可以方便各方了解监督的进展和结果，增强监督的公信力和说服力。

为了实现信息公开透明，可以采取以下措施：一是建立信息发布机制，定期在监督平台上发布相关信息和数据；二是建立信息查询机制，方便村民、政府部门等各方随时查询所需信息；三是加强与社会各界的沟通和协作，广泛听取意见和建议；四是建立信息公开责任追究机制，对违反信息公开规定的行为进行追责和处罚。

3. 及时反馈与处理

及时反馈与处理是数字化监督与反馈机制的核心功能。如果反馈信息得不到及时处理和回复，将严重影响村民的满意度和信任度。因此，在建立机制的过程中，必须高度重视反馈信息的及时处理和回复工作。

为了确保反馈信息的及时处理和回复，可以采取以下措施：一是建立反馈处理团队或部门，负责接收、分析、处理和回复反馈信息；二是制定详细的反馈处理流程和标准，确保处理工作的规范化和标准化；三是加强与其他部门的沟通和协作，确保处理工作的顺利进行；四是建立反馈处理责任追究机制，对处理不及时或处理不当的行为进行追责和处罚。

4. 保障信息安全

信息安全是数字化监督与反馈机制的重要保障。如果数据和信息泄露或被滥用，将严重威胁到村民的隐私和权益。因此，在建立机制的过程中，必须高度重视信息安全保障工作。

第四节　乡村治理数字化的绩效评估

一、数字化绩效评估的意义与目的

随着信息技术的迅猛发展和数字乡村建设的深入推进，乡村治理数字化已成为提升乡村治理能力、推动乡村振兴的重要举措。在这一背景下，开展数字化绩效评估显得尤为重要。数字化绩效评估不仅有助于全面了解乡村治理数字化的实施效果，还能够为进一步优化数字乡村建设、提升治理效能提供科学依据。

数字化绩效评估的目的主要体现在以下几个方面：一是客观评价乡村

治理数字化的成效，明确各项工作的进展情况和存在的问题；二是为政府部门提供决策支持，帮助其更加精准地制定和调整相关政策措施；三是引导社会资源合理配置，推动数字技术与乡村治理的深度融合；四是增强村民对数字化治理的认同感和参与度，提升乡村社会的整体福祉。

二、评估指标体系的构建与方法选择

（一）评估指标体系的构建

构建科学、合理的评估指标体系是数字化绩效评估的基础。在构建过程中，应遵循综合性、针对性、可操作性和动态性等原则，确保指标体系能够全面反映乡村治理数字化的各个方面。具体来说，评估指标体系应包括以下几个维度：

1. 基础设施建设：评估乡村信息基础设施的完善程度，如通信网络覆盖率、数字化设备配备情况等。

2. 数字化应用水平：考察数字技术在乡村治理中的实际应用情况，如政务服务平台的使用率、数字化办公的普及程度等。

3. 治理效能提升：衡量数字化治理对乡村治理效能的提升作用，如决策的科学性、公共服务的便捷性等。

4. 村民满意度：反映村民对数字化治理的接受程度和满意程度，通过问卷调查、访谈等方式收集村民意见。

（二）方法选择

在数字化绩效评估中，应选择合适的评估方法以确保评估结果的客观性和准确性。常用的评估方法包括：

1. 定量分析法：通过收集和分析相关数据，运用统计学方法对各项指标进行量化评估，便于进行横向比较和纵向分析。

2. 定性分析法：通过实地调研、访谈等方式收集定性资料，对数字化治理的成效进行深入剖析，揭示其内在逻辑和规律。

3. 综合评价法：将定量分析与定性分析相结合，对各项指标进行综合评价，得出全面、客观的评估结果。

三、绩效评估的实践案例与结果分析

以某地区乡村治理数字化绩效评估为例，该地区在实施数字化治理后，构建了科学的评估指标体系，运用定量与定性相结合的方法全面评估乡村治理成果。评估结果显示，该地区在基础设施建设、数字化应用水平、治理效能提升及村民满意度等方面均取得了一定成绩。

具体来说，通信网络覆盖率大幅提升，数字化设备配备齐全；政务服务平台使用率高，数字化办公得到普及；决策的科学性和公共服务的便捷性明显提高；村民对数字化治理的接受程度和满意度显著提升。这些成效的取得得益于政府部门的高度重视和大力支持，以及社会各界的积极参与和共同努力。

然而，评估结果也揭示了一些问题。如部分地区基础设施建设仍存在短板，数字化应用水平有待进一步提高；部分村民对数字化治理的认知度和参与度不高，需要加强宣传和培训。对此，政府部门应制定相应的政策措施，加大投入力度，推动乡村治理数字化向更高水平发展；加强与社会各界的合作与交流，共同推动数字乡村建设的深入发展。

第五节　数字化治理模式的创新与优化

一、现有数字化治理模式的总结与反思

当前，数字化治理模式在全球范围内得到了广泛应用，尤其是在乡村治理领域。这种模式主要依托于大数据、云计算、人工智能等先进技术，实现了信息的高效流通、资源的优化配置以及服务的精准供给。然而，在现有数字化治理模式的实践中，我们也发现了一些问题和不足。

首先，数字化治理的基础设施建设仍存在短板。尽管许多地区已经建立了基本的数字化平台，但网络覆盖不全、设备更新不及时等问题仍然突出，制约了数字化治理效能的进一步提升。其次，数字化治理的应用深度和广度有待拓展。目前，一些地区的数字化治理仍停留在表面层次，未能与乡村经济社会发展的实际需求紧密结合，导致数字化技术的应用效果有限。最后，数字化治理中的数据安全与隐私保护问题不容忽视。随着数据的不断汇聚和共享，如何确保数据安全、防止信息泄露成为亟待解决的问题。

二、创新与优化的方向与路径选择

针对现有数字化治理模式存在的问题和不足，我们需要从多个方面进行创新和优化。

（一）创新方向

1. 理念创新：树立以人为本的数字化治理理念，将满足村民需求作为出发点和落脚点，推动数字化治理更加贴近民生、服务民众。

2. 技术创新：积极引入新技术、新应用，如物联网、区块链等，丰富数字化治理的技术手段，提升治理的智能化水平。

3. 模式创新：探索政府主导、企业参与、社会协同的数字化治理模式，形成多元化、共治共享的治理格局。

（二）优化路径

1. 加强基础设施建设：持续加大投入力度，完善乡村信息基础设施，提高网络覆盖率和设备更新速度，为数字化治理提供坚实支撑。

2. 深化数字化应用：结合乡村实际，开发更多具有针对性的数字化应用场景，推动数字化技术与乡村经济社会发展的深度融合。

3. 强化数据安全与隐私保护：建立健全数据安全管理制度和技术防护体系，确保数据在采集、传输、存储和使用过程中的安全性，切实保护村民隐私权益。

第十一章　乡村数字化建设与
乡村治理的未来展望

第一节　乡村数字化建设与治理的发展趋势

一、数字化建设与治理在乡村的总体发展趋势

随着信息技术的迅猛发展和国家对乡村振兴战略的深入实施，乡村数字化建设与治理呈现出蓬勃发展的总体趋势。这一趋势主要体现在以下几个方面：

（一）数字化基础设施不断完善

乡村地区的信息基础设施建设正在加速推进，包括 5G 网络、物联网、云计算等新一代信息技术的广泛应用，为乡村数字化建设与治理提供了坚实的基础。网络覆盖范围的扩大和网络质量的提升，使得乡村居民能够享受到更加便捷、高效的数字化服务。

（二）数字化应用场景日益丰富

乡村数字化建设与治理的应用场景正在不断拓展和深化。在农业生产领域，智能农业、精准农业等新模式逐渐兴起，数字化技术对农业生产进

行智能化管理，提高了农业生产效率和质量。在乡村治理方面，数字化技术被广泛应用于政务服务、社会管理、公共安全等领域。

（三）数字化人才队伍不断壮大

随着乡村数字化建设与治理的深入推进，越来越多的数字化人才开始涌向乡村地区。这些人才不仅具备专业的数字化技能，还能够深入理解乡村地区的实际需求和特点，为乡村数字化建设与治理提供有力的人才保障。

二、关键技术发展动态及其影响

在乡村数字化建设与治理的过程中，关键技术的发展动态对其产生了深远的影响。以下是一些主要的关键技术发展动态及其影响：

（一）大数据技术的广泛应用

大数据技术为乡村数字化建设与治理提供了强大的数据支撑。通过收集、整合和分析乡村地区的各类数据，可以更加准确地掌握乡村地区的实际情况和发展需求，为科学决策提供有力依据。同时，大数据技术还可以帮助优化资源配置，提高乡村治理的效率和精准度。

（二）人工智能技术的快速发展

人工智能技术为乡村数字化建设与治理注入了新的活力。在农业生产方面，人工智能技术可以实现精准施肥、智能灌溉等智能化管理，提高农业生产效益。在乡村治理方面，人工智能技术可以应用于智能监控、人脸识别等领域，提升乡村地区的安全防范能力。

（三）物联网技术的逐步普及

物联网技术为乡村数字化建设与治理提供了更加广泛的连接和感知能力。通过物联网技术，可以将乡村地区的各种设备和设施连接起来，实现远程监控和智能化管理。这不仅提高了乡村治理的便捷性，还为乡村居民提供了更加智能化的生活服务。

三、乡村数字化建设与治理模式的演变

随着技术的不断进步和应用场景的不断拓展，乡村数字化建设与治理模式也在不断演变。以下是一些主要的演变趋势：

（一）从单一应用向综合平台转变

1.早期单一应用的局限性

在乡村数字化建设的初期，往往是从解决某一具体问题或满足某一特定需求出发，进行单一应用的开发和部署。例如，电子政务系统主要用于提高政府办公效率，农业信息系统则专注于农业生产管理。这些应用虽然在一定程度上推动了乡村数字化的进程，但由于缺乏整体规划和协同，往往存在信息孤岛、重复建设等问题，无法充分发挥数字化的潜力。

2.综合平台的发展趋势

随着技术的不断进步和应用需求的日益增长，乡村数字化建设逐渐从单一应用向综合平台转变。综合平台通过整合各种资源和应用，提供一站式、全方位的数字化服务，有效解决了信息孤岛和重复建设的问题。例如，一些地区开始构建集电子政务、农业信息化、公共服务于一体的乡村数字化综合平台，实现了数据的共享和业务的协同。

3.综合平台的优势与意义

综合平台提高了乡村数字化建设的整体效率，还为乡村发展带来了诸多优势。首先，通过数据的整合和共享，政府可以更加全面地了解乡村的实际情况和需求，为科学决策提供有力支持。其次，综合平台可以推动乡村产业的融合发展，促进农业、旅游、文化等产业的协同创新。最后，综合平台还可以提升乡村公共服务的质量和效率，让乡村居民享受到更加便捷、高效的服务。

（二）从政府主导到多元共治转变

1.政府主导的传统模式

在乡村治理的传统模式中，政府往往扮演着主导者的角色，负责规划、建设和管理乡村的各项事务。这种模式在一定程度上确保了乡村治理

的稳定性和有序性，但也存在缺乏灵活性、创新力不足等问题。

2. 多元共治的新格局

随着数字化时代的到来，乡村治理的主体正在向多元化转变。除了政府之外，企业、社会组织、村民等各方力量也开始积极参与到乡村数字化建设与治理中来，形成多元共治的格局。企业可以引入先进的技术和管理经验，推动乡村产业的升级和转型；社会组织可以发挥其在资源整合和协调方面的优势，为乡村发展提供有力支持；而村民则可以通过参与决策和监督，确保乡村治理的民主性和有效性。

3. 多元共治的意义与挑战

多元共治格局的形成，有助于激发乡村社会的活力，推动乡村社会的持续发展；有助于提高乡村治理效率，满足乡村居民的生活需求。在推动多元共治的过程中，应建立完善的协调机制和监督机制，使各方形成合力，共同推动乡村稳步发展，确保治理的有效性和稳定性。

（三）从注重建设向注重运营转变

1. 建设阶段的重点与问题

在乡村数字化建设的初期阶段，往往更注重基础设施的建设和技术的引入。这一阶段的主要任务是搭建起数字化的基本框架和平台，为后续的应用和发展奠定基础。然而，在建设过程中也存在一些问题，如过度追求技术的先进性而忽视实际应用需求、缺乏长远规划和可持续发展考虑等。

2. 运营阶段的重要性与挑战

随着基础设施的完善和技术的普及，如何有效运营这些数字化设施和技术成为越来越重要的问题。运营阶段的主要任务是确保数字化设施和技术能够持续、稳定地发挥作用，为乡村居民提供高质量的服务。这一阶段面临的挑战包括如何保持设施的更新和维护、如何提高服务的质量和效率、如何满足不断变化的市场需求等。因此，需要建立完善的运营机制和管理体系，确保数字化设施和技术的可持续发展。

3. 注重运营的转变与意义

未来，乡村数字化建设与治理将更加注重服务质量的提升。在建设过程中充分考虑后续的运营需求，制定科学合理的长远发展规划；在运营过程中不断总结经验、持续改进和创新，以适应不断变化的市场环境和乡村居民的需求。这种从注重建设向注重运营的转变将有助于推动乡村数字化建设与治理向更加可持续的方向发展，为乡村社会的繁荣和进步提供有力支持。

第二节　新技术在乡村数字化建设与治理中的应用前景

一、新技术概述

（一）5G 技术的特点与优势

5G 技术，作为第五代移动通信技术的简称，以其高速率、低时延、大连接等显著特性，引领了通信技术的新一轮革命。它不仅能够满足日益增长的移动数据需求，还为各类应用场景提供了强大的网络支撑，尤其在数据传输和实时通信方面展现出前所未有的能力。

（二）物联网技术的核心与价值

物联网技术通过连接各种智能设备，构建了一个庞大的信息网络。在这个网络中，设备之间可以相互通信、交换数据，从而实现对物理世界的实时感知和智能控制。物联网技术的核心在于其连接性和智能化，这为各行各业带来了无限的创新可能，尤其是在提升效率和优化资源配置方面。

（三）区块链技术的原理与应用意义

区块链技术以其去中心化、数据不可篡改的特点，为数据安全与信任机制构建提供了全新的解决方案。它通过分布式账本技术，确保数据的真实性和完整性，从而解决了传统中心化系统中存在的数据篡改和信任问题。这一技术的应用，不仅为金融领域带来了革命性的变革，还为其他行业提供了数据安全和信任建立的新思路。

二、新技术在乡村数字化建设中的潜在应用

（一）5G 技术在乡村通信能力提升中的作用

随着 5G 技术的普及，乡村地区的通信能力将得到极大的提升。高清视频、远程教育、远程医疗等应用将成为可能，这不仅有助于缩小城乡数字鸿沟，还将为乡村居民提供更加便捷、高效的服务。例如，通过 5G 网络，乡村学生可以实时观看城市优质教育资源的直播课程，从而享受更加公平的教育机会。

（二）物联网技术在智慧农业中的实践

物联网技术在农业领域的应用将实现农田环境的实时监测与智能调控。通过部署各种传感器和智能设备，农民可以实时了解土壤湿度、温度、光照等环境参数，从而做出更加科学的种植决策。此外，物联网技术还可以应用于智能灌溉、精准施肥等环节，有效提高农业生产效率和质量，减少资源浪费和环境污染。

（三）区块链技术在农产品溯源中的应用前景

区块链技术为农产品溯源系统提供了新的解决方案。通过构建基于区块链的农产品溯源平台，可以确保农产品从生产到销售每一个环节的数据都被真实、完整地记录下来。这不仅有助于保障食品安全和消费者权益，还将为农产品品牌建设提供有力的数据支撑。消费者可以通过扫描产品上的二维码，轻松了解产品的生产地、生产日期、质检报告等信息，从而做出更加明智的购买决策。

三、新技术对乡村治理效能提升的预测与分析

（一）大数据与人工智能在乡村治理中的应用

1. 大数据助力精准决策

在乡村治理中，大数据技术的应用将极大提升决策的精准性。通过收集乡村居民的行为数据、消费数据以及社会经济数据等，政府可以构建全面的数据分析模型，深入洞察乡村发展的动态趋势和潜在问题。这种基于数据的决策方式，不仅能够更加精准地满足居民的需求和偏好，还能有效避免资源的浪费和政策的偏差，从而实现乡村治理的精细化和科学化。

2. 人工智能提升公共服务效率

人工智能技术在乡村公共服务领域的应用将显著提高服务效率。例如，通过智能语音识别和自然语言处理技术，乡村居民可以便捷地获取各类政策信息和公共服务指南。智能垃圾分类系统能够自动识别和分类垃圾，引导居民养成良好的环保习惯。而智能健康监测系统则可以实时监测居民的健康状况，及时发现潜在的健康问题，为乡村居民提供更加贴心的健康保障。

3. 大数据与人工智能融合推动创新发展

大数据和人工智能技术的融合将为乡村治理带来更多创新可能。政府可以利用这些技术构建智慧乡村治理平台，整合各类资源和服务，实现乡村治理的智能化和一体化。同时，通过数据挖掘和模式识别等技术，还可以发现乡村发展中的新机遇和新挑战，为乡村的可持续发展提供有力支持。

（二）新技术推动乡村治理透明化与民主化

1. 区块链技术增强村务管理透明度

区块链技术以其去中心化、公开透明和不可篡改的特点，在乡村治理中具有广阔的应用前景。通过利用区块链技术建立村务管理平台，可以确保村务信息的真实性和可信度，有效避免信息造假和篡改等问题。这将极大提升村民对村务管理的信任度和参与度，推动乡村治理向更加透明化的

方向发展。

2. 互联网技术促进民主参与

互联网技术的普及为乡村治理的民主化提供了有力支持。通过搭建村民意见收集与反馈平台，政府可以及时了解村民的诉求和建议，增强与村民之间的互动与沟通。这种线上线下的民主参与方式，不仅能够拓宽村民的表达渠道，还能提高政府决策的民主性和科学性，从而推动乡村社会的和谐稳定发展。

3. 新技术推动乡村治理模式创新

新技术在推动乡村治理透明化和民主化的同时，也将促进乡村治理模式的创新。政府可以利用新技术构建多元共治的乡村治理体系，吸引更多社会力量和市场主体参与乡村治理。这种多元化的治理模式将有助于激发乡村社会的活力，推动乡村治理向更加高效、公平和可持续的方向发展。

（三）物联网在乡村公共安全领域的应用

1. 智能监控提升安全防范能力

物联网技术在乡村公共安全领域的应用将显著提升安全防范能力。通过部署智能监控设备，如高清摄像头、红外感应器等，可以实现对乡村地区的实时监控和录像存储。这将有助于及时发现并处理各类安全隐患和违法犯罪行为，保障乡村居民的生命财产安全。

2. 灾害预警系统降低自然灾害风险

物联网技术还可以应用于乡村灾害预警系统的建设。通过部署各类传感器和监测设备，可以实时监测乡村地区的气象、水文等环境数据，及时发现潜在的灾害风险。同时，利用物联网技术构建灾害预警信息发布平台，可以迅速将预警信息传递给乡村居民，指导他们采取有效的应对措施，降低自然灾害带来的损失。

3. 物联网技术助力应急救援效率提升

在乡村应急救援方面，物联网技术也将发挥重要作用。通过利用物联网技术对救援物资进行智能管理和调度，可以确保救援物资在最短时间内到达灾区。同时，借助物联网技术对灾区环境进行实时监测和分析，还可以为救援人员提供更加精准的决策支持，提高应急救援的效率。

四、创新应用案例与未来可能场景

（一）5G 技术在乡村远程教育中的应用案例

1.5G 技术助力乡村远程教育发展

随着 5G 技术的快速推广和应用，其在乡村远程教育领域展现出巨大潜力。在某些地区，政府已经积极利用 5G 技术开展了远程教育项目，旨在打破地域限制，将城市优质的教育资源传输到乡村学校。通过高速、稳定的 5G 网络连接，乡村学生得以实时参与城市学校的课堂教学，与城市学生共享优质教育资源。

2.创新教育模式提升乡村教育质量

5G 技术的引入不仅解决了乡村地区教育资源匮乏的问题，还推动了乡村教育模式的创新。借助 5G 网络，乡村学校可以开展多样化的教学活动，如在线互动课堂、虚拟现实实验教学等，从而激发学生的学习兴趣，提升教学质量。同时，5G 技术还支持远程教师培训，帮助乡村教师提升专业素养和教学能力。

3.5G 技术在乡村远程教育的未来展望

展望未来，5G 技术将在乡村远程教育中发挥更加重要的作用。随着 5G 网络的进一步覆盖和优化，以及教育信息化的深入推进，乡村远程教育将实现更加广泛、深入的应用。例如，利用 5G 技术构建智慧教育云平台，实现教育资源的共享和协同；通过 5G 网络开展跨地区、跨学校的合作与交流，促进乡村教育的均衡发展。

（二）物联网技术在智慧农业示范区的实践

1.物联网技术赋能智慧农业示范区建设

物联网技术作为新一代信息技术的重要组成部分，正在为农业生产带来革命性的变革。在一些地区，政府和企业共同建立了智慧农业示范区，探索物联网技术在农业生产中的应用。通过部署各种智能设备和传感器，实现对农田环境的实时监测和数据分析，为农业生产提供精准决策支持。

2. 提高农业生产效率与质量

在智慧农业示范区中，物联网技术的应用显著提高了农业生产的效率。智能灌溉系统能够根据土壤墒情和作物需水情况自动调整灌溉量，避免水资源浪费；精准施肥系统则能够根据作物生长需求和土壤养分状况合理配施肥料，提高肥料利用率。这些智能化措施不仅降低了农业生产成本，还提升了农产品品质和市场竞争力。

3. 物联网技术在智慧农业的未来展望

随着物联网技术的不断发展和完善，其在智慧农业领域的应用将更加广泛和深入。未来，我们可以预见更多智能化的农业机械和无人农场出现，实现农业生产的自动化和精准化。同时，物联网技术还将与大数据、云计算等新一代信息技术深度融合，构建更加智能、高效的农业生产体系。

（三）未来乡村数字化建设与治理的可能场景

1. 智慧乡村治理新模式

在未来乡村数字化建设与治理中，智慧乡村治理将成为一个重要方向。基于大数据和人工智能技术的决策支持系统将为政府提供更加科学、精准的决策依据。通过实时监测和分析乡村社会经济数据，政府能够更好地把握乡村发展动态，制定更加合理的发展规划和政策措施。同时，智能化的政务服务平台也将为乡村居民提供更加便捷、高效的政务服务体验。

2. 农业生产智能化升级

未来农业生产将迎来更加智能化的升级。智能化的农业机械和无人农场将成为可能，实现农业生产的自动化和精准化。通过利用先进的传感器、机器视觉等技术，农业机械能够自主完成播种、施肥、除草等作业任务，提高生产效率并降低劳动强度。而无人农场则能够实现对农田环境的全面监控和智能管理，确保农作物的健康生长和高产高质。

3. 乡村生活品质全面提升

在乡村生活方面，未来数字化建设与治理将带来更加便捷、智能的服务系统。智能家居系统将广泛应用于乡村家庭，实现家居设备的互联互通和智能化控制；智能健康监测系统则能够为乡村居民提供实时健康监测和预警服务，保障他们的身体健康。这些智能化服务将大大提升乡村居民的生活品质，让他们享受到更加舒适、便捷的生活。同时，随着新技术的不断融合和创新应用，未来乡村数字化建设与治理将迎来更加广阔的发展空间和无限可能。

第三节　乡村数字化建设与治理面临的挑战与对策

一、当前面临的主要挑战

在乡村数字化建设与治理的推进过程中，我们不可避免地遇到了一些挑战，这些挑战主要集中在技术、资金和人才等方面。

（一）技术挑战

尽管新技术的发展为乡村数字化建设与治理提供了无限可能，但实际应用中仍存在诸多技术难题。一方面，乡村地区的基础设施相对薄弱，网络覆盖不全、设备陈旧等问题制约了新技术的推广和应用。另一方面，新技术的运用需要与之相匹配的技术支持和维护体系，而乡村地区在这方面往往存在较大的缺口。

（二）资金挑战

乡村数字化建设与治理需要大量的资金投入，包括基础设施建设、技术引进与研发、人才培训等多个方面。然而，当前乡村地区的经济发展水平相对有限，政府财政压力较大，难以承担全部的建设与治理费用。同时，由于乡村数字化项目的投资回报周期较长，市场风险较高，社会资本参与的积极性也有待提高。

（三）人才挑战

人才是推动乡村数字化建设与治理的关键力量。然而，目前乡村地区普遍面临人才短缺的问题。一方面，乡村地区的生活条件和职业发展机会相对城市有所欠缺，难以吸引和留住高端人才。另一方面，乡村地区现有的数字化人才储备不足，且普遍缺乏系统化的培训和教育机会，难以满足数字化建设与治理的专业需求。

二、挑战产生的原因及影响分析

上述挑战的产生并非偶然，而是由多种因素共同作用的结果。首先，城乡发展不平衡是导致乡村数字化建设与治理面临诸多挑战的根本原因。长期以来，城乡在经济发展、资源配置、公共服务等方面存在显著差异，乡村地区在诸多方面处于劣势地位。其次，政策与制度的不完善也是制约乡村数字化发展的重要因素。尽管国家层面已经出台了一系列支持乡村数字化发展的政策措施，但在政策落实和执行过程中仍存在诸多障碍和困难。最后，社会认知的不足也影响了乡村数字化建设与治理的推进。许多人对乡村数字化的重要性和紧迫性认识不足，缺乏参与乡村数字化建设的积极性和主动性。

这些挑战对乡村数字化建设与治理的推进产生了深远影响。技术挑战限制了新技术的推广和应用范围，影响了数字化建设与治理的效果和质量；资金挑战制约了项目的实施进度和规模扩张速度，甚至可能导致一些项目因资金不足而搁浅；人才挑战则直接削弱了乡村数字化建设与治理的人力支撑和智力保障，降低了整体的工作效率。

三、针对性的解决对策与建议

为了有效应对上述挑战并推动乡村数字化建设与治理的顺利发展，我们提出以下针对性的解决对策与建议：

（一）加强技术创新与研发力度

1. 增强科技创新能力

为了有效应对乡村数字化建设中的技术挑战，我们首先要做的是增强科技创新能力。这意味着我们需要加大对基础研究和应用研究的投入，鼓励企业和科研机构深入探索与乡村数字化相关的前沿技术。例如，可以设立专项科研基金，专门用于支持乡村数字化技术的研发和创新，从而确保科研活动的持续性和稳定性。

2. 构建产学研用一体化平台

产学研用一体化是推动技术创新的重要途径。我们应该积极构建这样一个平台，将政府、企业、高校和科研机构紧密联系在一起，形成合力。通过这个平台，各方可以共享资源、互通有无，共同开展面向乡村的数字化技术研发与创新活动。这不仅能够加快技术成果的转化速度，还能够确保这些成果更加符合乡村地区的实际需求。

3. 加强国际合作与交流

在全球化日益加深的今天，国际合作与交流在推动技术创新方面发挥着越来越重要的作用。我们应该积极寻求与国际先进水平的交流与合作机会，引进和消化吸收国外先进技术成果和经验做法。这不仅可以帮助我们快速提升自身的技术水平，还能够为我们开拓更广阔的发展空间。

（二）构建多元化的投融资体系

1. 发挥政府财政资金的引导作用

在乡村数字化建设与治理的过程中，政府财政资金无疑是最为重要和稳定的资金来源之一。因此，我们应该充分发挥政府财政资金的引导作用，通过设立专项资金、增加财政补贴等方式，为乡村数字化项目提供有力的资金支持。同时，政府还可以通过制定优惠政策，如税收减免、贷款贴息等，进一步吸引社会资本参与乡村数字化建设。

2. 创新金融产品和服务

创新金融产品和服务，包括开发针对乡村数字化项目的特色贷款产品，降低贷款门槛和利率，延长贷款期限，以及发行乡村振兴债券，等等。

3.建立健全风险评估和防范机制

建立健全风险评估和防范机制，包括对投资项目进行全面的风险评估，制定科学的风险管理策略，以及建立有效的风险应对机制等。

（三）实施人才振兴战略

1.完善人才引进政策

为了吸引更多优秀人才投身乡村数字化建设事业，政府需要完善人才引进政策，包括提高人待遇水平、优化引进流程、加强宣传力度等。

2.加强人才培训体系建设

建立健全各级各类培训机构，提供多样化的培训课程和学习资源；鼓励从业人员参加各类专业技能认证考试，提升其专业素养；以及定期开展技能竞赛等活动，激发从业人员的学习热情和创新精神。

3.优化人才发展环境

为了留住人才并发挥其最大潜能，我们还需要优化人才发展环境。这包括营造良好的工作氛围和文化氛围，让人才在轻松愉悦的环境中工作和学习；提供丰富的职业发展机会和晋升通道，让人才看到自己的未来和希望；以及关注人才的生活需求和精神需求，为其提供全方位的支持和帮助。通过这些措施，我们可以打造出一个宜居宜业的人才生态环境，为乡村数字化建设与治理提供坚实的人才保障。

第四节　未来乡村数字化建设与治理的愿景

一、乡村数字化建设与治理的长远愿景

乡村数字化建设与治理的长远愿景，是构建智能化、便捷化、绿色化的现代乡村社会。乡村地区将充分利用现代信息技术，实现全方位的数字化转型，大幅提升乡村居民的生活质量，促进乡村经济的可持续发展。

现代乡村社会将是一个信息畅通、服务便捷的社会。乡村居民能够享受到与城市居民同等的数字化服务，包括远程教育、远程医疗、电子商务等。农业生产也将实现智能化管理，通过精准农业技术提高产量和品质，降低生产成本，增加农民收入。乡村环境将得到有效保护，通过数字化手段实现环境监测和生态保护，确保乡村的绿色发展。

二、具体目标与指标体系的构建

在推进乡村数字化建设与治理的过程中，构建一套具体、可操作的目标与指标体系，对于量化评估成效、指导实践工作具有重要意义。

（一）基础设施建设

目标：实现乡村地区的全面网络覆盖，提升网络速度和质量，为乡村数字化建设与治理提供坚实的硬件基础。

具体指标：

网络覆盖率：乡村地区宽带网络覆盖率应达到95%以上，确保大多数乡村居民能够接入互联网。这可以通过建设光纤网络、升级无线基站等方式实现。

网络速度：乡村地区网络下载速度应不低于 20Mbps，上传速度不低于 10Mbps，以满足乡村居民在线学习、远程办公、视频通话等需求。

网络稳定性：网络故障率应控制在较低水平，如每月故障时间不超过总运营时间的 1%，确保乡村居民能够稳定使用网络服务。

网络安全性：加强网络安全防护，确保乡村网络免受病毒、黑客等攻击，保障乡村居民的网络信息安全。

（二）数字化服务普及

目标：让乡村居民享受到便捷的数字化服务，提升乡村居民的生活质量和幸福感。

具体指标：

数字化服务种类：提供包括在线教育、远程医疗、电子商务、政务服务等在内的多种数字化服务，满足乡村居民多样化需求。

数字化服务覆盖范围：确保数字化服务覆盖所有乡村地区，特别是偏远和贫困地区，减少数字鸿沟。

乡村居民满意度：通过问卷调查、在线评价等方式，收集乡村居民对数字化服务的满意度数据，满意度应达到 80% 以上。

数字化服务使用频率：鼓励乡村居民积极使用数字化服务，如在线教育用户月活跃率、电子商务交易额等，以反映数字化服务的普及程度。

（三）农业生产智能化

目标：实现农业生产的智能化管理，提高农业生产效率，促进农业可持续发展。

具体指标：

智能农业设备普及率：智能农业设备（如无人机、智能灌溉系统、智能温室等）在乡村地区的普及率应达到 50% 以上，提高农业生产自动化水平。

农业生产效率提升幅度：通过智能化管理，农业生产效率应提高 20% 以上，包括作物产量增加、病虫害防控效果提升等。

农业数据应用水平：利用大数据、云计算等技术，对农业生产数据进行收集、分析和应用，提高农业决策的科学性和精准性。

农业可持续发展指数：通过智能化管理，减少化肥、农药等农业投入品的使用，提高土壤质量和水资源利用效率，农业可持续发展指数应达到较高水平。

（四）乡村治理现代化

目标：提升乡村治理效率，增强乡村社会的稳定性，推动乡村治理体系和治理能力现代化。

具体指标：

政务服务数字化程度：推动政务服务线上办理，如户籍迁移、社保缴纳等，政务服务线上办理率应达到80%以上。

乡村社会安全指数：通过数字化手段加强乡村社会治理，如视频监控、网格化管理等，降低乡村社会治安事件发生率，安全指数应保持在较高水平。

乡村居民参与度：鼓励乡村居民参与乡村治理，如通过数字化平台参与村民会议、提出建议等，居民参与度应达到50%以上。

乡村治理满意度：通过问卷调查等方式收集乡村居民对治理工作的满意度数据，满意度应达到75%以上。

（五）生态环境保护

目标：实现乡村环境的可持续发展，保护生态环境，提高乡村居民的生活质量。

具体指标：

环境监测覆盖范围：建立覆盖乡村地区的环境监测网络，对空气质量、水质、土壤质量等进行实时监测，确保监测覆盖率达到90%以上。

环境质量改善程度：通过数字化手段加强环境保护和治理，如智能垃圾分类、污水处理等，空气质量、水质、土壤质量等环境质量指标应逐年改善。

绿色农业发展水平：推广绿色农业技术，减少化肥、农药等农业投入品的使用，提高农产品质量和安全性，绿色农业种植面积占比应达到50%以上。

生态修复项目成效：实施生态修复项目，如植树造林、湿地保护等，通过数字化手段监测项目成效，确保生态修复效果良好。

构建上述目标与指标体系，有助于量化评估乡村数字化建设与治理的成效，为政府决策和实践工作提供科学依据。同时，这些目标和指标也是动态调整的，需要根据实际情况进行适时调整和优化，以确保乡村数字化建设与治理工作的持续性和有效性。

三、实现愿景的路径规划

在推进乡村全面振兴、构建乡村治理新体系的背景下，实现乡村数字化建设与治理的愿景，不仅是提升乡村治理效能的关键，也是促进乡村经济社会发展的重要动力。

（一）加强顶层设计

顶层设计是实现乡村数字化建设与治理愿景的首要任务，包括乡村数字化建设的整体规划、战略导向和政策支持等，是确保各项工作有序推进的重要保障。

1. 战略定位

明确乡村数字化建设的战略定位，即乡村数字化建设在乡村治理、经济发展、社会服务等方面的作用和地位，确保乡村数字化建设能够有序推进。

2. 整体规划

整体规划乡村数字化建设路径，包括基础设施建设、信息平台搭建、数据资源整合、服务体系建设等多个方面。

3. 目标分解

将规划内容分解为不同阶段的目标，设定明确的时间节点、责任主体和考核指标，确保各项工作有效落实。

4. 政策支持

制定一系列支持乡村数字化建设的政策措施，包括财政补贴、税收优惠、土地使用等，提供有针对性的支持和保障。

（二）加大资金投入

资金投入是实现乡村数字化建设与治理愿景的重要保障，可以为乡村数字化建设提供持续的资金支持。

政府应设立乡村数字化建设专项资金，用于支持乡村信息化基础设施建设、信息平台搭建、数据资源整合等关键领域的投入。

积极引导社会资本参与乡村数字化建设。通过政策引导、税收优惠等方式，鼓励企业、社会组织等社会资本投入乡村数字化建设领域，形成多元化的投融资体系。

建立健全资金监管机制，优化资金使用流程，确保资金能够精准投入、高效使用。

为了进一步拓宽乡村数字化建设的融资渠道，可以探索与金融机构合作、发行地方政府债券等方式，为乡村数字化建设提供更多的资金支持。

（三）推动技术创新

技术创新是实现乡村数字化建设与治理愿景的重要动力，可以推动乡村数字化建设不断迈向新的高度。

在技术研发方面，加大对人工智能、大数据、云计算等新技术在乡村数字化建设中的应用研究。

在技术推广方面，将先进技术广泛应用于乡村信息化基础设施建设、信息平台搭建、数据资源整合等领域，提升乡村数字化建设的整体水平。

在技术创新的基础上，促进技术创新与产业升级的深度融合，推动乡村产业结构的优化升级和经济发展方式的转变。

为了提升乡村数字化建设的技术水平和创新能力，我们还需要加强与国际先进国家和地区的交流与合作。通过引进先进技术和管理经验，推动乡村数字化建设的国际化进程。

（四）加强人才培养

人才培养是实现乡村数字化建设与治理愿景的重要保障，完善的人才培养体系可以为乡村数字化建设提供有力的人才支撑。例如，培养一支具备专业素养和技能的人才队伍，积极引进国内外高端人才，建立完善的激励机制，搭建专业的人才交流平台，加强人才之间的沟通与协作，推动乡村数字化建设高质量发展。

参考文献

[1] 朱广慧，周英，汪成忠.数字赋能苏州乡村治理的路径研究 [J].智慧农业导刊，2024，4（17）：81–84.

[2] 冯雨涵.乡村数字化治理赋能数字乡村建设的内在逻辑、现实梗阻与优化路径 [J].农村经济与科技，2024，35（15）：146–149+228.

[3] 杜娟.新时代数字乡村建设困境及实现机制研究 [J].佳木斯大学社会科学学报，2024，42（04）：57–60.

[4] 王鹏，王向清.新质生产力赋能乡村数字化治理：运作机理、实践悖论与风险规避 [J/OL].河北学刊，1–8.

[5] 鄢城名.数字乡村赋能乡村治理现代化的路径分析 [J].村委主任，2024，（13）：158–160.

[6] 林琴.数字治理视角下的乡村建设行动：转型、挑战与展望 [J].山西农经，2024，（12）：142–144.

[7] 董钊，张佳慧.数字赋能乡村振兴的影响路径与策略 [J].南方农机，2024，55（08）：96–99+108.

[8] 王新波，陈祖海.数字治理赋能乡村高质量发展：现实困境与突破策略——基于浙江省 D 市的案例分析 [J].中南民族大学学报（人文社会科学版），2024，44（08）：150–159+187–188.

[9] 胡卫卫，刘畅."网格化＋数字化"乡村综合治理的运行机制与实践机理——基于F省 Z 市"数字坂里"平台建设的实证考察 [J].南京农业大学学报（社会科学版），2024，24（02）：124–135.

[10] 刘玉伟.乡村振兴背景下农村数字化社会治理的困境及优化策略 [J].热带农业工程，

2024, 48（01）: 61–63.

[11] 文爽. 数字经济助力乡村振兴的路径探析 [J]. 当代农机, 2024,（02）: 100–101.

[12] 唐明慧. 乡村振兴与乡村数字化协同发展的实现路径研究 [J]. 智慧农业导刊, 2024, 4（02）: 160–163.

[13] 程传兴, 廖富洲, 吴盼秋. 数字赋能乡村治理的逻辑机理与优化路径 [J]. 决策科学, 2023,（04）: 85–96.

[14] 胡卫卫. 乡村"数字化 + 积分制"治理模式的运作逻辑与实现路径研究——基于"全国乡村治理示范村"数字乡村建设的实证考察 [J]. 电子政务, 2023,（12）: 17–27.

[15] 尹铁燕. 新时代乡村数字治理的内涵拓展及实践路径 [J]. 乡村论丛, 2023,（05）: 60–69.

[16] 李党正. 数字化乡村治理的现实困境和有效对策 [J]. 现代化农业, 2023,（10）: 66–68.

[17] 吴爽, 李哲. 数字化赋能乡村治理的现实困境与优化路径研究 [J]. 渤海大学学报（哲学社会科学版）, 2023, 45（05）: 27–31.

[18] 李雅雄, 伍中信, 祝子丽. 技术赋权下乡村财会监督数字化建设研究 [J]. 财政监督, 2023,（17）: 60–68.

[19] 张军, 徐龙龙. 协同治理背景下数字乡村建设路径优化研究——以皖北 L 村为例 [J]. 淮北师范大学学报（哲学社会科学版）, 2023, 44（03）: 44–51.

[20] 唐菁阳, 刘静, 周湘南. 中国式现代化背景下数字乡村治理的理论逻辑与实现路径 [J]. 农村经济与科技, 2023, 34（10）: 14–17.

[21] 田真平, 谢印成. 数字经济驱动下我国数字乡村的演进机理、动力机制与建设路径 [J]. 科技管理研究, 2023, 43（10）: 236–242.

[22] 张侃. 党建引领乡村治理"四治融合"建设的问题与路径研究 [J]. 农村经济与科技, 2023, 34（09）: 142–144.

[23] 吴丽峰. 数字乡村发展困境与对策建议——基于山东省聊城市的调研 [J]. 农村. 农业. 农民, 2023,（09）: 39–41.

[24] 吴天龙, 张璟, 刘景景. 数字化赋能乡村治理的逻辑、困境及优化方案 [J]. 安徽乡村振兴研究, 2023,（02）: 5–11.

[25] 朱启国.治理有效视域下乡村治理共同体建设实践与路径优化研究——以云南省D村为例[J].改革与开放，2023，（07）：24-31.

[26] 徐琴.数字乡村建设的分类实践：理由证成、经验探索与可能困境[J].电子政务，2023，（05）：16-28.

[27] 朱金涛，孙迎联，杨文静.乡村治理的数字化转型：显著特性、内在张力与优化路径[J].中共济南市委党校学报，2022，（06）：88-91.

[28] 童广印，王璇，刘国霞.基于结构方程模型的数字乡村建设满意度影响因素研究——以山东省为例[J].统计理论与实践，2022，（11）：41-46.

[29] 尹博文.数字政府优化乡村治理能力的双重困境、深层原因及法律应对[J].现代经济探讨，2022，（11）：123-132.

[30] 王楠楠.浅析数字化背景下乡村的创新性发展[J].村委主任，2022，（10）：30-33.

[31] 贺昌茂.数字乡村如何赋能乡村治理能力现代化[J].团结，2022，（05）：58-60.

[32] 段坤君，李燕凌，张斌，等.数字乡村建设与新型城市化道路[J].公共管理学报，2022，19（04）：113-124+173.

[33] 刘灵辉，张迎新，毕洋铭.数字乡村助力乡村振兴：内在机制与实证检验[J].世界农业，2022，（08）：51-65.

[34] 李婷，陈楠.我国数字乡村建设现状及优化路径[J].乡村科技，2022，13（13）：16-20.

[35] 陆益龙."数字下乡"：数字乡村建设的经验、困境及方向[J].社会科学研究，2022，（03）：126-134.

[36] 林丽.数字化转型背景下高校外语教育课程思政体系建设研究[M].北京：新华出版社，2024.